増補改訂版

ノンフォーマル教育の可能性

リアルな生活に
根ざす教育へ

太田美幸・丸山英樹 編

新評論

まえがき

日常的に私たちが用いている「教育」という言葉には、「子ども」および「学校」というイメージが強い。その一方で、家庭をはじめとしてほかの場所でも教育が行われていることは知っているし、「社会教育」や「成人教育」という言葉を聞けば、教育が子どもと学校に限定されているものでないことも分かる。しかし、日ごろ接している教育現象が子どもと学校にかかわるものが圧倒的に多いことを反映してか、教育をめぐって行われる議論は、学校や子どもをめぐる議論と大きく重なっている。

このような教育のイメージにとらわれてしまうと、教育という営みの奥深さや柔軟性が見えづらくなってしまう。教育は、あらゆる人々を対象に、さまざまな場所で、さまざまな方法で行われており、子どもを対象として学校で行われている教育はその一部でしかない。私たちの教育観を「子ども」と「学校」から解放すること、社会のあらゆるところで見られる豊かな学びのフィールドを研究対象として見ることで、日々の実践としての教育の可能性がぐんと広がっていくと思われる。本書では、それを考えるために「ノンフォーマル教育」というキーワードを検討してみたい。

ノンフォーマル教育という言葉は一般にはあまりなじみがないかもしれないが、世界各地には「ノンフォーマル教育」と呼ばれている教育実践が数多く存在している。面白いことに、それらの実践において共通しているのは「フォーマルでない」ということだけであり、しかも「フォーマルでない」ということの内実も千差万別である。「フォーマルでない」ということ、それは、ある実践にとっては公的な制度に組み込まれた正規の学校でないことを意味し、別の実践にとっては、あらかじめ決められたカリキュラムがないことだったり、教師という役割を置かないことであったり、大人が余暇時間に学びにやって来ることだったりする。一方、「フォーマル教育」とは、公的な制度として営まれる学校教育や、決められたカリキュラムのもとで教師である大人が生徒である子どもに対して行う教育を指していることが多い。

本書では、世界各地で実践されているさまざまなノンフォーマル教育を、それぞれの地域の歴史や社会事情などもふまえて幅広く紹介し、「フォーマルでない」ということが教育にとってどのような意味をもっているのかを考えていきたい。

ノンフォーマル教育の実践のなかには、フォーマル教育では見られない興味深い要素がたくさんある。「こんな教育もあるのか」という発見もあるだろうし、「これを『教育』と呼べるのだろうか」といった疑問が浮かんでくることもあるだろう。そして、「フォーマルでない」ことの意味を考えていくことによって、フォーマルな制度や方法のもとで行われている教育の特質も見えてくるはずである。それらを通じて教育という営みの幅広さと奥深さを示すことができれば、そこから教育研究の新しい展開を構想する手がかりを見つけられるかもしれない。

本書の執筆者は、国内外のノンフォーマル教育の事例を調査してきた研究者と、国際教育開発の現場でノンフォーマル教育のプロジェクトに携わってきた実務家たちである。比較教育、異文化間教育、教育史、生涯学習・成人教育、教育開発など、専門とする領域はそれぞれ異なるが、全員が何らかのノンフォーマル教育の実践や研究に携わっており、教育研究におけるその重要性を確信するとともに、実践上・研究上の困難を身をもって体験してきた。

たとえば、編集責任者の一人である丸山は、開発途上国の教育開発や国際教育協力の実務と研究に携わってきた。この領域におけるノンフォーマル教育とは、公的な学校教育が十分に普及していない地域において、学校に通うことのできない子どもや大人に、かぎられた資源をやり繰りしながら初等・基礎教育や生活に必要な技能を身につける機会を提供することを指す。多くの現場が運営上の困難を抱えており、今後の展望も決して明るくはない。しかし、そこで学ぶ人々が、読み書き計算の学習や生計のための技能修得を通じて豊かに自己形成していく様子から、先進国の学校教育では実感されることが少なくなった教育・学習の意義をたしかに感じとることができる。

他方、もう一人の編集責任者である太田は、比較研究と歴史研究の手法を用いて成人教育研究を行ってきた。世界各地で積み重ねられてきた成人教育実践の多くは、学校教育制度の外で、民間の活力によって支えられてきたものである。こうした実践に関する記録は教育関係の政策文書などに登場することが少ないため、研究のための史資料探しも容易ではなく、隣接領域から手さぐりで探し出すしかない。だが、政治や経済、文化の動きと密接にかかわりながら日常生活に根差して展開されてきた成人教育の歴史をたどるうちに、人々の意思を反映した教育実践が社会変革につながっていく回路が見えてくることがある。

フィールドは違えども、ノンフォーマル教育に魅力を感じるという点で意気投合した私たちは、二〇一〇年春、ノンフォーマル教育を包括的に研究することを目指して「ノンフォーマル教育研究会」を立ち上げた。研究会では、各メンバーがそれぞれ精通する事例を互いに共有しながら、ノンフォーマル教育研究の意義についてさまざまな角度から議論を交わしてきた。本書は、この研究会での議論を出発点として編まれたものである。

私たちにとってノンフォーマル教育が魅力的で可能性に満ちたものに見えるのは、国民教育制度としての学校教育において、またそれを中心的な研究対象としてきた教育学において後景に押しやられてきたさまざまな価値が、ノンフォーマル教育の場で体現されていたり、実感されたりすることによるのだと思う。だが、それは一体いかなる価値なのだろうか。そしてそれは、多種多様なノンフォーマル教育の実践に共通するものなのか、あるいはそれぞれに異なる価値があるのだろうか。また、実践上の困難を多く抱えているノンフォーマル教育において、それが可能になるのはなぜだろうか。

これらの問いは、ノンフォーマル教育とは何かという問いと切り離すことができない。研究会における議論の焦点は、国内外のさまざまな事例をもとに、ノンフォーマル教育とは何か、その意義とは何かを探り出すことに当てられることになった。本書は、こうした議論の経緯を反映して構成されている。

それぞれの章では、本文で基本的な論点を解説しながら、具体的な事例や理論を紹介するコラムを随所に配置することにした。本文を編集責任者の太田と丸山が共同で執筆し、コラムは、それぞれの事例や理論に詳しい研究者と実務家が執筆した。本文とコラムとを往還しながら読み進めていただければ幸いである。

ノンフォーマル教育研究の発展のために、そして願わくは、教育の世界から「フォーマル」、「ノンフォーマル」という区分を取り払い、私たちの日常生活にあふれる多種多様な教育の営みをより実り多いものにしていくために、議論を続けていければと思っている。

太田美幸

増補改訂版へのまえがき

本書の旧版を二〇一三年に出版してから、教育を取り巻く社会状況にはさまざまな変化があった。新型コロナウィルス感染症（COVID–19）が世界中の人々の命と健康を脅かし、日常生活の見直しを迫るなかで、学校教育の形式も工夫を余儀なくされた。社会の多様な場面でＡＩの活用が進み、人間の学習のあり方にも大きな影響を及ぼしつつある。

他方で、ロシアによるウクライナへの軍事侵攻をはじめとして、各地で続く紛争や内戦が国際秩序の不確実性と世界平和への困難な道程を示すなかで、教育に希望を託して各地で地道な実践を重ねている人々がいる。多様性の尊重が社会の規範として定着するに至ったのは、一人ひとりの権利と尊厳が守られる社会のあり方を手さぐりで探究し、その実現に向けて闘ってきた人々の努力の成果でもある。

教育の営みは、それを取り巻く社会のありように規定される。その一方で私たちは、教育を通じて社会を変えていくことへの希望も抱いている。一人ひとりの生活を安全で安定したものにするために、そしてより充実したものにしていくために、世界各地で多種多様な教育活動が展開されてきた。その幅広さを捉えるためのキーワードとして本書が注目する「ノンフォーマル教育」

は、学校教育が十分に普及していない地域においては初等・基礎教育や職業訓練の機会として提供され、学校制度が定着した社会では、社会の主流に包摂されない自由で柔軟な学習の場として展開されてきた。ノンフォーマル教育の多様な実践を見ることで、教育と社会の複雑な関係についての理解が深まるはずである。

本書、増補改訂版では、ノンフォーマル教育の実践や理論を紹介するコラムをさらに充実させるとともに、性の平等を目指す教育実践について検討する新たな章（第8章）を追加した。そのほかの章においても、情報を更新したり、新たな論点を提示したりしている。構成は以下のとおりである。

旧版と同じく、まず第1章で、教育とは何か、なぜ学校が教育の中心的な場として語られるようになったのかを確認しながら、「ノンフォーマル」な教育が生み出された歴史的背景を概観する。それをふまえて第2章では、教育研究におけるノンフォーマル教育概念の幅広さと曖昧さを整理し、多様なノンフォーマル教育の全体像をとらえるための枠組みを提示する。この章は、概念整理のためにやや抽象的な内容を扱っているので、実践に関心のある読者の場合は第3章以降を先に読んでいただいてもよいだろう。

第3章から第9章では、ノンフォーマル教育がとくに重要視されてきた領域のなかから代表的なものを取り上げ、それぞれの文脈でノンフォーマル教育がどのように実践されてきたか、そこにどのような意義が見いだせるかを論じていく。これらの章では、近代学校教育批判とオルタナティブ教育、生涯学習の国際的推進、途上国における教育開発、多文化社会の課題、社会運動と結び付いた教育活動、ジェンダーとセクシュアリティの平等に向けた取り組み、持続可能な社会のための教育（Education for Sustainable Development：ＥＳＤ）をテーマとして取り上げる。そして第10章では、研究対象としてのノンフォーマル教育に関心のある読者に向けて、三名の研究者・実務家が、それぞれどのようにノンフォーマル教育を研究してきたかを紹介する。

ノンフォーマル教育の現場では、社会のあり方を見据えながら、そのなかで一人ひとりの自己実現を支援する活動が営まれている。そこで生じる創意工夫や協力関係は、「教育をつくりあげる」ことの魅力にあふれている。教育は、自分たちの手でつくっていけるものなのだ。自分にとって、周りの人々にとって、どのような教育が望ましいのか――本書がそれを考える際の一助となれば幸いである。

二〇二四年一一月

太田美幸

もくじ

第3章 学校教育制度の課題とノンフォーマル教育

第4章 生涯学習を支えるノンフォーマル教育 83

第5章　教育開発の課題とノンフォーマル教育 ―― 119

第6章　多文化社会の課題とノンフォーマル教育 ―― 153

第7章　社会運動と結び付くノンフォーマル教育

増補改訂版　ノンフォーマル教育の可能性——リアルな生活に根ざす教育へ

第1章

教育と学校

学校の教室

1 教育とは何を指しているのか

教育といえば制度化された学校教育がイメージされることが多いが、学校教育制度の歴史はさほど長いものではない。学校という教育形態そのものはかなり古くから存在していたが、その内実は現在の学校とはかなり異なるものであった。たとえば、古代ギリシャの学校は教養としての学問を楽しむ場所であり、そこに通っていたのは奴隷に労働を任せていた自由人、つまり特権階級の成人男性であった。また、中世ヨーロッパの主要都市にキリスト教会や修道会によって設置された学校は、聖職者の養成を目的とするものだった。

日本でも、古代から官僚育成機関として大学寮が設置され、江戸時代には藩校や私塾があったが、これらに通うのはごく一部の若者だけであったし、庶民の子どもを対象にして普及した寺子屋も、すべての子どもが通うという性質のものではなかった。

実のところ、教育という概念もさほど古いものではない。もちろん、人間の発達を助けるという営みは人類社会に普遍的に見られるもので、それを「教育」と呼ぶならば、その歴史は人類の歴史と同じくらい長いわけだが、現代に通じる「教育」の概念が誕生したのは一五〜一六世紀頃のことだとされている。その背景には、中世ヨーロッパで少しずつ進行していった人々の意識の変化と、社会生活の変化があった。

イタリアから全ヨーロッパに広まったルネサンスの運動や宗教改革といった世界観の変容は、やがて産業革命による農業技術の革新や都市労働者の急増、中世的な共同体の解体と相まって、人々の生活形式や労働のあり方、社会のあり方を大きく変えていった。都市ブルジョワジーの誕生、市民的公共圏の発達、それを基盤とした市民社会の形成や民主主義の進展などによる、社会の近代化である。近代社会では、産業技術の発展に寄与しうる労働力を育成するとともに、民主主義社会の担い手となりうる判断力と行動力をもち、自立的に生きることのできる個人を育てていくことが重要な課題となった。

それ以前の社会では、幼い子どもの多くは、日々の生活に必要な仕事の知恵や技を大人たちのなかで経験しながら学びとり、成長したのちには共同体内において割り当てられた仕事に就いた。そして、そこでの労働に必要な知恵や技を熟達させ、やがてそれを次世代に伝承して生涯を終えたわけである。つまり、共同体は人々の生活の拠り所であったのだ。

しかし、それが解体して共同体に頼った生き方ができなくなると、新しい社会で自立して生きていくための能力をなんとかして獲得しなくてはならないという課題が人々にのしかかった。そこで、新しい社会をよりよく生きるための能力の獲得を助けるものとして、「教育」の重要性が人々の意識に上るようになったのである（中内［一九九八］）。

こうして、「発達への意図的・計画的・持続的介入」としての教育概念が生まれた。教育とは、「市民社会もしくは市民社会化されつつある社会に特有の人間形成行為」（中内［二〇〇三］五ページ）であり、つまりは近代社会の産物と言える。

近代化の過程では、教育の重要性やよりよい教育方法についての議論が生まれ、近代教育思想が形づくられていった。たとえば、近代教育の祖と称されるコメニウス[1]は、あらゆる人に、あらゆる事柄を、楽しく教授することを構想して、それを主著『大教授学』（一六五七年）にまとめた。早くもこの時代に、コメニウスは学校教育制度における教授法を体系的に論じていたわけだが、その一方で、一八世紀に活躍したルソー[2]が教育論として著した『エミール』（一七六二年）においては、上層階級の子弟のために家庭教師が行う「私教育」が描かれている。この時代の近代教育思想において、教育は必ずしも学校と結び付けられたものではなかったのだ。

2 国民教育制度としての近代学校

近代的な概念としての教育が学校と結び付き、学校教育が国家の制度として導入されたのは、先進国ではおおむね一九世紀後半であった。近代的な教育のための場所となった学校は、古代から存在した学問伝授の場所としての学校と区別して、「近代学校」と呼ばれる。近代学校は、長い時間をかけて徐々に社会に定着していった。これが進行したのは、先進工業国では一九世紀後半から二〇世紀前半である。そして、二〇世紀後半には、第二次世界大戦後に独立した旧植民地の多くの国でも学校教育の普及が目指され、国際機関の強力な後押しを受けながら現在も努力が続けられている。

近代学校の普及・定着の端緒は、ヨーロッパ諸国が「国民国家」を形成する過程において「国民教育制度」を確立したことにある。戦争や侵略、革命によって存続の危機にさらされていた諸国家は、民族的にも言語的にも決して同一ではない人々を国民として統合し、経済を発展させ、強力な軍隊を整備することによって国民国家をつくり上げることを課題としていた。そのため、国家の制度として学校をつくり、すべての子どもをそこへ通わせることによって国民を形成することが喫緊の課題であると認識されたのである（グリーン［一九九七＝二〇〇〇］）。近代学校は国民教育制度の主軸となり、国家を支える「正規の教育」として社会に定着していった。

ところで、人々を国民として形成していくことが必要とされたのは、民族的にも言語的にも決して同一ではない人々が国家の領土内に共存していたからである。民族や言語、宗教、階級、あるいは暮らしている地域や風土が異なれば、大人世代が子ども世代をどのように育てたいと思っているのか、人々が自己をどのように形成したいと願うのか、そのためにどのような行動が求め

（1）（Johannes Amos Comenius [Jan Ámos Komenský] 1592～1670）モラヴィア（現在のチェコ）出身の神学者、教育思想家。宗教的迫害を受けて故国から追放されたのち、ヨーロッパ諸国に招かれて教育改革への助言を行った。

（2）（Jean-Jacques Rousseau, 1712～1778）フランスで活躍した啓蒙思想家。身分制の崩壊した近代市民社会で生きていくための能力を、子どもの内的な発達過程に応じた教育によって育成することを提唱した。

られるのかといった点も異なってくる。

子どもの育て方・育ち方をめぐる価値観やこだわり、それを反映した考え方や行動の仕方などの総体は「発達文化」と呼ばれる（関［一九九八］）。より厳密にいうと、発達文化には次世代の独り立ちを促すものとして伝達される知識・技術やふるまい方、その伝達のされ方に現れる人間関係のありようなども含まれる。そして、それは社会集団ごとに異なっている（**コラム1**参照）。

国民教育制度は、共有されるべき国民文化を伝達することを通じて、人々を国民として形成し、国家統合を維持しようとするものだと言える。国民教育制度としての近代学校において伝達される国民文化とは、その国家で支配的な地位にある人々の文化を反映したものとなる。したがって、近代学校では、国民文化に適合的な発達文化をもつ人々が有利な立場に立つことになり、そうでない人々は序列の下位に位置づけられる。国民教育制度がはじまってから長らく、田舎よりも都市、女性よりも男性、障害者よりも健常者が圧倒的に有利であり、民族的・言語的・宗教的なマイノリティの文化は学校教育からほとんど排除されてきた。支配的な発達文化が近代学校におけるヘゲモニーを確立し、それ以外の発達文化は制度の外に追いやられてしまったのである（**コラム2**参照）。

やがて、種々の教育運動を通じて国民教育制度から排除されていた人々の包摂が進み、学校教育の内容も改編されて、カリキュラムの偏りが徐々に是正されるようになった。カリキュラムの男女平等化や、多文化に配慮した教科書づくりなどがその代表例である。こうした教育改革は、主流でない発達文化を保持する人々が、自らの志向する教育を学校に組み入れていく過程であったとも言える。その一方で、近代学校にアクセスできない人々のために、あるいは近代学校とは異なる発達文化にもとづく教育を実践するために、さまざまな社会集団が近代学校とは異なる教育をつくり出してきた。次節では、その具体例をいくつか見ていくことにする。

コラム1　モンゴルの伝統文化と子ども

一面のステップ草原。移動式住居であるゲルを二時間ほどで組み立て、都市部に定住する者も伝統衣装を身にまとい、親族や友人を迎える。外では、競馬、相撲、弓矢の技を競い合う。これが一般の人による「ナーダム」で、かつての日本の正月のように、仲間たちが全国から集まり、競技を通して交流を深める伝統的な祭りである。この祭りは、モンゴルの革命記念日である七月一一日から三日間行われている。

草原に建つゲル、一見すると小さいが、中には二〇人ほどが座れる。入り口は太陽光を入れるため南向きに設置されており、右側には女性と子ども、左側には男性や客人が座ることになっている。正面の北側には、仏壇とともにその家族の大事なものが置かれている。ゲルの真ん中には食事とストーブが設置されており、盛られた食事を天窓から差し込む自然の光が照らしている。

訪問客は、ゲルに到着すると、家主から挨拶としてわたされる嗅ぎタバコ「ホーログ」を受け取る。その際、持参した自らのホーログを、左手を右腕の肘に当てたまま右手で家主に手わたす。双方ともその栓をわずかに開き、香りを嗅ぐ。その後、客人は酒などの手土産を家主にわたす。家主の長男が馬頭琴を奏で、ほかの者はみんな、馬乳酒の入った銀または銅の杯を傾けながら和やかに談笑する。

モンゴル語で「馬の楽器」を意味する馬頭琴は、名前のとおり馬の頭が先端に装飾されており、左右の足で挟み込む共鳴箱に走る二本の弦に弓と指を合わせて音を出す木製の擦弦楽器《さつげん》である。決してクリアな音を発するわけではないが、耳から入るというより、身体全体に染み込むような低音の調べは癒しの効果があると言われている。たとえば、映画『らくだの涙』(3)では、馬頭琴の音色を用いた音楽療法が、人間だけでなく動物にも通用していることが示されている。

客人がゲルを去るとき、改めて出された馬乳酒を飲み、アカペラで歌を披露する。ゲル内に座るほかの者たちもその歌に加わるのだが、この国では歌が日常生活の一部であることをウランバートル市内にある多くのカラオケ店が証明している。家主も歌で返事をし、回し飲みした馬乳酒の器を片手に自分の出身地について語る。政治家の誰それが生まれた、ビジネスで成功した者がいるなどお国自慢が長々と続くが、来客はいっこうに気にしていない。

どこにでもゲルを建て、草原のど真ん中に突然に杭を打ち、自分の土地だと主張してから申請書を役所に持ち込むような身勝手ともいえるモンゴル人であるが、雪で閉ざされる長い冬を過ごし、一〇〇キロメートル以上も何もない場所で車が立ち往生することもよくあるという厳しい自然環境に生きてきたせいか、客人に対する態度は、命の危険を乗り越えた者同士が交わす生命の賛歌のようにも見える。

さて、宴が繰り広げられているゲルの外では、ナーダムの競技が行われている。そのうちの一つは、子どもたちが乗馬で一五キロメートルを駆け抜けるレースである。子どもであっても勝負は真剣。馬の良し悪しだけでなく子どもにも騎手としての能力が求められ、それを指導した者の力量やその家族の名誉にまでかかわってくる。騎手が落馬した場合、ゴール地点には馬だけが駆け込んでくる。本人にとっては不名誉なことで、騎手の子どもはひたすら恥ずかしさのためか顔を伏せるが、観客にはそれもご愛嬌となる。それを証明するように、しんがりの馬には観衆が駆け寄り、子どもに向かって「来年はがんばれ！」と声をかけている。

走らせたあとの馬は、クールダウンのため二時間ほどグルグルと馬場を歩かせる。炎天下であっても、これは子どもの仕事となっている。男女問わず三歳ぐらいから乗馬を教えられ、家族である馬の世話の仕方も大人たちから教えてもらう。家畜の世話の仕方を厳しく教える大人たちだが、伝統を押し付けるような態度はとっていない。よい騎手は馬の気持ちを理解し、レースに向けて戦略を練る。そうした頭の使い方が、レースに勝つだけでなく、厳しい自然環境のなかで培

（3）二〇〇三年のドイツ映画。監督ビャンバスレン・ダヴァー／ルイジ・ファロルニ、製作トビアス・N・シーバー。一組のらくだの親子の成長を通して、母性や生命の素晴らしさを伝えるドキュメンタリー。映像大学の卒業制作としてつくられた。

われた先人の知恵を継承することにつながっている。

実は、ゲルの中において客人の前で発せられたお国自慢は、客に対してではなく我が子に向けた語りなのである。自分たちは何者か、どういう背景を背負って生きていくべきなのかについて、誇りをもって次の世代へつなげていくために他人の前で堂々と父親が語るのだ。

目下、政府は学校教育の充実に向けて努力しているが、遠隔地には課題が多い。外国からの投資で経済発展した現在のモンゴルは、遊牧から定住へと変化しつつある。だが、冬場に多くの肉を、夏場に乳製品を食すという典型的な遊牧民の食事を続けた結果、肥満のモンゴル人が増えている。

身体から簡単に切り離せない伝統文化と急激なグローバル化の影響が、この国でも垣間見られるのだ。騎手育成を続けているベテラン騎手が、「学校は十分なことを子どもに教えていない」と語った言葉が印象的だった。

（**丸山英樹**）

ゲルの中でのお国自慢

コラム2　辺境に暮らす小学生

ミカエル・ニエミ著の『世界の果てのビートルズ』（岩本正恵訳、新潮社、二〇〇六年）は、スウェーデン最北部に位置するパヤラ村で育った作者の自伝的小説である。主人公の少年が小学校での教育に対して覚えた違和感の描写は、国民教育制度によって顕在化される文化間の優劣関係をはっきりと示している。

小学校入学直後の主人公は、まず地図帳によって自らの劣等性を認識させられる。豊かな南部スウェーデンのスコーネ地方は、地図帳の一番初めに出ており、特大の縮尺で印刷され、町や村の位置を示す黒い点で埋め尽くされていた。スコーネ地方は肥沃な土地なので、農地を示す緑色に塗られている。一方、地図帳の最後に出てきたのが北部のノルランド地方で、広大な地域が一ページに収まるように極小の縮尺で印刷されているにもかかわらず黒い点がほとんどなかった。主人公の住む村はページのてっぺん辺りにあり、ツンドラを示す茶色に囲まれている。

国語の教科書には、「カンタレル(4)を見たことがありますか？」という一文があった。北部ではカンタレルなど生えていないので、主人公はもちろん見たことがない。音楽の時間には、暖かい地方で咲いている花についての歌を南部の子どもたちが歌うテープを聞かされた。なぜ、知らな

(4)　アンズタケ。スウェーデンで好んで食されるキノコ。

い花の歌を聞かなくてはいけないのか？

　やがて、主人公は少しずつ理解していった。ぼくらが住んでいる辺りは、本当はスウェーデンではなく、「北の方におまけでくっついている」だけだということを。そして、たまたま人が住んではいるが、ちゃんとしたスウェーデン人ではないということも。

　「本物のスウェーデン」からやって来た教師は、フィンランド語の響きを含む北部スウェーデンの名字をつづることも、発音することもできなかった。スウェーデン語とフィンランド語が混じりあったような北部の方言を話すぼくらは、やや劣っていて、やや教育レベルが低く、やや頭が鈍い。それに、村の農業は廃れ、古くからの製材業もふるわず、国の援助なしでは生きていくことができなかった。ぼくらは何の価値もない。ささやかでも価値ある人間になりたければ、都会へ出ていくしかなかった。

　このくだりから、幼かった主人公に学校教育がいかにして文化的な劣等感を植え付けていったかが読み取れる。広い国土においては、地域によって気候も風土も自然環境も異なっているし、

原著 *Populärmusik från Vittula*
オーディオブック版表紙

それに即して文化も異なっている。しかし、学校教育はそのような違いにうまく対応することができていない。

この作品の舞台は一九六〇年代なので、現在ではいくぶん状況は改善されているだろう。しかし、学校教育制度の成り立ちを考えれば、同質的な「国民文化」への志向を完全に払拭するのは容易なことではない。

（太田美幸）

3　さまざまな教育のかたち

近代学校がまだ万人に門戸を開いていなかった時代には、学校教育の機会に恵まれない人々を対象とする多彩な教育実践が各地域で展開されていた。たとえば、一九世紀半ばのイギリスで構想された大学拡張運動（209ページ参照）は、大学が各地を巡回して学生以外の人々のために講座を提供するというものだった。当初は、高等教育機関から締め出されていた中産階級の女性に中等教育を提供することを目指してはじまり、のちにその対象が労働者階級にも拡大され、やがて夏期講習や通信教育などの形態が定着していった。

この運動は、一部の支配層（とりわけ男性）に独占されていた高等教育の開放を求めた労働者と、社会改良を目指して民衆の知的向上を図った知識人の関心が合流したところに生まれたもので、民間団体と高等教育機関とが連携しながら制度の外で実施された。

現代日本の各地に見られる自主夜間中学（59ページの**コラム7**参照）も、何らかの理由で義務教育を修了することができなかった人々を対象としたものである。また、学校教育が十分に普及していない地域において、民間組織が実施している非正規の初等基礎教育（124ページ以降参照）もこれに類するものだと言える。

こうした教育実践は、国民教育制度の不備を補完するために、近代学校と同じような内容を教えることを志向している。ただし、近代学校とはさまざまな点において条件が異なり、使える資源もかぎられているため、同様の教え方ではうまくいかないことが多い。そこで、教材や教授法に工夫をこらし、状況に応じた柔軟な教育様式が編み出されることになった。

他方、国民教育制度としての近代学校では伝達されない文化を基盤としてつくられた教育もある。北欧やドイツに見られる寄宿制の民衆大学（フォルケホイスコーレ）（197ページの**コラム32**参照）は、学校教育の機会に恵まれない農村部の民衆や都市労働者を対象として一九世紀半ばにはじまった非正規の教育機関であるが、教育機会を保障するためだけにつくられたものではない。その特徴は、抑圧的な状況に置かれた民衆が、自身の生活様式に即した自律的教養を、仲間との共同生活を通じて身につけていくことを目指している点にある。

こうした実践には、近代学校で伝達される主流の国民文化とは異なる、民衆自身の発達文化が反映されている。さらには、在日朝鮮人による朝鮮学校（75ページの**コラム11**参照）のように、国民教育制度との間にきわめて複雑な事情を抱えた人々が、植民地主義のもとで奪われた民族性を取り戻すために独自の学校をつくり上げたというケースもある。これらは、学校という形態をとりながらも、制度化された学校教育とは成立背景や目的を異にしている。

また、近代学校では十分に行えない身体や規律の修練のために、より生活に近いところでの教育も生み出されてきた。二〇世紀初頭のイギリスで退役軍人によって開始されたボーイスカウト運動は、社会の将来を託すことのできる「心身ともに健全な」子どもを育成するという目的を掲げていた。また、少年団・少女団、子ども会、日曜学校といった組織や、児童図書館や児童館、児童遊園などの施設における子どもの指導も、近代学校における教育に加えて子どもの発達を支援するものとして展開されてきた。

近年では、廃品置き場をヒントにデンマークで生まれた「冒険遊び場」（108ページの**コラム17**参照）や、ドイツではじまった子どもによる仮設都市「ミニミュンヘン」（113ページの**コラム18**参照）をモデルとする「遊びのまち」の活動が各地で活発になっている。これらは、かつて地域に存在したような自由な遊びの空間、あるいは労働や人間関係を体験しながら学べる空間を現代の子どもたちに提供したいと願う大人たちが民間レベルで組織し、実践しているものである。いずれも、一定の方向性のもとで緩やかに学習を組織化した教育である。

そのほかにも、職に就いた大人や失業者を対象とする職業訓練、労働組合のなかで行われる労働者教育、カルチャースクールなどで開講される各種講座などにおける教育は、近代学校とは目的や対象が異なっている。これらは教育ではなく訓練、文化活動、あるいは社会運動と見なされることも多いが、いずれも近代社会の要請を背景とした教育的な営みである。

ここまで挙げてきた事例のいくつかは、日本においては社会教育（**コラム3**参照）の概念に包摂されるものとして論じられてきた。ただし、第2章でも触れるように、社会教育は日本特有の概念で、ノンフォーマル教育と大部分で重なりつつも完全に一致するものではないという意見もある。

さて、右に挙げたようなさまざまな教育は、いずれも「ノンフォーマル教育」と呼ばれる実践である。ただし、これらの共通項として言えるのは「フォーマルでない」ということだけであって、「フォーマルでない」ということの内実は千差万別である。「フォーマルでない」ということは、ある実践にとっては公的な制度に組み込まれた正規の学校ではないことを意味し、別の実践にとっては、あらかじめ決められたカリキュラムがないことであったり、教師という役割を置かないことであったり、大人が余暇時間に学びにやって来ることであったりする。そして、各々の実践が「フォーマルでない」ことにいかなる意味や価値を込めているのかもさまざまである。

その多様性をとらえるために、次章ではノンフォーマル教育をめぐってこれまでどのような議論が行われてきたかを整理し、「ノンフォーマル教育」という概念の輪郭を探ってみることにしたい。

コラム3　日本の社会教育

日本のノンフォーマル教育は何かと問われれば、「社会教育」や「通俗教育[5]」と呼ばれている活動が当てはまるかもしれない（佐藤他［一九九四］）。この二つは日本固有の言葉で、一八八〇年前後から一九一〇年代に至るまでに形成されたという。

「社会教育」は、日露戦争後、疲弊した農村地域の振興やさまざまな社会問題に対処することにかかわって形成された。今日で言う成人教育と地域社会教育とを包摂していたと理解される。一九二〇年代に学校外の教育活動のうち行政が主導するものとして定着し、第二次世界大戦後にそれが法制化された言葉である（一九四九年制定「社会教育法」）。法律では次のように定義されている。

社会教育法（昭和二四［一九四九］年、最終改訂令和元［二〇一九］年）**第二条**

この法律において「社会教育」とは、学校教育法（昭和二二年法律第二六号）又は就学前

(5)　一八八〇年代に小学校の就学率を上げる手段として親の教育を促進するために導入され、就学率の上昇にともなってその目的と内容、方法が変化したもの。一九一〇年代前半には社会教育（すでに成人教育と地域社会教育を包摂していた）と同じような意味合いで用いられるようになり、一九一〇年代後半以降には社会教育の語に取って代わられた（松田［二〇〇四］）。

の子どもに関する教育、保育等の総合的な提供の推進に関する法律（平成一八年法律第七七号）に基づき、学校の教育課程として行われる教育活動を除き、主として青少年及び成人に対して行われる組織的な教育活動（体育及びレクリエーションの活動を含む。）をいう。

ここでの「組織的な教育活動」とは、同法第十条（社会教育関係団体の定義）における「社会教育に関する事業」にかかわって、憲法八九条のいう「教育の事業」に該当しないものとして次のように解釈されている。

「（前略）人を教える行為が存在していても、単に人の知識を豊富にしたり、その関心をたかめたりすることを目的とする事業であって、教育される者について、その精神的または肉体的な育成を図るべき目標があって計画的にその達成を図るのでないものは、教育の事業に該当しない。」（法制局長官回答昭和三二・二二法制局一発八「憲法八九条にいう教育の事業について」）

以上から、社会教育とは、精神的または肉体的な育成を図るべき目標が設定されており、その目標達成を計画的かつ意図的に図る事業以外の教育的活動全般を言いうるものである。また、成人教育や地域・住民の自治振興的な教育（地域社会教育）に加えて、家庭・学校・社会で何らかの課題を抱え、何かしらの教育を必要とする人々へ提供される教育も含まれる。つまり、年齢や教育が提供される場（家庭を含む学校以外の場）を問わない教育の機会・方法・内容を含む概念として理解されよう。

これまで社会教育は、国民による民主主義を求める自主的教育、または、支配者層や国家権力による その抑圧・統制としての教育という二項対立的な理解がされてきた。前者は労働教育運動、青年団自主化運動、自由大学運動（46ページ参照）、労働学校運動などを指し、後者は地方改良運動の一部として内務省主導で行われた国家主義的な社会教育や、戦時下の国民教化的な社会教育などを指している。

しかし、社会教育の実践を振り返ると、こうした二項対立的な図式でのみ説明できるものではない。正規の学校教育の補足や代位、あるいは拡張する機能が社会教育に任されていたことにも注目したい。明治期における就学率向上のための啓蒙活動、障害児・貧困児童、不登校児など、今日にも続いている、学校教育から排除されてしまっている青少年たちへの教育保障といった役割を担ってきたのだ（新海［一九九九］）。

二〇一六年に「義務教育の段階における普通教育に相当する教育機会の確保法等に関する法律」（平成二八年法律第一〇五号）が制定されたが（49ページ参照）、その背景には、数十年にわたる全国での民間有志による不登校生徒への支援や夜間中学校といった自主的な活動が継続されてきた事実があることは指摘されてよい。

一方、地域社会教育としての社会教育は、敗戦後に市町村における公民館の設置を通じて拡がった。とりわけ、当時の農村部において地域住民の教養を高める傾向が強くなった。そのため、実生活に即した教育・文化の振興と、地域民主主義や地域自治の能力の養成とが求められた。こうして社会教育は、地域生活の振興に寄与することが期待されるようになった。

この地域社会教育としての役割は、二〇一四（平成二六）年に法制化された「まち・ひと・しごと創生総合戦略」の方針のもとで改正された二〇一七（平成二九）年の社会教育法で一層強められている。少子高齢化と東京一極集中が進むなかで、「活力ある日本社会」を維持するために「安心して暮らすことができる魅力的な地域」づくりのための一戦略として、社会教育に期待が寄せられている。具体的には、地域と学校がパートナーとして連携・協働し、社会総掛かりでの教育を実現するための「地域学校協働活動」が法に位置づけられた（同法第五条二）。こうして社会教育は、地域を舞台に、学校教育とより切れ目なく連携するように発展しつつある。

（岡村美由規）

第2章 ノンフォーマル教育とは何か

遠隔教育を受ける子どもたち（タイ）　［写真提供：宮沢一朗］

1 ノンフォーマル教育の二つの意味

教育研究においては、教育制度の外側で展開されてきた「非正規の教育」を、総じて「ノンフォーマル教育」と呼ぶことが多い。他方、近代学校に特徴的に見られるような定型的な教育（公的な規定に沿った学校や教室という空間において、教師が生徒に対して、教科ごとに、公的に定められた教育目標のもとでカリキュラムに沿って教授するという一連の教育様式）とは異なる、より柔軟な教育の仕方が、「準定型的な教育」という意味で「ノンフォーマル教育」と呼ばれることもある。

こうした二つの意味が存在することが、「ノンフォーマル教育」と呼ばれる実践の全体像が把握しづらい要因の一つとなっている。だからといって、この二つの意味を切り離し、非正規の教育と準定型的な教育をまったくの別物として論じることも適切ではないだろう。

実際のところ、教育をめぐる議論において「ノンフォーマル教育」という用語が使われる際には、この用語がもつ二つの意味が実質的に重なっている場合も多い。まずは、この用語に付されてきた代表的な定義を比較検討しながら、その現状を確認してみよう。

ノンフォーマル教育を「非正規の教育」という意味で定義づけている例は、日本の政府開発援助の実施機関である国際協力機構（ＪＩＣＡ）に見られる。ＪＩＣＡは、二〇〇五年に刊行した

フォーマル教育	確立した教育機関において制度化されたフルタイムの学習が与えられる教育システム。学校教育。
ノンフォーマル教育	正規の学校教育制度の枠外で組織的に行われる活動。学校外教育。

図1　JICAによる分類

出所：JICA［2005］より作成。

調査報告書『ノンフォーマル教育支援の拡充に向けて』において、「フォーマル教育」は「確立した教育機関において制度化されたフルタイムの学習が与えられる教育システム。学校教育」、「ノンフォーマル教育」は「正規の学校教育制度の枠外で組織的に行われる活動。学校外教育。フォーマル教育（学校教育）が初等教育の完全普及を達成できていない現状に対応するため、すべての人の基礎教育ニーズを補完的で柔軟なアプローチで満たそうとする活動」を指すと説明している（**図1**参照）。なお、日常の経験や環境から影響を受けることによる学習のプロセスは「インフォーマル学習」とされている。

また、経済産業省が日本における市民性（シティズンシップ）教育の向上を目指す立場から二〇〇六年に発表した『シティズンシップ教育宣言』においては、「正規の学校のカリキュラムで実施される公的な教育」が「フォーマル・エデュケーション」であり、「地域、家庭、NPO、企業など、正規の学校以外で行われる教育」が「ノンフォーマル・エデュケーション」であるとされている。ちなみに、この文書では、「体系だったカリキュラムにもとづき、教師と学習者が固定的で、何を教えるかが重視される」定型的教育に対して、体験型学習やプロジェクト学習など、「教育者と学習者の関係や教育手法が柔軟で、実践的」な教育のことを「非定型的教育（インフォーマル・エデュケーション）」と呼んでいる（これについては、のちほど改めて触れたい）。

ノンフォーマル教育を「非正規の教育」と意味づけるこれらの定義に対して、この用語をまったく別の意味で用いる場合もある。たとえば、ノンフォーマル教育を「あらかじめ定型化された教育の内容・方法・組織がない」ものととらえ、「多様な教育諸形態を組み合わせた柔軟なもの」という意味に解釈し、「不定型的教育」という訳語を当てている論者もいる（鈴木［一九九五］）。

このように、教育をその形式性に注目して区分するという考え方は、文化人類学の議論にも見られる。文化人類学では、「一定の社会に生まれ育つ個人が、その社会の文化を習得していく過程」を「文化化」と呼んでいる（江淵［一九九四］）。「文化化」のとらえ方にはさまざまな考え方があるが、文化伝達の形式に着目して定義すると、「定型的、非定型的および準定型的な文化伝達のモードをとおして、個人が、言語、技術、社会経済的、観念的、認知的、感情的な文化のパターンを習得する、生涯継続する過程である」（Willbert［1976］、江淵［一九九四］三七～三八ページ）と言える。つまり文化化は、「定型的」、「非定型的」、「準定型的」の三つに区分されるのである。

ここでいう「文化化」は、「教育」とほぼ同じ意味であると考えてよいだろう。日常生活における模倣や観察など、形式のはっきりしない文化化は「非定型的教育（インフォーマルな文化化）」、学校教育のように高度に整えられた形式のもとで進行する文化化は「定型的教育（フォーマルな文化化）」である。さらに、入社式や成年儀礼、年齢集団など、これらの中間に位置するような文化化は「準定型的教育（ノンフォーマルな文化化）」として区分される。

ちなみに、先ほど見た経済産業省の分類では、体験型学習やプロジェクト学習といった「教育者と学習者の関係や教育手法が柔軟で、実践的」な教育は非定型的教育とされているが、文化人類学的な定義を採用するならば、非定型的教育ではなく準定型的教育に近い。

また、定型的教育は必ずしも学校教育のみを指すものではない。ある文化人類学の教科書では、「未開社会における定型的教育は、学校にいくという形をとることはまれである。通常の場合、個人指導者と学習者、あるいは親方とその徒弟とのあいだの個人的な関係を軸にして、入念な指導がおこなわれることが多い」（ボック［一九六八／一九七四＝一九七七］一七六ページ）とされている。「フォーマル」、「ノンフォーマル」、「インフォーマル」、「定型的」、「準定型的」、「非定型的」といった用語を使って多様な教育のあり方が議論されるときには、こうした定義の違いにも注意しなければならない。

ところで、文化化を三つに区分する考え方は、元々は国際教育開発の議論のなかで、アメリカの経済学者フィリップ・クームスら[1]が用いた「フォーマル教育」、「ノンフォーマル教育」、「インフォーマル教育」の分類に依拠したものである。クームスらによる定義では、フォーマル教育とは「階層的に構造化され年齢段階に応じて等級分けされた、小学校から大学までの『教育システム』」であり、ノンフォーマル教育は、「制度化されたフォーマルなシステムの外で行われる、組織化された教育活動」(Coombs et.al.[1973]p.11) と定義されている。

さらに、クームスらは、「人々は日々の経験や環境における多くの教育、家族や隣人、仕事や遊び、宗教活動、市場、新聞、本、テレビ・ラジオやその他のメディアから学習する。我々はこの重要な学習形態を(ノンフォーマルと混同しないよう)インフォーマル教育と呼んできた」(Coombs & Ahmed[1974]pp.232〜233) とも述べている。

実のところ、「インフォーマル教育」の定義は「ノンフォーマル教育」よりもさらに混乱している。クームスらのような定義のほか、「インフォーマル教育」を「日々の生活において社会・物理的環境と相互作用するような個人による自然な学習のことである」(Lynch et al.[1997]pp.xi〜xii) と述べている論者もいるが、こうした定義に対して教育学者のロジャーズは、「なぜそのようなインフォーマルな学習が教育と呼ばれ得るのか理解し難い。それは、組織化あるいは設計されたものではないからである。それは意図と計画を欠いたものである」(ロジャーズ[二〇〇四=二〇〇九]六〇ページ、傍点は引用者) と指摘している。つまり、「学習」と「教育」が混同されているというのである。

教育の概念と学習の概念を明確に区別することは重要である(86ページの**コラム12**参照)。日常生活のなかで、社会・物理的環境と相互作用を通じて何らかのことが学び取られることは「学習」であって、それを「教育」と呼ぶのは適切ではない。他方で、たとえば学習をより良く促すことを意図して社会・物理的環境が設計されている場合、その環境設計の営みは、環境を統御することによって行われる「間接的な教育」（デューイ［一九一六＝一九七五］三九ページ）であると言いうる。そのため、環境を通じて間接的に行われる意図的な教育的働きかけを「インフォーマル教育」と見なすことはできるだろう。

さて、話を「ノンフォーマル教育」の定義に戻そう。「学校外教育（out-of-school education）」という用語もノンフォーマル教育と似た意味で使われるが、ノンフォーマル教育のなかには放課後に「学校内で」行われるものもあることから、クームスらはそれを「学校外教育」とは異なる概念として扱っている（Coombs et.al.[1973]p.11）。同様に、日本の社会教育を諸外国におけるノンフォーマル教育とほぼ同じ概念と見なす見解もありうるが、社会教育を「自己教育・相互教育」という成人教育的観点で規定すべきであるという立場（島田［一九八二］）もあることをふまえるならば、やはり留保が必要であろう（佐藤他［一九九四］三三五～三三六ページ）。

クームスらが途上国における学校教育普及の困難に関する議論のなかでノンフォーマル教育に注目したこと、ノンフォーマル教育もフォーマル教育と同様に学習を促進するための型をもって

（1）（Philip Hall Coombs, 1915～2006）一九六一年よりアメリカ・ケネディ大統領のもとで初代の教育・文化担当国務次官補を務め、一九六三年にはユネスコ国際教育計画研究所の初代所長となった。

教育のモード	教育の特質		
	定型的特質	準定型的特質	非定型的特質
定型的教育（文化化）	年齢階梯組織の学校	教科外活動	同年齢仲間集団
準定型的教育（文化化）	終了資格の授与ブッシュスクール	学校外活動	集団活動への参加
非定型的教育（文化化）		両親による計画的教育	日常生活経験

図２　教育（文化化）の類型と特質

出所：江淵［1994］39ページ。

いる（Coombs et.al.[1973]p.12）と見なしていることなどを考慮すると、文化人類学において形式のはっきりしない文化化と形式の整った文化化の中間に位置するものが「ノンフォーマルな文化化」とされたこととのつながりも見えてくる。

文化人類学での定義をふまえた教育研究においては、フォーマル、ノンフォーマル、インフォーマルな教育の類型が**図2**のようにまとめられている（江淵［一九九四］）。この図では、教育の形式化の度合い（教育の特質）と組織化の度合い（教育のモード）が分けて示されている。

モードとしての定型的教育には、現代社会においては制度化された学校教育が当てはまるが、先に触れたとおり、それとは異なる定型的教育もありうる。そして、それぞれのモードにおいて、高度に定型化されている教育活動と、さほど高度ではないが一定程度は定型化されている教育活動、もしくは定型的ではない教育活動が展開されることになる。

たとえば、学校教育のなかで参加型学習の手法が用いられる場合、その活動は準定型的特質をもつと言える。また、学校内での秩序や人間関係のあり方、服装やふるまい方の規範、空間やモノの配置のあり方などが人間形成に影響を与える場合は、それらが非定型的特質をもつ教育として機能していると言えるだろう。

準定型的特質をもつ教育活動としての参加型学習は、小集団を指導する際に効果的と見なされている教育方法で、参加者と支援者が協同で活動をつくりあげるというグループワークの流れを汲んでおり（田中［二〇〇八］）、教育制度の内外で頻繁に用いられている手法である。子どもの興味関心や自発性を尊重した教育を目指した新教育運動（第3章第2節参照）や、戦後教育改革期に展開されたコアカリキュラム運動(2)など、画一的な学校教育からの脱却を目指して取り入れられた教育活動にも準定型的な特質が見られたし、世界各地の青年教育や成人教育の場に多く見られる共同学習や学習サークルといった学習形態も同様である。

図2の分類にもとづいて考えると、ノンフォーマル教育とは、制度化された学校教育の内部でも、制度の外で組織された活動においても、あるいは私的な家庭空間においても見られる準定型的特質をもつ教育であって、必ずしも教育制度の外で行われる非正規の教育のみを意味するわけではないということになる。

---

(2)　第二次世界大戦直後の日本において、戦前・戦中の国家統制的な教育の刷新を図った文部省が提唱し、学校教育の現場で試みられたカリキュラム開発の実践。戦後の新設教科である社会科をコアとし、地域調査やごっこ遊び、子ども自身の経験などをもとにして得られた知識を、各教科の学習内容へとつなげていくことが目指された。

2 ノンフォーマル教育はどのように論じられてきたのか

ここまで見てきたように、ノンフォーマル教育という用語は、非正規教育と準定型的教育という二つの意味で用いられてきた。だが、ノンフォーマル教育が具体的な文脈のなかで論じられる際には、この二つの意味の重なりが意識されないことが多い。そのためにノンフォーマル教育は、概念としては曖昧で扱いづらいものとなってしまっている。

アラン・ロジャーズ(3)の著書『ノンフォーマル教育』（ロジャーズ［二〇〇四＝二〇〇九］）は、この扱いづらさを掘り下げて考えるために、ノンフォーマル教育の論じられ方の変遷を明らかにした労作である。

ロジャーズの整理によれば、「ノンフォーマル」という表現がいつから使用されるようになったのかは定かではないが、ノンフォーマル教育の概念についての議論は一九五〇年代末から徐々にはじまったという。先述のクームスが一九六八年に著した『現代教育への挑戦――世界教育危機のシステム・アナリシス』（クームス［一九六八＝一九六九］）で取り上げたことを契機に広く注目を集めるようになり、一九六〇年代から一九八〇年代には、ノンフォーマル教育の定義について活発な論争が起こった。

ただし、論争は一九八〇年代の末に終焉し、それとともにノンフォーマル教育という用語自体もさほど頻繁には使用されなくなった。だが、一九九〇年代の終わり頃から再び国際機関がこの用語を用いるようになる。このとき、「ノンフォーマル学習」[4]という用語も登場した。

クームスらがノンフォーマル教育論を展開した一九六〇年代当時は、工業化が進んだ先進国と低開発諸国のいずれにおいても学校教育への不満が極度に達していた時代であった。当時の教育に対する批判はさまざまであったが、主な問題意識は共通していた。すなわち、既存の教育システムは富裕層と貧困層の間の不平等を是正せず、むしろ拡大しているという認識である。これは、先進国（富める社会）と発展途上国（貧しい社会）の間の不平等の問題にも通底していた。最下層を助けるために教育をどのように変えていったらよいのかについて多くの教育論者が模索するなかで、「ノンフォーマル教育」に期待がかけられるようになったわけである。

ロジャーズによれば、既存の教育制度を批判する人々の立場は大きく二つに分けられる。

第一の立場は、既存の教育制度は費用対効果が低く、資源の分配においても不均衡であるとし

（3）（Alan Rogers, 1933～2022）イギリスの教育学者。成人教育と国際教育開発を専門とし、アフリカやアジア諸国でフィールド調査を重ねるとともに、コンサルタントとして数多くの教育実践に携わった。

（4）ノンフォーマル教育を通じて知識やスキルが習得されることを指す。欧州連合（ＥＵ）の経済政策や経済協力開発機構（ＯＥＣＤ）の議論のなかで、正規の教育機関以外での学習成果を積極的に評価していくために用いられるようになった概念。こうした議論の文脈においては、正規の教育機関における学習は「フォーマル学習」、さまざまな活動のなかで付随的・偶発的に生じる学習は「インフォーマル学習」と呼ばれるが、後者については「インシデンタル（偶発的）学習」という用語と重複するところが多い。

て、その改良を目指す立場である。改良の手がかりとして注目されたのが、ＮＧＯなどの援助団体による手づくりの学校運営や教員研修、学校設備の改善プロジェクトであった。

市民の手によって行われるこうした取り組みは、公権力が担うフォーマル教育の欠落を埋める「ノンフォーマル教育」として主に国際開発援助の領域で大いに評価され、ユネスコ、世界銀行、アメリカ国際開発庁（U.S. Agency for International Development：ＵＳＡＩＤ）によって支援されることとなった。こうした国際機関や、実務を担う教育援助団体の実践家、コンサルタントらにとって「ノンフォーマル教育」は、教育制度の不備を補完し、改革へと導くものとして重要な意義をもった（第5章参照）。

同時期に国際社会に対して提唱された生涯教育論・生涯学習論も、これと同様の志向をもっていたと言える。一九六五年のユネスコ成人教育推進会議において教育制度の新たな原理として登場した生涯教育論は、急激な社会変化に即して教育制度を改革することを提唱したが、それを受けてＯＥＣＤが一九七〇年に提唱したリカレント教育論(5)は、成人の学習権保障と実質的不平等の縮減を追求するための戦略の一つとして、ノンフォーマルな成人教育を教育体系のなかに積極的に位置づけることを企図《きと》していた（90ページの**コラム13**参照）。

第二の立場は、ヨーロッパ生まれの近代教育制度を根本的に批判する立場であり、脱学校論を唱えたイヴァン・イリイチ(6)や、被抑圧者の教育学を提起したパウロ・フレイレ(7)などが代表的論者とされる。彼らは、人材配分を主要な機能とする学校教育制度は必ず一定数の落伍者を生み出し、そうした人々は序列の下位に位置づけられると指摘した。そして、抑圧の克服と平等をラディカルに目指す立場から、教育制度は廃止すべきもの、もしくは根本的に変革すべきものと見なした。

そこで学校教育のオルタナティブとして注目されたのが、昔ながらの徒弟制度や家庭教師、聖職者養成システム、一部の地域に見られる成年儀礼や、社会運動と結び付いた民衆教育などであった。これらは、画一的な学校教育とは異なり、文脈に即した多様な形態をもつ「ノンフォーマル教育」である。不平等の解消を目指した批判的教育論者は、「ノンフォーマル教育」を既存の教育制度に対抗しうる別様の教育として構想したのであった。

これら二つの立場は、それぞれがノンフォーマル教育に異なる意味づけをしていた。そして、現在に至るまで、両者の意味の違いが擦り合わされることのないまま、多様な実践がノンフォーマル教育と名指しされてきたわけである。

---

(5)　学校を卒業し働きはじめたあとでも、労働を中断して教育を受け直すことを可能にする教育システムの構想。スウェーデンの高等教育改革のなかで生まれたアイデアで、OECDが注目して国際社会に向けて提唱した。

(6)　(Ivan Illich, 1926～2002) オーストリアで生まれラテンアメリカで活動した社会批評家。現代の産業社会における人間の自律性の低下に警鐘を鳴らし、教育、交通、医療などの分野にわたって制度改革の必要を論じた。一九七一年の著書『脱学校の社会』では、学校教育制度が産業社会における人間疎外を促進していることを指摘した。

(7)　(**Paulo Freire, 1921～1997**) ブラジルの教育者・教育思想家。農村地域での識字教育に従事した経験をもとに一九六八年に『被抑圧者の教育学』を著し、抑圧された人間が教育を通じて自由を取り戻す道筋を追究した。彼が実践した識字教育の詳細については143ページの**コラム22**を参照。

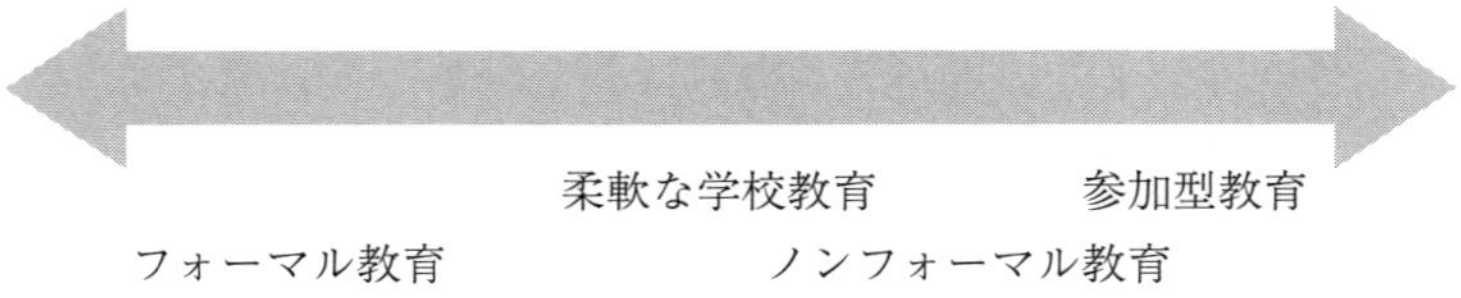

図3　ロジャーズによる定義
出所：ロジャーズ［2004＝2009］159ページ。

ロジャーズは、こうした状況を十分にふまえたうえで、ノンフォーマル教育概念に固有の意義を二つ指摘している。

第一に、ノンフォーマル教育の概念によって、教育とは制度化された学校教育の範囲に収まるものではないということを具体的に示すことができる。第二に、教育とは状況やニーズに即して柔軟につくっていけるものだという認識を促すことができる（ロジャーズ［二〇〇四＝二〇〇九］一五一ページ）。そして結論として、ノンフォーマル教育を、より柔軟な学校教育、および学校の内外で行われる参加型教育の両方を意味するものとしてとらえることを提唱している（**図3参照**）。

3　ノンフォーマル教育を把握するための枠組み

このようなロジャーズの結論は、数十年にわたる議論の経緯をふまえて、何をノンフォーマル教育と呼ぶのか、またノンフォーマル教育の意義とは何かを明確化しようとするもので、ノンフォーマル教育について考える際の起点となりうる定義だと言えるだろう。ただし、**図3**のよう

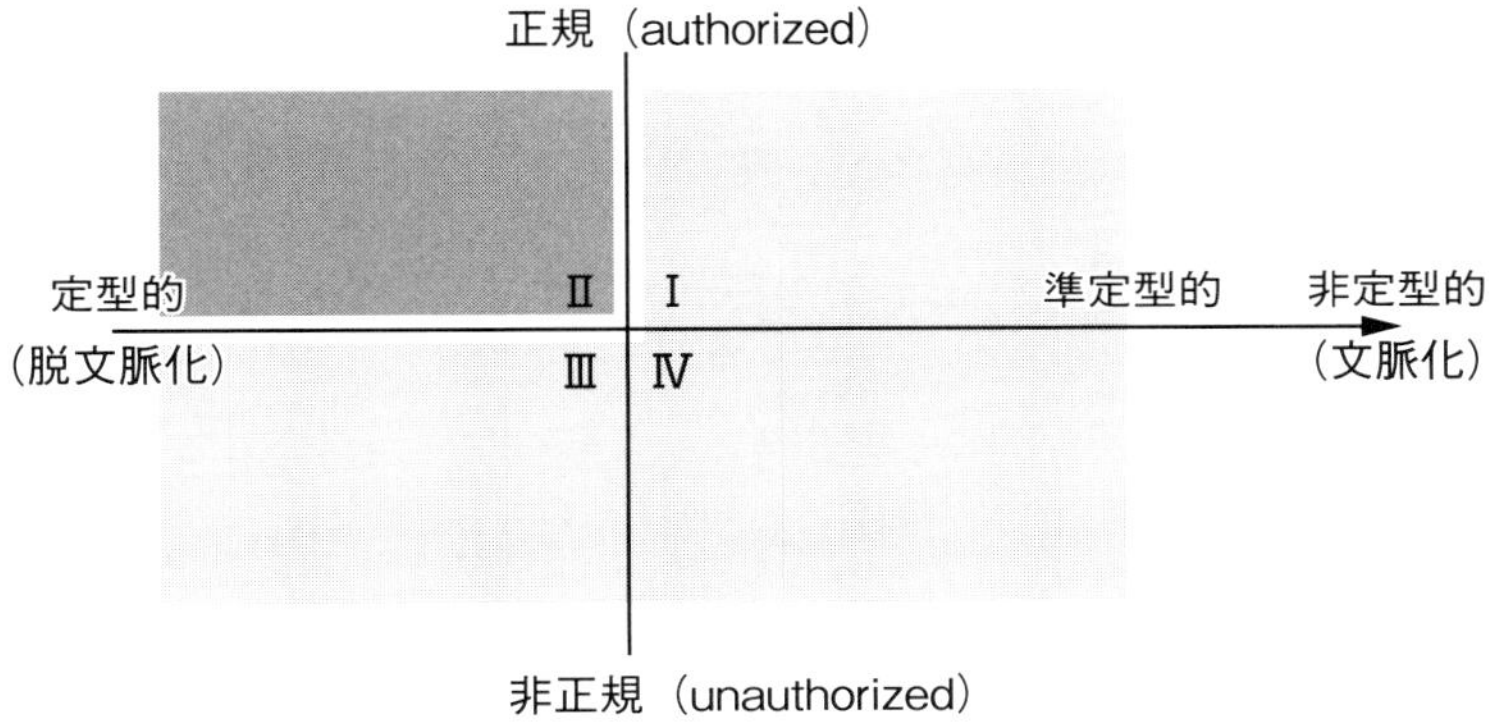

図4　公式性と形式性にもとづくノンフォーマル教育の分類

なロジャーズの図式では、定型的教育と正規の教育の区別が示されないまま「フォーマル教育」が提示されている。また、「柔軟な学校教育」の認識が途上国の教育開発の文脈に大きく偏っているためか、制度の外で行われる教育が必ずしも制度化された学校教育と同じ目的をもつものでないことがはっきりとは示せていない。ノンフォーマル教育の内部の多様性をとらえるためには、さらに一歩踏み込んだ把握が必要となる。

何度も述べてきたように、ノンフォーマル教育は多様で柔軟であることを特徴の一つとしているが、多様であるがために捉えづらく、扱いづらい概念となってしまっている。その多様性をどのように把握するのかという問題について考えてみたい。

先ほどから注目してきたノンフォーマル教育の二つの意味（非正規教育と準定型的教育）に即して考えると、ノンフォーマル教育の全体を**図4**のように分類することができる。

縦軸は公式性（正規か非正規か）、横軸は形式性（定型的か準定型的か）を示している。正規の学校において行われる定型的教育を示す第Ⅱ象限以外は、いずれかの意味においてノンフォーマル教育と呼びうる。ロジャーズの言う「柔軟な学校教育」は第Ⅰ象限、制度の外にありながら近代学校に準じた教育を行っているものは第Ⅲ象限、制度の外で準定型的な教育を行うものは第Ⅳ象限に属する。

公式性は、公権力による認可と言い換えてもよいかもしれない。国や地方自治体の定めた枠組みのなかで公費によって運営されている正規の学校は、公権力によって完全にオーソライズ（公認）されている。他方、非正規教育のなかには、公的基準を満たしたうえで補助金を受給しているものもあれば、公権力の関与を一切拒否するものもあるなど、公権力によるオーソライズの度合いに大きな幅がある。

一方、形式性は、教育活動と日常生活との接合の度合いを示す指標でもある。高度に定型化された教育においては教育内容が日常生活の文脈からほぼ切り離されているが、定型化されていない教育は多かれ少なかれ日常生活に即して展開されており、脱文脈化の度合いに大きな幅がある。

ちなみに、すでに本書で言及したいくつかのノンフォーマル教育の事例をこの図式に当てはめると**図5**のようになる。

こうしてさまざまな事例を並べてみると、それぞれの実践の目的が一様ではないことに改めて気付かされる。たとえば、基礎的な読み書きの学習を行う自主夜間中学の活動と、時に社会運動

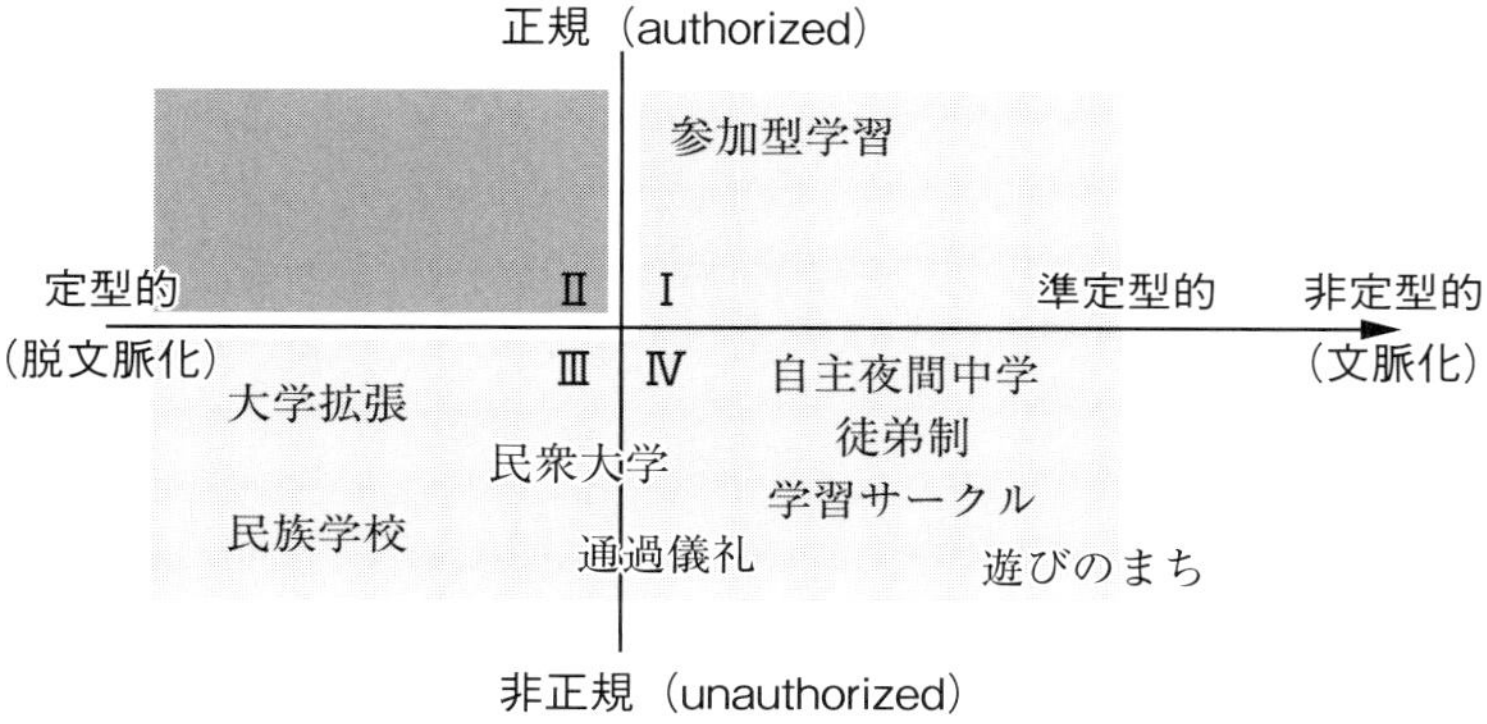

図5　ノンフォーマル教育の布置

と結び付きながら組織される学習サークルとでは、同じ第Ⅳ象限に属しながらもその方向性が大きく異なっている。

　また、国や自治体からの認可が得られないために非正規とされる教育活動であっても、宗教組織や職能団体、伝統的な社会秩序、他国の政府などによって正当な教育機関と認められているようなケースもある。

　図5に示した布置《ふち》は一つの見方を示しているにすぎず、各事例の位置づけは、各時代・各社会の個別の事情や、ノンフォーマル教育を論じる際の議論の文脈によって変化しうる。つまり、ある教育がフォーマルであるかノンフォーマルであるかは、普遍的に定まっているわけではないのである。

　こうしたことを念頭に置きながら、次章以降の各章では、ノンフォーマル教育がとくに重要視されてきた研究領域のなかから七つのテーマを取り上げ、各領域において積み重ねられてきた議論の土壌を確認したうえで、ノンフォーマル教育の実践とその位置づけ、それぞれの文脈でノンフォーマル教育がどのように実践されてきたか、そして、そこにどのような意義が見いだせるのかについて検討していくことにする。

第3章

学校教育制度の課題とノンフォーマル教育

非正規学校で授業を受ける子どもたち（インド）

1　近代学校教育への批判

西洋諸国をはじめとする先進工業国では、社会の近代化とともに国民教育制度としての近代学校が普及した。学校教育は国民国家にとってきわめて重要な制度であるが、それゆえに、教育に期待を込める人々から多くの批判を浴びてもきた。近代学校への批判は、学校で教えられる内容の改善を求めるものばかりではない。より柔軟な教育の様式が構想されることもあれば、公権力による教育の制度化そのものが問い直されることもある。

前者の議論のなかでは、学校教育が効率を重視するがゆえに過度に定型化してきたことに疑問が突き付けられ、生活に即した学習を可能にする、より柔軟な学校のありようが模索されてきた。後者の議論では、国民教育制度は近代社会における人間の疎外や自律性の低下の一因と見なされ、別様の教育実践を通じてその克服が目指されてきた。こうした主張の一部は現在も引き継がれており、典型的な近代学校とは一線を画した教育が各地で多様に追求されている。

近代学校にはいくつかの特徴がある。たとえば、集団指導という教授方法である。これは、教育にかかる費用を抑えながら、大人数の子どもに一定程度の読み書き計算の技能を身につけさせるための方法として求められた。その原型となったのは、一八世紀末から一九世紀初頭にかけてのイギリスにおいて、アンドリュー・ベルとジョセフ・ランカスター(1)によって考案された「助教法（モニトリアル・システム）」であったと言われている。

一人の教師が、年長の生徒のなかから選ばれた助教（モニター）を通じて、多数の子どもに同じ内容を教えるというこの方法は、産業化が進む社会で労働者に求められる技能を効率よく広めるために有用であった。また、やがては労働者となる子どもたちに規律や秩序への従順さを身につけさせるという効果もあった。これには、近代学校の空間設計もひと役買っている。

一般的な教室では、黒板と教壇に向かって机と椅子が整然と並べられ、教壇に立つ教師が多数の生徒を見わたせるようになっているが、このような空間に身を置く生徒は常に教師からの視線を意識せざるを得ない。

授業中は席に座り続けねばならず、許可なく動き回ることはできないし、発言する際には挙手をして、求められた回答のみを簡潔に述べなくてはならない。このような空間のなかで子どもたちは、決められた規則に従って自らの行動を律するように習慣づけられ、それに適合するような身体をつくりあげていくことになる（300ページの**コラム48**参照）。

また、近代学校では、何をどのように教えるかを示す教育課程（カリキュラム）にも固有の型がある。国民教育制度としての近代学校では、人々の多様な生活文化のなかから次世代に継承す

（1）（Andrew Bell, 1753～1832）、（Joseph Lancaster, 1778～1838）いずれもイギリスの教育者。孤児院の院長だったベルが考案した年長の子どもを助手として活用する教育方法を、貧困地区で学校運営をしていたランカスターが採用し、「助教法（monitorial system）」と呼んだ。

べき「国民文化」が選び出され、それらが階級や職業、性差、地域差などを超えて共通する基礎課程として編成されて、すべての子どもに教えられる。

近代学校の教育課程は、教科指導、教科外活動、学校行事などから構成され、初等・中等・高等教育の各課程、普通教育（すべての国民が身につけるべき基礎的で一般的なことを教えるもの）と職業教育（専門教育）の各課程に分けられる。教育課程の中心的位置を占める教科指導は、さまざまな学問領域ごとにその内容を系統化して指導していくもので、近代科学の成果を効率よく子どもたちに伝達していくことを目的としているため、日常生活の経験とは切り離されて体系化された内容が教えられることになる。

こうした指導のあり方は知識の注入に陥りがちで、子どもの実情に適したものとはなりにくいという欠点がある。この点への批判は早くも一九世紀末から二〇世紀初頭にかけて世界各地で活発に起こり、教育する側の視点から教育内容を定めるのではなく、子どもを中心とした教育のあり方を構想する児童中心主義の思想が生まれるに至った。この流れのなかで、「新教育運動」と呼ばれる教育改革の動きが世界を席巻し、科学の系統ではなく、子どもの日常生活のなかで生じる経験や子ども自身の興味・関心にもとづいた、型にはまらない指導が試みられるようになっていったのである。

2 オルタナティブ教育の構想

新教育運動は、一八八九年にセシル・レディ[2]によってイギリスに創設されたアボッツホルム・スクールがはじまりとされている。また、ジョン・デューイ[3]がシカゴで試みた実験学校、フランスでセレスタン・フレネ[4]が実践した「自由作文」による教育などもよく知られている。

日本では「大正自由教育運動」として展開され、いくつもの斬新な私立学校や実験的な取り組みを行う公立学校が生まれた。同時期に登場した生活綴方教育[5]も、子どもたちの生活実態からか

---

(2)（Cecil Reddie, 1858～1932）イギリスの教育者。教養主義を批判し、共同生活を通じて自発性や他者への共感を育むことを重視した。彼が一八八九年に創設したアボッツホルム・スクール（Abbotsholme School）は、現在も私立の寄宿制学校として存在している。

(3)（John Dewey, 1859～1952）アメリカの哲学者、教育学者。制度的（formal）な教育が生活経験から切り離されてしまうことを懸念して、子どもたちが興味や関心をもって活動的な生活を営む場として学校を構想し、自ら学校をつくってそれを模索した。

(4)（Celestin Freinet, 1896～1966）フランスの教育者。子どもたちに自由に作文を書かせそれを教材化することで、表現力が豊かになるとともに子どもたち同士の交流が深まり、相乗的な学習効果が得られるとして、独自の実践を展開した。

(5) 子どもたちが自らの生活を題材として作文を書くことで、文章表現能力とともに現実認識の力を鍛えようとする教育方法。一九一〇年頃に成立し、一九三〇年代に活発化した。

け離れた学校教育への問題意識から現れた教育実践であると言えるだろう。個々の実践やそれを支えた理念は、それぞれに特徴をもつものではあったが、教科中心、教師中心の学校教育の型をつくりかえようとする意図は共通していた。

他方、新教育運動のなかには、教育の国家による管理と教師の権威を絶対視する「旧教育」を批判するものも含まれていた。そのなかから、近代学校の典型的な型を打ち壊し、別様の教育をラディカルに構想する試みも現れた。

たとえば、帝政期ロシアの小説家でアナーキストでもあったレフ・トルストイ(6)は、公的な学校教育は個人の自律性を破壊すると主張した。トルストイは、自らが相続した土地に農民子弟のための学校をつくり、一切の強制を排して子どもの自主性を育てる教育を実践したことで知られている。一方、日本においては、大正デモクラシーの思潮のなかで、国家からの自由を強調する社会教育運動として土田杏村(7)らによる自由大学運動が起こった。農村青年の自主的な教育機関としてつくられた自由大学は、国によって推し進められていた実用主義的な社会教育を否定し、地域民衆の自由な人格形成を目指した。

また、学校教育を近代産業社会における疎外の形態と見なすマルクス主義者たちの主張も教育運動に大きな影響を与えた。学校教育が社会の不平等を再生産していることへの批判のみならず、不平等な社会を変革することを目指す「被抑圧者のための教育学」(フレイレ［一九六八＝一九七九］)や(143ページの**コラム22**参照)、学校教育の内部から再生産を打破することを展望する

「抵抗理論」（ジルー［一九八八＝二〇一四］）などに代表される批判的教育学の流れも生まれた。学校に通うことと学ぶことが同一視されがちな現状（86ページの**コラム12**参照）に警鐘を鳴らす「脱学校論」（イリッチ［一九七一＝一九七七］）においては、制度化された学校教育に代わるものとして、自発的な学習を可能にする「学習機会のネットワーク」が構想されている。

さらに、学校が発達段階の早期のうちから子どもに権威主義的構造を刷り込んでいることを問題視し、実践の場としてサマーヒル・スクールを創設したA・S・ニイル(8)の取り組みも注目されてきた。権威主義を徹底して否定するサマーヒル・スクールは「世界で一番自由な学校」と呼ばれ、子どもによる民主的な学校運営で知られている。

（6）（Lev Nikolayevich Tolstoy, 1828～1910）一九世紀ロシアを代表する文豪。作家として著名になったころから教育問題に関心をもち、ヨーロッパ諸国を視察したのち一八五九年に自らの領地ヤースナヤ・ポリャーナ（Yasnaya Polyana）に学校をつくった。

（7）（一八九一～一九三四）京都帝国大学で西田幾多郎に学んだ哲学者。長野県上田地方の農村青年と土田との交流のなかから自由大学運動が生まれた。自由大学は一九二〇年代初頭から一九三〇年代にかけて、官制の教化的な教育や実用志向の講座などに対抗し、自由な人格形成と真理の探究を目指す民衆のための教育機関として実践されたが、世界恐慌の影響による農村生活の困窮化や官憲の弾圧強化などによって消滅した。

（8）（Alexander Sutherland Neill, 1883～1973）イギリスの教育者。子どもが大人の考え方に拘束されることなく、自分自身のものの見方をつくりあげることを重視し、子どもへの強制を一切排除した学校として一九二一年にサマーヒル・スクール（Summerhill school）を設立した。

現在では、こうした多様な思想と実践は、制度の内外で「オルタナティブ教育」として定着しつつある。オルタナティブ教育の主な形態としては、独自の哲学や宗教、教育思想に立脚した教育内容を私立学校や公設民営の学校として実践するもの（**コラム4**参照）や、学校に通学せず自宅で義務教育に相当する学習を行うホームスクーリング（**コラム5**参照）、非正規の教育機関として活動するフリースクールなどがある。

近代学校の定型性、および国家によって統制された学校教育への違和感や抵抗が、制度の内外でさまざまな教育実践を生み出してきたのである。

3 基礎教育のオルタナティブ

日本では一九六〇年代半ば頃から、公的な学校教育制度の外でフリースクールやオルタナティブ・スクールをつくる動きがはじまったが、一九八〇年代までは学校教育を補完する学習の場として位置づけられるにすぎなかった。しかし、一九九〇年代以降、不登校児童・生徒数が急増したことにともなって、その社会的意義が認知されるようになる。

一九九二年に文部省初等中等教育局長通知「登校拒否問題への対応について」が出され、不登校の児童・生徒が学校外の何らかの機関で指導を受けている場合、学校に出席したものと見なされるようになった。また、二〇〇二年には構造改革特別区域制度が設けられ、校地・校舎の自己所有を要しない学校設置や学習指導要領によらない弾力的な教育課程編成を認める特区の指定を得ることが可能となった。これによって、オルタナティブ・スクールが私立学校の立ちあげに乗り出す例も出てきたが、正規の学校として認可を得ているものはいまだに少数である。

二〇一六年には、「義務教育の段階における普通教育に相当する教育の機会の確保等に関する法律（教育機会確保法）」が成立し、正規の学校への通学以外の方法で受けた教育が認定される機会が開かれた。(9) だが、その適用範囲はかなり限定的である。

このような日本の現状とは対照的に、オルタナティブな学校が公立学校と同等の公費を得て設立されている国もある。たとえば、オランダの学校教育には、「方針・信条の自由」、「設立の自由」、「組織・運営の自由」の三つがあるとされている。これは、ある方針や信条のもとに学校を設立し、組織・運営する権利が、オランダにおけるすべての保護者に対して与えられていること

(9)　この法律の制定に至る過程では、日本の教育制度の根幹をめぐって激しい論争が展開された（その経緯は、高山［二〇一九ａ］、［二〇一九ｂ］などに詳しい）。論点は多岐にわたったが、結果的に、制度の外にある多様な教育機会を公教育に含めることについては積極的な合意は形成されず、不登校などによって学校から排除されている子どもの「教育を受ける権利」を保障するという路線に決着した。制度外でのノンフォーマルな教育機会は正規の学校教育を補完するものとして扱われ、独自の教育理念や個別のニーズに対応するという固有の意義が法律において積極的に認められるには至っていない。

を意味するとともに、教育を受ける側の学校選択の自由をも意味している。

こうした「教育の自由」の理念は、一九世紀半ばから半世紀以上にわたって自由主義勢力とキリスト教勢力（カトリック、カルヴァン派）の間で展開された「学校闘争（school strijd）」の結果、二〇世紀初頭に定められたものである。

これを引き継いだ現在の憲法第二三条においては、教育提供に関する政府の責務や公立学校の設置に関する規定に加え、私立学校における方針・信条の自由、さらに私立学校と公立学校が同一基準で国庫補助を受けることなどが明記されている（**コラム4**参照）。

スウェーデンでも、一九九二年の教育法改正によって「独立学校（fristående skola/ friskola）」と呼ばれる学校が認可されるようになり、独自の教育理念や教育方法を実践する学校や、「英語学校」、「フランス語学校」、「ロシア語学校」など語学教育に力を入れる学校、ムスリム移民のために設立された学校などが増えた。この法改正が国会で審議された際には、保護者と子どもにはどのような教育を受けるかを選択する権利があり、それを実質化することが必要であること、こうした権利は「自由な社会」において保障されるべきものであるとともに、複数の国際条約に明記された基本的権利でもあることが確認された。

このように、オランダやスウェーデンでは教育理念や教育方法に一定程度の自由が認められているが、教授言語は公用語に限定されており、科目編成の自由度も高くはない。これに対して日本では、教育理念、教育方法、教授言語、カリキュラムのいずれにおいても統制が強く、施設・

設備や教員の配置なども含めて「教育の質」が管理されていると言える（第5節参照）。こうした特徴をもつ国は少なくない。

公的に提供される学校教育の質を統制することは、重要なことではある。だが、細かな違いに対応できず柔軟性を欠くという弱点もあり、そのことが翻って教育の質を低下させる可能性もある。教育制度とは、何のための、誰のためのものなのか、その内容はどのようなものであるべきかを、広い視野をもって考えていく必要がある。

コラム4　オランダにおける学校設置と「教育の自由」

オランダでは、二〇世紀初頭以来、長らく初等・中等学校全体の約七割が私立学校（bijzondere scholen）として運営されてきた。伝統的に、私立学校のほとんどはプロテスタント系、カトリック系など宗教色を有する学校であったが、第二次世界大戦後は新たな形態の私立学校も設立されていった。

一九七〇年代には、ダルトン、イエナプラン、モンテッソーリなど、特定の教育哲学に基づいたいわゆるオルタナティブ・スクールが急増した。特色ある教育方法が保護者の支持を集め、次第に公立学校でもこれらの教育哲学を取り入れるところが現れるようになり、現在では初等学校のおよそ一割強がオルタナティブ・スクールであると見られている（Sins et.al.[2022]p. 169）。

さらに、高度経済成長期に労働者としてオランダにわたってきたムスリム移民やヒンドゥー教徒の移民が、一九八〇年代末以降、「教育の自由」の権利にもとづきイスラーム学校やヒンドゥー教学校を設立した。このうちイスラーム学校はオランダ各地で設立が相次ぎ、二〇二四年現在、オランダ全国で七七校の初等学校および二校の中等学校が運営されている。

オランダではこのような多様な学校に対しても公立学校と同等の国庫補助が支給されており、施設・設備もすべて国によって提供されるが、公教育としての側面を担保するためにいくつかの条件も課されている。

まず、教授言語は、原則としてオランダ語であることが法律に明記されている（最新の法律では、初等教育法第九条一三項、中等教育法第二条一一項。ただし、中等教育法においては例外規定あり）。また、一定の教育到達目標を定めるため、初等教育および中等教育前期三年間（日本の中学校に相当）における中核目標（kerndoelen）が設定されており、初等教育の場合、具体的にはオランダ語（フリースラント州においてはフリースラント語）、英語、算数・数学、「自己と世界に関する導入科目」（社会）、美術、体育の科目が挙げられている（Stichting Leerplan Ontwikkeling[2020]）。

ただし、ここで定められているのはあくまでも到達目標であり、到達に至るまでの教育方法は各学校の裁量に任されている。

だが、二一世紀以降、オランダの教育制度の再考を求める声が急速に高まってきた。その背景には、イスラーム学校やヒンドゥー教学校の設立が相次ぎ、これらが移民の社会統合を妨げるとの懸念が示されてきたことが関係している。この懸念に対応するために、移民政策の厳格化の流れのなかで、イスラーム学校に対する特別監査の実施や学校運営団体（schoolbesturen）のメンバーをオランダ国籍を有する者に限定するなど、さまざまな対応がなされてきた。オランダが伝統的に継承してきた宗教とは異なる宗教にもとづく学校を、オランダの公教育制度にいかにして包摂していくかが問われてきたのである。

さらに、オランダ社会の大きな流れとして世俗化が進んでいることから、「教育の自由」の構成要素となっている「"richting"（方針・信条）の自由」の再検討が進められてきた。すなわち、「richting」の法的解釈をふまえて、これまで学校の基盤を宗教や宗派としてきた考え方から脱却するための方向性が議論されてきたわけである。

二〇二〇年には新しい法律（Wet meer ruimte voor nieuwe scholen）が制定され、新たな学校を計画するにあたっての「richting」の概念が放棄されるに至った。これにより、親が学校を設立する権利自体は失われないものの、その学校の設立根拠として、特定の宗教や宗派にもとづくのではなく、親がどのような教育を求めているのかが問われるようになった。また、その一方で、より厳格に教育の質を確保するために、学校設立認可に先立って教育の質に関する審査を行うことなどについても定められた。

（**見原礼子**）

コラム5　ホームスクーリング

　ホームスクーリングは、イギリス、カナダ、デンマーク、インド、台湾、オーストラリア、ニュージーランドなど、いくつかの国で公的に認められており、アメリカでもすべての州にホームスクーリングに関する法律が存在する。アメリカの教育統計センター（NCES）によると、二〇二一～二〇二二年度のK-12学年のホームスクーリングで学ぶ子どもの数は約三一〇万人で、学齢児の約六パーセントに相当する。ホームスクーリングの子どもは一九九九年から二〇一二年にかけて急増し、その後は約三・三パーセントで安定していたが、コロナ禍でホームスクーリングに関心が寄せられ、学齢児の一一パーセントが選ぶなど、代替的な学校形態としての魅力が高まった。二〇二一年以降も、その比率は高い。

　保護者がホームスクーリングを選ぶ理由は多様だが、アメリカでは多くの保護者が学校の教育環境について不安があることを挙げており、そのほかにも、理解度に応じた個別のカリキュラムやより学術的な内容を扱いたい、家族の関係性を重視したい、いじめや薬物乱用などの危険性を避けたい、特定の価値観・信条・世界観を伝えたい、といったことが複合的な理由としてあるという。

　子どもに孤立した学習を強いるもの、家庭で教授する母親の社会参加を阻害する（伝統的な役割期待を押し付ける）ものであるなどと批判される場合もあるが、教授内容は学校カリキュラムと同様の内容を網羅しており、時には学校に行って、集団で教員から指導を受けたりすることもある（Stevens[2001]）。

他方、ドイツ、ブラジル、中国、トルコ、日本などでは、ホームスクーリングは公的に認められていない。ドイツでは、ホームスクーリングは社会統合や多様性への寛容を阻害すると見なされており、義務教育は通学のみである。ただ、ブラジルでは、家庭で教育を行うことは教育法や青少年法に定められている就学義務に反しているとされていたが、ホームスクーリングを選択する家族が増え、裁判も起こされた結果、二〇二〇年末、最高裁判所がホームスクーリングの権利を認めている。そして、二〇二一年に合法化する法案が議会に提出された。二〇二四年九月時点では未成立であるが、法案が通過すると、ホームスクーリングを選ぶ家族は教育省に登録し、年に一度の試験にパスすることで認められる。

中国でも義務教育は学校への通学が必須とされているが、NGOやミッション系団体によってホームスクーリングに類似した教育サービスが展開されている。また、トルコにおいてもホームスクーリングは法的に認められていないが、自主的な学習形態という名目で、住み込みの女子限定の教室や、二部制学校へ通学する子どもへの指導に力を注ぐ団体などが存在する。そして日本では、二〇一六年に制定された「教育機会確保法」において不登校児童への柔軟な対応が公式に認められるようになったが、ホームスクーリングを広く認めるまでには至っていない。

このように、ホームスクーリングが合法とされていない国であっても、実態としてホームスクーリングと呼びうる状態は多かれ少なかれ見られることから、学校以外の場所で学ぶことへのニーズは世界各地に存在していることが分かる。それを公的に認めるか否かについては、普遍的な基準があるわけではなく、各国の事情によって扱いが異なっている。

（丸山英樹）

コラム6　ＡＩ時代における学校の存在意義

二〇二〇年代は「教育テクノロジーが普及した時期」と呼ばれることになるだろう。二〇二〇年、コロナ禍によって学校が閉鎖された際、オンライン教育が一般的になり、その後も活用されることになった。そして二〇二三年からは、言語生成や文章の理解ができる人工知能（ＡＩ）モデルが一般的に利用されるようになった。ＡＩによる自動処理と生成・対応は潜在能力が未知数であり、利用方法の試行錯誤が続けられているが、産業革命やインターネット普及などのように社会を根本的に変え、さまざまな場面において影響することはまちがいない。

教育はもっとも影響を受ける分野の一つで、たとえば授業計画やテスト問題の作成がＡＩによって可能になるだろう。また、生徒への知識伝達や個別の学習支援、そして生徒の相談相手など、きわめて重要な業務もＡＩに取って代わられる可能性がある。膨大なデータから教科書の内容を塗り替えるような最新情報を提供したり、高い水準で体系的に情報を提示したりなどができる。人間と違って疲れることがないので二四時間いつでも対応できるし、他人には話しづらい相談であっても、ヒトではない相手に生徒は本音をさらすかもしれない。

二〇二四年の段階では、汎用型AIの出力結果には誤答も含まれ、結果の検証を人間や別の手段で行うという作業が残っている。また、一般的にAI利用はデータ処理に適しているが、人間の感情への対応は困難とされている。人間同士の信頼関係の構築を促すことが、今後、教師の主な役割になっていくかもしれない。

近代学校教育の中心は教師であったが、AI利用が日常になる頃には学校や教師の役割と存在意義も変わるだろう。フォーマル教育がよりノンフォーマルなものになっていく可能性もあるかもしれないし、AIを利用できる頻度や濃度の違い、またサービスへのアクセス格差などがさらなる不平等を生むことも考えられる。AIの利用によって業務は効率化を図れるだろうが、教育には効率化になじまないものが多い。AIが教育にもたらす未来は、果たしてどのようなものになるのだろうか。

（丸山英樹）

4　学習歴の認定

日本では、義務教育である中学校を卒業せずに学齢を超過した者が中学校の卒業認定を得るには、中学校卒業程度認定試験（以下、中卒認定試験）に合格するか、学齢超過者のみが在籍する中学校夜間学級（夜間中学）を卒業する必要がある。

中卒認定試験とは、学校教育法第一八条の規定にもとづき、病気などやむを得ない事由によって就学義務を猶予、または免除された子どもに対して、中学校卒業程度の学力があるかどうかを認定するために国が行っている試験であり、合格した者には高等学校の入学資格が与えられる。中学校夜間学級は、義務教育未修了者などの就学機会の確保に重要な役割を果たしているものの、その数がきわめて少ないため、通学するには大きな制約がある。

他方、各都道府県に一か所ずつ試験会場を設ける中卒認定試験は、居住地による受験機会の不平等は少ないが、中卒認定試験の受験準備のための学習機会はかぎられており、地域による差も大きい。

二〇一四年には、教育再生実行会議の第五次提言を受けて、文部科学省が各都道府県に一校以上の公立夜間中学の設置を目指す方針を固めた。これにより、各都道府県や県庁所在地に設置が要請され、そのための国による財政支援も拡充されたが、その実現には時間がかかっている。

自治体が中学校夜間学級を設置していない多くの地域では、民間のボランティアによる自主夜間中学や識字教室などの取り組みが見られる（**コラム7**参照）。二〇二二年五月に文部科学省が実施した「夜間中学等に関する実態調査」では、自主夜間中学は全国に四七校、類似の教育活動を行う識字教室などは五四三か所あることが把握されている。学習機会の公的な保障が十分でないなかでこのようなノンフォーマルな教育活動は貴重であり、中卒認定試験の受験準備としても活用されている。ただし、教育の内容や方法に何らかの基準があるわけではなく、ここでの学習歴が公式に認定される仕組みは整っていない。

日本のほかにもこうした事情をもつ国は少なくないが、他方で、東南アジアを中心に、ノンフォーマル教育を学校教育と同等のものとして保証する「イクイバレンシー（Equivalency：同等性教育）」制度を導入する国も増えている。東南アジア諸国におけるこうした制度の導入には、開発援助にかかわる国際機関の動向も関係している（**コラム8**参照）。

コラム7　自主夜間中学校

二〇一六（平成二八）年一二月に成立した「義務教育の段階における普通教育に相当する教育の機会の確保等に関する法律」（法第一〇五号）（以下、教育機会確保法）は、その第三章で学校外で教育の機会を保障すること、第四章で学齢を超えた人にも義務教育を受ける権利を保障することを努力義務とした点で画期的である。

夜間中学校は、同法第一四条でいう「学齢期を経過した者」で「学校における就学の機会が提供されなかったもの」を対象とする措置の一つである。こうした役割をもつ場所は、長年俗称として「夜間中学（校）」と呼ばれてきた。法制度上は公立中学校の二部授業として位置づけられているため、開設校においては「夜間学級」とも呼ばれる（大多和［二〇一七］二四～二七ページ）。

夜間中学校は、戦後の混乱のなか、やむを得ず昼間働かざるを得ない学齢生徒を対象に、当時の学校教員が自発的に夕方から授業を行うようになったことがきっかけであるが、実際には学齢期を外れた一五歳以上の未就学者（在学したことのない人、または小学校を中途退学した人）も入学するようになった。今日では、未就学者（二〇二〇［令和二］年度の国勢調査では九・五万人）のほかに、不登校児童生徒や日本語ができない外国人の入学が増加している。なお、教育機会確保法の成立によって公立の夜間中学の開設が進み、二〇二四年四月現在で三一都道府県・指定都市に五三校が開設されている。

その一方で、民間の有志による自主夜間中学校が全国に推定二三校（二〇一七年九月現在）ある。その一例として、千葉県にある松戸自主夜間中学校（通称・松戸自主夜中）を紹介しよう。松戸自主夜中は、二〇二三年八月に開講四〇周年を迎えている。

松戸市は、江戸川を挟んで東京都足立区に隣接するベッドタウンで、二〇二三年五月現在の人口は四〇・七万人である。松戸市において公立夜間学級をつくる運動がはじめられたのは一九七九年二月である。

当時、都内の夜間中学校へ毎年一〇名ほどが越境通学していることが明らかになり、松戸市にも夜間中学校が必要であるとして「松戸教育を考える会」が結成された。「考える会」は、県および市教委、教育長、松戸市長などへの働きかけを積極的に続けたが、一向に夜間中学校設立の回答は得られなかった。そこで、運動を市民に拡げ、「考える会」の発足四年後である一九八三年四月に「松戸市に夜間中学校をつくる市民の会」（以下、市民の会）を発足させた。

新聞などの報道の影響もあり、「市民の会」には、義務教育未修了者（戦中戦後に学齢であったが、病親の看病や貧困による奉公で就学できなかった人、中国からの引き揚げ者など）や「形式的」卒業者（長期欠席や障害などを理由に、実際は授業を受けていなくとも学校側の配慮または都合で形式的に卒業させられた人）、そして在日韓国・朝鮮人などが次々と名乗り出てきた。「市民の会」は、一九八三年七月に「市民の教育を受ける権利を市民の手で保障していく」教育運動としての「松戸自主夜間中学校」の開講を決定し、同年八月二日に実現させた。なお、「市民の会」は二〇一五年にNPO法人化している。

以来、四〇年間、休講することなく松戸市勤労会館の二階にある四室を教室にして、火曜と金曜の週二回、午後六時から九時まで開講している（金曜日は、昼間部として午後三時から六時も開講）。運営費は「市民の会」の会員が支払っている年会費二〇〇〇円と、松戸市バザーで売った物品やたこ焼きの売上金額でまかなっており、民間企業も含めて、「ほかから安直な援助は受けない」という方針でやってきた。

入学制限は一切なく学費も無料で、学びたい人がいつでも学べる場、来たい人がいつでも来られる場として存在し続けている。授業は、各自の関心に合わせてほぼ一対一で学ぶ個別授業、日本語や人権学習など授業形式の一斉授業、そして自主学習があり、どの教室に参加してもよいし、参加せずに友人とお喋りをして過ごしてもよいとなっている。まさしく、「来る者拒まず」の場となっている。

松戸市は、教育機会確保法成立後、全国でも早い時期に公立夜間中学（第一中学校みらい分校）を開設した。しかし、「市民の会」は、現在でも公立夜間学校開設運動を継続している。それは、個人がもつ諸事情・条件にかかわらず、義務教育程度の基礎学力を獲得したいと願うすべての人がもっている教育を受ける権利は、行政が保障すべきであると考えているからだ。

とはいえ「市民の会」は、「松戸自主夜中」の公立化は目指していない。松戸市に公立夜間中学が開設されたとしても自主夜中は存続すると関係者は明言してきたし、実際にそうしている。なぜなら、本当に勉強したい人が無条件で学べる場であることが「松戸自主夜中」の存在理由であるからだ。

学ぶ人の顔ぶれは変わる。一〇年以上通い続けている人もいれば、数年で卒業する人もいる。しかし、「松戸自主夜中」を支える人々は、四〇年間休まず、他所では得られない彼らの居場所を提供してきた。この意味において、「松戸自主夜中」は社会教育運動である（松戸市に夜間中学校をつくる市民の会編［二〇〇三］）。

「松戸自主夜中」は、学校教育提供者が行政か民間団体かという問いにとどまらず、費用や人員配置、専門家人材の育成も含めた、教育システム全体のあり方を問うているのだ。

（岡村美由規）

コラム8　潜在的な能力や技術を生かすイクイバレンシー制度

国際教育協力においては、一九九〇年代から人間中心の開発による教育、すなわち「万人のための教育」を目標として、学校教育にかぎらない基礎教育のアプローチや範囲の拡大の必要性が提唱されてきた。しかし、多くの国は、それまで実施されてきた学校教育の整備・拡大を基盤とした初等教育の完全普及のため、就学率を上げることに注力してきた。それは一定の成功を収め、学校に行くこと（Schooling）は進んだ一方で中退率は相変わらず高く、いまだ学齢期の子どもや若者のうち二億五八〇〇万人が学習の機会を得ていない。また、二〇一七年の世界銀行の報告書によると、低・中所得国では、何年も学校に通っていても読み書きや基礎的な計算ができない子ども・若者が数百万に上り、「学習の危機」として警鐘が鳴らされている。

元来、ノンフォーマル教育は定型的な学校教育のアプローチや環境に適さない子どもや若者、大人の学習者のニーズや環境に対応し、問題を解決する潜在力をもっており、オルタナティブな教育として学校教育とともに基礎教育の普及の枠組みの一つとして機能してきた。インドネシア、タイ、フィリピンなどを筆頭に数十年前からアジア各国では、ノンフォーマル教育の政策を明言化し、イクイバレンシー（学校教育との同等性）のシステムを構築することで学習の機会を逸した人たちの基礎教育の保障を担保してきている。

たとえば、インドネシアでは、国が公認する学習スタンダード（①学習内容・カリキュラム、

②コンピテンシー、③プロセス、④評価、⑤マネジメント、⑥教師、関係者、⑦施設、⑧資金）を設定し、学校教育とは異なるタイプの学習の質が保障されている。「パケットA～C」と呼ばれるカリキュラムで初等教育から後期中等教育までを保障し、基礎教育から高等教育への継続性を担保している。さらに、宗教教育とのイクイバレンシーも承認されており、学校教育と宗教教育間で、学びたい内容を学びたいときに学べることが特徴となっている。

ともすれば、学校教育の補完としてノンフォーマル教育は二流の位置づけを与えられがちだが、インドネシアでは、学校教育（フォーマル）、ノンフォーマル、インフォーマルの三つのルートで学んだことが相互に互換性をもつとされている。ノンフォーマル教育やインフォーマルな学習は、必ずしも学校教育にアクセスできない人々のものと見なされるわけでなく、あえてフォーマル教育以外を選択することもありうるのだ。コロナ禍において学校教育が全面的に封鎖されるなか、もともと（就学でなく親から学ぶ）インフォーマル教育や遠隔教育によるノンフォーマル教育を選択していた子どもや若者は、ほぼコロナ禍の影響を受けることなく学習を継続することができたと聞く。

フィリピンの同等性教育は、学校教育を基盤にしたインドネシアのものに比べて、よりノンフォーマル教育本来の柔軟性を生かしたデザインとなっている。二〇〇一年に制定された基礎教育法において、「オルタナティブ学習システム（ALS）」の施行が「公教育の『現実的な』オルタナティブを提供するパラレルな学習のオプション」と位置づけられた。初期の頃から教師が主導する教科書ベースの教授法でなく、パッケージ化された教材を使った自主学習が中心であり、多くのライフスキル学習を含むモジュールのなかから選択できる形式をとってきた。

コロナ禍においては、他国同様、ノンフォーマル教育も対面授業ができない難しさを抱えたわけだが、一方でこうしたモジュールによる自主学習の経験が、フィリピンでは学校教育にも応用されていたということだ。

これらアジアの動きと別に、紛争や難民などの緊急時における教育支援を実施してきた国際ネットワーク「The Inter-agency network for education in emergencies（INEE）」は、ノンフォーマル教育を「失った教育機会を補完し、継続教育を担保するとともに、必要なライフスキルや職業スキルを育てる」として、学校教育に劣るものではなく、多様な学習・スキルアップの提供をするものとしてその地位を確立している。

しかし、その定義が国や状況によって多様に変化することから、とくに紛争や危機による影響を受けて学ぶ機会を失われた不就学の子どもや若者向けのノンフォーマル教育プログラムの定義、そして用語分類をさまざまな協力機関との対話のなかで形成してきた。

まず、ノンフォーマル教育を以下の三つに分けている。

移行プログラム——学習者が学校教育やオルタナティブ教育プログラムに移行することを支援する短期プログラムで、学習歴の認証にはつながらないもの。

オルタナティブ（代替）教育――学校に行っていない若者のための構造的な教育プログラムであり、基礎教育あるいは技術訓練において同等の認定コンピテンシーを提供するもの。

非認証ノンフォーマル教育――学校外の若者のさまざまな教育プログラムで、同等認証はされないもの。

「移行プログラム」では、学校に通いつつも必要な学力をもてない子どもたち向けのレメディアル（補習）教育や、災害や家庭環境の理由で短期間学校に通っていない子どもたちが学校に戻るためのキャッチアッププログラムなどがあり、コロナ禍において多くの国で学校が封鎖された際、こうした「移行プログラム」がそれらの国において、試行錯誤のなかで実施されていたことは記憶に新しい。

「オルタナティブ教育」は、前述したインドネシア・フィリピンのような学習歴を認証するもので、とくに「Accelerated Education Program」と呼ばれるアプローチは、柔軟で年齢にあったもの、通常学齢期を過ぎた学習者、とくに二年以上学校に行っていない、あるいは一度も行ったことない不就学の子どもや若者に特化したもので、近年注目されている。その特徴は、「Accelerated（加速する）」と呼ばれるように、短期間で基礎教育を修了し、遅れを取り戻し、学校教育などに戻る可能性を提供しうる学習内容となっている。

短期間で学習できるのは、学習者がすでに年齢を重ねていることで認知の習熟度が高く、すでにもっている知識や経験を生かして学びを加速させることができるからだ。さらに、より現実的で実践的な事例を「ピア学習」と言われる相互の学び合いや、グループでの学習を通して学ぶというノンフォーマル教育本来の特性が生かされてもいる。

コロナ禍により一時期、世界の学校の九割が閉鎖された。しかし、その経験を経て、さらに加速するデジタル化のなか、学ぶ年齢や方法、内容も多様化することを受け入れる素地が各段に増え、ノンフォーマル教育がもつ特長を生かした学びの機会が増えてきているとも言える。

（大橋知穂）

5　非正規の学校

日本の学校教育法第一条には、「学校とは、幼稚園、小学校、中学校、義務教育学校、高等学校、中等教育学校、特別支援学校、大学及び高等専門学校とする」と定められており、ここに掲げられている教育機関が正規の学校と見なされている。これらは、一般に「一条校」と呼ばれる。

第三条には「学校を設置しようとする者は、学校の種類に応じ、文部科学大臣の定める設備、編制その他に関する設置基準に従い、これを設置しなければならない」とあり、一条校としての設置基準は、学校教育法施行細則において、学級の編制、施設および設備、教職員の配置、教育課程の内容などについて定められている。これらの基準を満たさない教育機関は一条校として認可されず、それゆえに十分な公的支援を受けることができない。

日本以外の国や地域でもほぼ同様の基準が設定されており、この基準を満たさない教育機関が非正規の学校として多様に存在している。非正規の学校の多くは、国や地方自治体が設置する公立学校、学校法人などが設置する私立学校とは異なり、財政基盤が脆弱である。そのため、施設や設備、教員に関する基準を満たすことができず、非正規に留め置かれているのである（**コラム9**参照）。

他方、独自の教育課程をもっているがゆえに認可の対象とならない非正規学校もある。たとえば、日本の一条校においては、文部科学大臣が公示する教育要領・学習指導要領が「教育課程の基準」とされているが、これらは日本国民の形成を前提としてつくられており、外国人学校（**コラム10**参照）や民族学校（**コラム11**参照）、インターナショナルスクールなどにはなじまない。外国にルーツをもつ子どもの教育には、言語や文化的アイデンティティの問題など配慮すべき事柄が多くあり、そこで求められる教育内容が学習指導要領とかみあわないといったことはしばしば起こる（第6章参照）。それゆえ、それぞれの文化的基盤に立脚した独自の教育課程が必要とされるわけだが、こうした教育を行う学校は、たとえ十分な施設や設備をもっていたとしても非正規学校としての位置に甘んじなければならない。

第3節で見たようなオルタナティブ・スクールにはこれらの学校も含まれるが、現状では「教育機会確保法」の適用範囲の外にある。日本の場合、就学義務の対象となるのは日本国籍をもつ子どものみであるため、外国人学校が一部のオルタナティブ・スクールのように公教育の一部として認められる可能性は、現時点では低いと考えざるを得ない。なかには、学校教育法第一三四条に定める各種学校、私立学校法第六四条に定める準学校法人として都道府県より認可されている学校もあるが、まったく認可されていないものもある。

人々の実際のニーズに即して成立している学校が公的な認可を受けられないという事態は、「教育の公共性とは何か」という論点を私たちに突き付ける。公的に保障されるべき教育は、多数派の人々、主流の人々のニーズにもとづくものだけではないはずだ。

コラム9　インドにおける無認可学校——低額私立学校

インドでは、初等教育の普遍化を目指して、教育の無償化や制服・教科書・給食の無償支給が進められてきた。その結果、就学率は向上したものの、増加する就学人口に教員の育成が追いつかず、公立学校では「一人教員学校」や複式学級が増加し、教育の質の低下が指摘されている。教員の欠勤や怠惰な勤務態度の問題もあって、公立初等学校の高学年生の半数以上が、低学年で学ぶレベルの文章が読めないという報告もある（Pratham[2012]）。

こうしたなか、より質の高い教育を求める一部の貧困層の間で、低額の私立学校（low-fee

private schools：ＬＦＰ学校）が急速に浸透している。実際に低所得地域を歩いてみると、「〇〇パブリック・スクール（私立学校）」という看板を掲げたＬＦＰ学校を多く目にする。これらの学校の形態はさまざまであるが、二〜三階建ての校舎に小さな校庭が附設された学校らしいものもあれば、経営者の家の一部を教室として開放した「ハウス・ターンド・スクール（house-turned school）」と称されるようなものもある。外からはごく普通の家に見えるが、中に一歩足を踏み入れると、そこには机と椅子がぎっしりと並んでおり、制服を着た子どもたちが教員の言葉に耳を傾け、黒板に書かれたことをノートに書き写したりしている。

筆者が訪問したＬＦＰ学校では、政府ガイドラインに準拠した教科書を用いた授業を、正規学校と同じ時間帯に実施していた。しかし、ＬＦＰ学校の財源は乏しく、その多くは、政府が規定する敷地面積や教育設備、教員給与、教員資格などの学校認可条件を満たすことができずに無認可学校として存在していた。これらの無認可学校は、正規の学校とは異なり、公式に認められた修了証明書を発行する権限をもっていなかった。そのため、正規の私立学校から非公式に調達・購入した修了証明書を卒業生に提供することで、生徒が認可学校に進学できるように調整していた。

筆者が調査を行ったデリーでは、公立初等学校の教育は無償で、制服・教科書・給食も無償で支給されていた。これらの学校のほとんどではヒンディー語が教授言語として用いられており、英語を教授言語とする学校は一部のモデル校にかぎられていた。これに対して無認可学校では、富裕層や中間層の子どもが通学する「イングリッシュ・ミディアム・パブリック・スクール（English-medium public school：英語を教授言語とする私立学校）」を模倣して、英語を教授言語として用いていた。ただし、教員の英語力はすべての授業を英語で行えるほどのレベルではなく、母語であるヒンディー語が部分的に用いられていた。

貧困層にとって、「イングリッシュ・ミディアム・パブリック・スクール」は社会的な成功のシンボルと見なされており、このような授業を行う無認可学校であっても魅力的に映っているようであった。また、無認可学校の教員のほとんどは無資格教員であったが、教育に対しては熱心であり、無認可学校の教室の雰囲気は公立学校のそれとは異なっていた。無認可学校は政府から公式に認められた学校ではなく、有償であり、必ずしも優れた質の教育を提供しているとは言えないにもかかわらず、公立学校の機能不全を背景に、一部の貧困層の支持を得て拡大してきたのである。

しかし、インドでは二〇一〇年四月、認可条件を満たしていない学校の閉鎖を命じる「無償義務教育に関する子どもの権利法」が施行された。無認可学校はインド各地に展開

インドのLFP学校

しているが、初等学校全体の約四割を占めるような州もあり、各州の対応が注目されてきた。法の施行後、一部の無認可学校の閉鎖が報じられたが、閉鎖された学校の生徒の受け皿となる公立学校が不足し、教育機会を保障できる見通しが立てられない州も少なくなく、二〇二四年現在もなお無認可学校は存続している。

（小原優貴）

コラム10　外国人学校の現状と課題

外国人学校とは、「主に外国籍の子どもを対象に独自のカリキュラムを編んで運営している学校」（月刊イオ編集部［二〇二二］五ページ）を指す。ただし、これは法令などで規定された言葉ではなく、慣例的に使われている言葉であり、その定義は非常に曖昧である。

日本でもっとも多くの子どもが通っている外国人学校は朝鮮学校だが、ほかにも多くの外国人学校が日本社会には存在している。中華学校やドイツ学校など、一〇〇年以上の歴史がある学校もある。また、ブラジル学校やフィリピン学校、ネパール学校など、日本社会の多様化の加速と呼応するように、多くの外国人学校が造られてきた。

外国人学校は、同じ民族的出自の人々を対象に、その民族の言語・文化の教育を中心とする「民族学校」と、特定の民族に限定せずに教育を行う「国際学校」の二つの系統に分けられる。ただし、近年ではこの二つの系統の中間に位置する学校もできており、明確に分けられなくなってきている。また、民族学校においても多様な背景をもつ子どもが学ぶようになっており、その内実は非常に多様化している。

外国人学校に通う子どもたちの育ちの過程もさまざまであり、外国生まれ外国育ちの子どももいれば、日本生まれ日本育ちの子ども、日本と外国を行き来している子どももいる。国籍も同様で、外国籍の子ども、多重国籍の子どものみならず、日本国籍で外国人学校に通う子どももいる。

では、なぜかれらは外国人学校に通うのだろうか。むろん、それぞれが置かれた状況によってその理由は異なるが、ここでは、主に二つの理由を取り上げたい。

まず、多くの人が外国人学校に通う理由として挙げられるのは、日本の学校では十分に学ぶことのできない言語や文化を学習するためというものである。言語や文化を学ぶ目的はそれぞれによって異なり、自分のルーツを確認するため、親や祖父母とコミュニケーションをとるためという人もいれば、帰国後の適応をスムーズに行うためという人もいる。

また、外国人学校は、国際移動による学びの中断やいじめを回避する場としての側面ももっている。同化圧力が強く、人と違うことにネガティブなレッテルが貼られる日本の学校でいじめを受けたという外国ルーツの子どもたちは少なくない。こうしたいじめを回避するために、外国人学校に通うという選択をする者たちもいる。また、国際移動を繰り返す人たちのなかには、移動によって学びが中断されないよう、国際バカロレアのように共通のカリキュラムを提供する外国人学校を選ぶ者がいる。このように、多様な教育的ニーズを支える場として外国人学校がある。

さらにいえば、外国人学校は子どもたちのためだけに必要なわけではない。日本で暮らす外国人の大人にとっても自分たちのルーツを感じられる場、同じルーツの人々と出会える場として非常に重要である。外国人学校を中心にコミュニティが形成され、それが日本社会で生きづらさを抱える外国人たちの居場所となるのだ。

このように外国人学校に通う理由は多様だが、それぞれの学校が置かれている制度的な位置づけもまたさまざまである。朝鮮学校のように各種学校認可を得ている学校もあれば、無認可校もある。無認可のままだと、財政的な支援が得られないため、経営は困難を極める。しかし、各種学校認可を得るためには多くのハードルがある。設備を整え、教員を増やす必要があるが、それにはお金がかかる。財政的な支援を得るために認可を取ろうとしても、その前段階で資金が必要となり、袋小路に陥ってしまうのである。

このような制度的な問題に加え、保護者たちが置かれている厳しい雇用状況も外国人学校の経営を難しくする要因である。リーマンショックの際、多くの外国人労働者が解雇され、ブラジル学校に通う子どもたちが学校を辞めざるを得なかったという話を記憶している人も多いだろう。そしてまた、コロナ禍で同じことが繰り返されようとしている。景気がよいときは安価な労働力として搾取され、景気が悪くなると真っ先に切られる。「雇用の調整弁」として使われてきた外国人労働者の経済的な不安定さが、外国人学校に通う子どもの教育を受ける機会をも危うくしている。

しかし、外国人学校に携わる人たちはへこたれない。民間企業から奨学金を得たり、クラウドファンディングを募ったりしながら、難局を何度も乗り越えてきた。また、自らの私財を投げ打って学校を支えている人たちもいる。すべては、そこに通い、学ぶ子どもたちがその学びを継続できるようにするためである。だが、かれらの熱意や頑張りに頼り続けてもよいのだろうか。日本語で授業をしなくとも、「日本国民」をつくる教育をしなくとも、今日本で生きる子どもたちが、自らが望む教育を安心して受けられるような制度設計が必要不可欠である。

（三浦綾希子）

コラム11　朝鮮学校の教育

校門には、漢字とハングル（朝鮮語の文字）で学校名が書かれている。通学バスから、元気な子どもたちが降りてくる。小さな子どもたちが駅から集団登校している姿も見かけられる。きっと、遠方から通ってくるのだろう。

教室には、チマチョゴリ（朝鮮の民族衣装）を着た女

ブラジル学校の授業風景（愛知県豊田市）

性教師の姿が見える。通学バスを運転していた校長先生も授業を行っている。クラスも人数も決して多くはないが、どの教室からも朝鮮語が聞こえてくる。教科書も、子どもたちがつくったと思われるポスターも朝鮮語で書かれている。

「医務室」と書かれた部屋に提示された「小学保健ニュース」は、日本の学校でもよく見かけるものである。教室には、「私たちの言葉（朝鮮語）を大切にしよう」というスローガンが掲げられていた。「一人はみんなのために、みんなは一人のために」というものも目に留まった。

休み時間にサッカーをしている子どもたちは、同学年ではなさそうだ。人数が少ない分、仲がよいのかもしれない。放課後、サッカーやバスケット、吹奏楽や美術部などのクラブ活動に勤しむ子どもたちの顔は授業中のそれとは少し違う。朝鮮の音楽を奏でる民族器楽部や、華麗な朝鮮舞踊の練習をする子どもたちもいる。

子どもたちを送ったバスが戻ってからも、教職員室の灯りはなかなか消えない。時折、疲れをまったく感じさせない大きな笑い声も聞こえてくる。ここはまちがいなく学校だが、どうやら「普通の」日本の学校ではなさそうだ。


今描いたのは、日本にある朝鮮学校の日常の風景である。朝鮮学校とは、日本で生まれ育った在日朝鮮人の子どもたちが通う学校である。在日朝鮮人とは、大日本帝国の時代に、植民地であった朝鮮半島から日本に渡った人々とその子孫を指す。今では、主に在日四世、五世の子どもたちが通っており、子どもたちの国籍も、韓国、朝鮮、日本と多様である。両親のいずれかが日本人である場合や、アメリカ、ロシア、中国、コンゴ出身といった場合もある。入学要件は、その子どものルーツが朝鮮半島にあることだ。

朝鮮学校は、一九四五年八月、日本の植民地支配から解放された在日朝鮮人が、自分たちの子どもに朝鮮の言葉や文化、音楽や歴史を教え、朝鮮民族として誇りをもって生きていってほしいと願ってはじめられた営みである。その歴史は、すでに七〇年を超えた。全国各地に六〇数校存在し、幼稚園から大学までの教育体系を整え、各校で統一したカリキュラムおよび教科書をつくり、さらに独自の教員養成システムも有している。朝鮮学校は、その規模と歴史から日本における代表的な外

川崎市の朝鮮学校での算数の授業

国人学校の一つであると言える。

朝鮮学校の教育は、在日朝鮮人の脱植民地化を目指していると言える（呉［二〇一九］）。脱植民地化とは、「国民帝国の帝国性への拒絶であるとともに、国民国家性の受容による自立」の過程とされる（山室［二〇〇三］）。朝鮮学校においても、朝鮮民主主義人民共和国の国民国家性を動員することによって、すなわち在日朝鮮人をその国民に育てあげることによって、日本の植民地支配によってもたらされた人間形成における負の影響の払拭が目指された。しかし、旧宗主国である日本で生まれ育ち、第一言語も日本語で、朝鮮半島に一度も行ったことがなく、国籍も有していない場合もある在日朝鮮人の生活や経験は、「〇〇国民」というカテゴリーとすんなりとは一致しない。ここに、本国ではない場と関

公開授業後、校庭で開かれた焼肉交流会（岡山の朝鮮学校）

係で取り組まれる脱植民地化のための教育の独自性と難しさが生起する。

たとえば、朝鮮学校では「国語」として朝鮮語が教えられており、その正確な習得が目指されるが、子どもたちは第一言語である日本語の方言やイントネーション、言い回しなどに影響を受けた、いわば「在日朝鮮語」をつくり出し、使っている（日本生まれ、日本育ちである教員たちも同様である）。また、「国史」とは異なる在日朝鮮人に独特な歴史が発掘され、それが在日朝鮮人としての共通の記憶として伝えられていく。

こうした言語や記憶、文化を軸にして、日本国民と朝鮮民主主義人民共和国国民とのいずれとも重なりながらも異なる社会集団が形成されていく。朝鮮学校は制度的に不安定な位置にあるからこそ、その柔軟さを生かし、在日朝鮮人の状況や要求にその都度機敏に対応しながら、独特な発達文化を生成してきたと言える。

「制度的に不安定な位置」とは、具体的には、外国人学校がその独自の教育活動を続けながら得られる学校教育法上の最高の地位が各種学校（同法一三四条）であることによって、一般の学校（同法第一条）が得られるさまざまな公的保障から除かれていることを指す。

一例を挙げると、朝鮮学校には保健室がない。保健室にあたる部屋があったとしても、そこに常駐する養護教諭がいないのだ。一般の学校は、学校における子どもと教職員の健康の保持増進を目的とした学校保健安全法が適用されるが、各種学校である外国人学校にはそれが適用されないためである。子どもたちの健康と安全が制度的に保障されないために、環境衛生の維持と改善、健康診断の実施、保健室の設置などは、外国人学校やそれを設置する学校法人の財政状況などの個別事情に左右されることになる。

また、今日においては、いわゆる高校無償化制度や幼保無償化制度からも朝鮮学校が除外されている。国連・子どもの権利委員会や社会権規約委員会、人種差別撤廃委員会などにより、こうした処遇の改善を日本政府に求める勧告が幾度となく出されているが、改善の兆しは見られない。その背景には、植民地支配を不当・不法と認めない日本政府による継続する植民地主義や、そうした政府の立場に後押しされた草の根の排外主義という存在が指摘されている。

大学や博物館によって不当に収集された先住民や少数民族の遺骨・遺物の返還をはじめとして、近年欧州を中心に学知の脱植民地化、植民地支配責任の果たし方に関して、少なくない経験が蓄積されてきた。日本の場合はどうだろうか。さまざまな教育が承認されるような日本社会に向けて、継続した議論と実践が求められる。

（呉永鎬）

6 「自由」な教育の場

さまざまな理由から正規の学校以外の場所で学ぶことを選択する人々は、日本においても世界においても少なからず存在している。こうした事実をふまえれば、既存の公教育の枠を拡大し、多様な教育のあり方を公的に認めていくことが必要であると言えるだろう。たとえば、二〇一〇年にEUの成長戦略における重点目標となった「早期離学」対策においては、ノンフォーマルな教育機関に「セカンドチャンス教育」としての期待が寄せられている（98ページの**コラム14**参照）。

ただし、公的に保障されるべき教育のあり方を問い直すという試みには、文化間の力関係が反映されがちであるということにも留意しておかなければならない。ノンフォーマル教育は、周辺に追いやられた文化を守り、励ます場としても機能してきた。学校教育で教えられる「正しい」文化とは異なる文化を生きる人々にとって、学校教育から排除された自らの文化を実践できるノンフォーマルな学習の場は、アイデンティティ形成の資源としてきわめて重要な意味をもつ（第6章参照）。

ノンフォーマル教育は必ずしもフォーマル教育を補完するための場ではなく、フォーマル教育において「負のレッテル」を貼られてしまう文化を、フォーマル教育とは異なる価値観や評価基準のもとで実践できる場であり、普遍性や一般性を追求する必要のない「自由」な教育の場でもある。既存のフォーマル教育の枠を拡大し、多様な教育のあり方を公的に認めていくことが求められる一方で、フォーマル教育とは異なるノンフォーマル教育の独自の意義を明らかにしていくこと、フォーマル教育とノンフォーマル教育の関係のありようから文化間の関係性を読み解き、それをふまえて「より良い教育」についての議論を展開していくこともまた必要なのである。

第4章

生涯学習を支えるノンフォーマル教育

遊びのまち「ミニミュンヘン」で家を建てる子どもたち（ドイツ）

1 生涯学習の理念と戦略

生涯教育・生涯学習の理念は、一九六五年に開催されたユネスコ成人教育推進会議でポール・ラングラン(1)が生涯教育論を提唱したことによって世界的に注目を集めることとなった。一九四五年に国連の専門機関として設立されたユネスコは、教育・科学・文化における国際協力を通じて世界平和に貢献することを目指し、教育を受ける権利を等しく保障していくことをもっとも重要な課題の一つとしている。

ラングランが発表したワーキングペーパー「永続教育(**l'éducation permanente**)」は、教育の機会は生涯にわたって提供されるべきことと、生活のあらゆる場面における教育を調和させるべきことを提唱するものだった。ラングランは既存の学校教育制度を徹底的に批判し、教育の機会均等の実現に向けて生涯教育の重要性を提起した(ラングラン他[一九七〇＝一九七二])。それをふまえたユネスコの生涯教育論は、教育の場を学校に限定せず、生活のさまざまな場面で行われる教育・学習を視野に入れたものであった(**コラム12**参照)。

こうした提起を受けて、一九七〇年には経済協力開発機構(ＯＥＣＤ)が生涯教育のための戦略としてリカレント教育の考え方を打ち出した。リカレント教育とは、「個人の全生涯にわたって教育を労働や余暇や隠退生活などの諸活動と交錯させながら分散すること」を意味している

（**コラム13**参照）。多くの人は、学校を卒業したのち労働に従事し、ある程度の年齢に達すると引退して余暇を中心とする生活を送る。リカレント教育論はこうしたライフサイクルの見直しを提唱するものであり、労働する期間を中断して教育を受ける期間をもち、受けた教育を生かして労働に戻ったり、時には一定期間を余暇にあてたりしながら、教育、労働、余暇を人生のなかで繰り返していくというモデルを示した。

こうしたモデルにおいては成人期の教育の場が保障されなければならないが、子ども・青年を対象としてつくりあげられてきた従来の教育制度は成人を受け入れるのに適したものではない。そこで、成人教育を視野に入れた新たな教育体系が構想されるにあたって、制度の外で展開されてきたノンフォーマル教育にも期待が寄せられるようになった。

リカレント教育を実際に教育政策に取り入れた国はごくわずかであったが、成人のために多様な教育の機会が提供されるべきであるという考え方は広く浸透し、各国で生涯学習振興のための施策が導入されている。ユネスコは成人教育に関する国際的な議論を継続し、指針を提供してきたが、その議論のなかではノンフォーマル教育の重要性がたびたび示唆されている。次節ではその概要を見てみよう。

（1）（Paul Lengrand, 1910～2003）フランスの成人教育者。一九四八年にユネスコで仕事をはじめ、一九六二年に成人教育部長となって生涯教育論の原型をつくった。第二次世界大戦中にレジスタンス運動に参加した経験から、学校教育を通じて形成される従順さを批判し、成人期の学習によって得られる自律性を重視した。

コラム12　「学習」の概念をめぐる混乱

内閣府による「生涯学習に関する世論調査」は、一八歳以上の国民の生涯学習についての意識を把握するために、数年おきに実施されている調査である。

質問の内容や表現は毎回少しずつ異なるが、調査票の冒頭には、「あなたは、この一年くらいの間に、生涯学習をしたことがありますか」（二〇一二年）、「あなたは、この一年くらいの間に、どのような場所や形態で学習をしたことがありますか」（二〇一八年）、「あなたは、この一年くらいの間に、月に一日以上どのようなことを学習しましたか」（二〇二二年）といった質問が置かれている。要するに、国民が何をどんなふうに学習しているのか、学習をしていない人はどれくらいいるのかを把握するための質問である。

「学習をしたことがない」と回答した人は、二〇一二年、二〇一八年の調査では四〇パーセントを超えていた（二〇二二年の調査では二四・三パーセントで、政府は「学び直しの需要が高まっている」と解釈している）。

調査の趣旨は分かるのだが、調査結果が報道されるたびに脳裏をよぎるのは、「学習をしたことがない」という表現への違和感だ。

心理学的な定義によれば、「学習」とは「経験を通じて行動（ないし行動の可能性）が変化すること」を意味する。こうした意味での学習は、意図的に行われることもあるが、偶発的に生じる場合も多い。偶発的学習（incidental learning）は生活のなかで頻繁に生じているはずなので、「学習をしたことがない」という人が存在するとは思えない。おそらく、「一年間の間に学習をしたことがありますか」という質問も、それに対する回答として用意された「学習をしたことがない」という選択肢も、意図的学習（intentional learning）のみを想定しているのだろう。

　そして、そうした説明抜きで「学習」をめぐる質問が設定されているのは、意図的に行われるものだけを学習と見なす人が多いからかもしれない。そもそも、政策として推進されているのは圧倒的に意図的学習のほうである。

　ところで、二〇一二年に実施された調査では、上記の質問に際して「『生涯学習』とは、人々が、生涯のいつでも、どこでも、自由に行う学習活動のことで、学校教育や、公民館における講座等の社会教育などの学習機会に限らず、自分から進んで行う学習やスポーツ、文化活動、趣味、ボランティア活動などにおけるさまざまな学習活動のことをいいます」という説明が付されている。スポーツや文化活動、ボランティア活動など、必ずしも学ぶこと自体を一義的な目的としていないものがここに含まれるのは、これらの活動に付随して（つまり、偶発的《インシデンタル》に）学習が生じることが多いからだろう。

　すると、この調査における「学習」には偶発的学習も一部含まれていることになる。だが、生活のあらゆる場面で生じるはずの偶発的学習のうち、「スポーツ、文化活動、趣味、ボランティア活動など」に付随するものだけが「生涯学習」と見なされ、仕事や家事、育児、その他多くの活動のなかで生じた学習がそこに含まれないのはなぜだろうか。

　実のところ、こうした「学習」のとらえ方については、一九八〇年代以降の政策文書でたびたび説明されてきた。

　まず、一九八一年の中央教育審議会（中教審）答申『生涯教育について』では、「今日、変化の激しい社会にあって、人々は、自己の充実・啓発や生活の向上のため、適切かつ豊かな学習の機会を求めている。これらの学習は、各人が自発的意思に基づいて行うことを基本とするものであり、必要に応じ、自己に適した手段・方法は、これを自ら選んで、生涯を通じて行うものである。その意味では、これを生涯学習と呼ぶのがふさわしい」と述べられている。つまり、自発的意思にもとづいて行われる意図的な学習を「生涯学習」と呼ぶことがここで提唱されたわけである。

　右記の文章は、「この生涯学習のために、自ら学習する意欲と能力を養い、社会の様々な教育機能を相互の関連性を考慮しつつ総合的に整備・充実しようとするのが生涯教育の考え方である」と続く。この答申のタイトルからも分かるとおり、この時期の日本では、国民が自発的意思にもとづいて行う「生涯学習」を推進するために、それを支援する「生涯教育」体制の整備が目指されていた。

　その主な動機は、急速な変化のなかで社会の活力を維持・発展させることにあったが、そこには高齢化社会への対応も含まれていたことに注目したい。この答申では、高齢者の健康管理と社会参加を促進するためにスポーツや奉仕活動が奨励されるとともに、「主体的に生きる姿勢」の育成を支援することが重要であると述べられている。一九八六年の臨時教育審議会第二次答申や、一九九〇年の中教審答申『生涯学習の推進について』においても、スポーツや文化活動、趣味、ボランティア活動のなかで生じる学習は、引き続き「生涯学習」に含められている。

政策とは、何らかの社会的な課題に対して立てられるものである。「生涯教育」が政策文書で主張されるのも何らかの課題への対応策としてであって、そこで用いられる「生涯学習」はその問題に対応して定義されている。そのために、概念としては偏りが生じているわけである。

ところで、一九八六年以降、中教審は「学習者の視点から課題を検討する立場を明確にするため」として、「生涯教育」という用語を積極的には使わなくなった。その後、生涯教育と生涯学習の違いが明確には意識されないことが増えていったようだ。教育概念と学習概念の混同はよく見られることで、近年よく聞かれるようになった「学び直し」という言葉も「リカレント教育」（**コラム13**参照）とほぼ同義に用いられることがあるが、そもそも「教育」と「学習」は異なるものを指す概念である。

「教育」と「学習」を互いに置き換え可能な概念であると錯覚してしまいがちなのは、私たちの「学習」観が学校教育と強く結び付いているからかもしれない。イヴァン・イリイチは、「学校で教育を受けること」が「学ぶこと」と同一視されることによって、自ら学ぶ力が失われてしまうことに警鐘を鳴らしている（イリッチ［一九七一＝一九七七］）。

教育の結果として学習が生じることはもちろんあるが、「教育を受けること」と「学習すること」は同じではない。当たり前のことだが、教育を受けても学習していないことはあるし、教育がないところでも学習は生じているのである。

（太田美幸）

コラム13　リカレント教育への新たな注目

二〇一〇年代後半以降、日本では以前とは若干異なる文脈でリカレント教育が政策課題となっている。特徴的なのは、その目的が就業能力（エンプロイヤビリティ）の向上に大きく傾いていること、フォーマルな教育機関におけるプログラム提供に主眼が置かれていることだ。

一九七〇年代にOECDがリカレント教育を提唱したとき、そこに包含されるべきとされたのは、以下の三つであった（CERI[1973]）。

❶義務教育以降の教育体系。中等教育における最後の数年間、および中等教育後の教育がここに含まれるが、成人に「セカンドチャンス」としての義務教育を提供することもありうる。

❷あらゆる種類、あらゆる水準の現職訓練（オン・ザ・ジョブ・トレーニング）。その大部分は民間団体によって組織されてきた。

❸主として、一般教養を教える成人教育。人間的・文化的な豊かさを志向し、歴史的には、労

働者階級の人々を対象としてボランタリーに展開されてきた文化活動や、途上国における識字教育の運動に根ざす。

これらはいずれも成人を対象として各地で実施されてきたが、相互に関連づけられることが少なかった。リカレント教育の構想の骨子は、これらすべてを一つの共通の政策枠組みに収めることにあった。

また、この構想において、人々はこうした教育を特定の時期、たとえば一〇代後半から二〇代にかけて集中して受けるのではなく、全生涯にわたって、労働や余暇とクロスさせながら分散して受けることになるが、その際にはフォーマル教育だけでなく、ノンフォーマル教育も活用されるべきであることが明確に企図されていた。

ただし、当時こうした構想を実際の政策に取り入れた国は多くはなかった。その要因の一つは、高度経済成長期が終わり、ＯＥＣＤ加盟各国における失業率が高まったことである。

高い失業率のもとでは、労働から一時的に離れて教育を受けることはリスクと見なされ、就労機会を維持することが優先される。また、義務教育を修了した若年層にとっては、引き続き学校教育にとどまり、エンプロイヤビリティの向上のための教育を受けるほうが安全である。政府は失業対策としての職業訓練に力を入れざるを得ず、産業界のほうでは、より専門性の高い労働者を求め、もともと高い能力をもつ人材をスキルアップさせることへと関心が向くようになる。

つまり、エンプロイヤビリティの向上という目的がそれまで以上に重視されるようになり、人間的・文化的な豊かさを志向する教養教育や、教育機会の格差是正といった目的の存在感はかぎりなく薄まっていった。

また、失業のリスクを回避しつつエンプロイヤビリティの向上を図るには、働きながら受けられる講座や遠隔教育などが便利である。これに適しているのは、フォーマル教育よりもノンフォーマル教育のほうであった。教育の市場化の流れも相まって、多様な民間団体が教育機会を提供するようになった。

こうした動向を受けて、多様な目的のもとで展開される成人教育を包含する制度構築を目指したリカレント教育の構想は、徐々にその現実味と必要性を失い、一九九〇年代末以降は話題に上ることもほとんどなくなったのである。

ところが、日本では二〇一〇年代後半に突如として「リカレント教育ブーム」（佐々木［二〇一九］）が到来した。この背景には、一九九〇年代半ば以降の雇用構造の変化を受けて従来型の企業内訓練が縮小し、労働者に職場外での自己啓発（学び直し）が求められるようになったこと、少子化により一八歳人口の減少が見込まれるなかで、高等教育機関の新たな役割として「学び直しプログラム」をはじめとする社会人教育への期待が高まっていたことなどがある。

二〇一七年から、当時の安倍内閣は「人生一〇〇年時代」を見据えた「人づくり革命」および「生産性革命」のキーワードとして「リカレント教育」を多用しはじめた。ここで言うリカレント教育は、高齢化時代の経済社会システムを構築するうえで不可欠な労働者の再訓練・再雇用促進のための方策であり、「学び直し」とほぼ同義のものと見なされている。

こうした議論の文脈においては、いくつか注意すべきことがある。エンプロイヤビリティの向上がリカレント教育の主要な目的とされ、当初のリカレント教育論に組み込まれていた人間的・文化的な豊かさのための教育がほとんど顧みられなくなっていること。フォーマルな高等教育機関で提供されるプログラムへの参加が強く奨励され、それ以外の公的機関における教育や制度の外で提供されるノンフォーマルな教育活動の固有の意義が見えにくくなること。そして、職業志向のリカレント教育論と「学び直し」が混同されることによって、生活のあらゆる場面で生起するはずの多様な学習が軽視され、また、個人が自由に展開しうるものであるはずの学習が、政府や労働市場の要請によって制約を受けたり、強制されたりしかねないこと、などである。

こうしたなかでこそ、ノンフォーマル教育の多様な蓄積をふまえて構想されたリカレント教育の当初の理念を振り返り、その意義を改めて確認することが求められている。

（太田美幸）

2　成人教育の国際的推進

ユネスコの教育開発国際委員会が一九七二年に発表した報告書『未来の学習（Learning To

Be)』（通称、フォール報告）では、経済と結び付いた「持つための学習（learning to have）」ではなく、より人間らしく生きることを目的に据えた「存在するための学習（learning to be）」が提起された。ここで示された「学習社会」の構想は、教育が学校のみで行われるものではないことを強調し、社会全体が教育の場となることを展望するというものであった。

一九七六年のユネスコ第一九回総会で採択された「成人教育の発展に関する勧告」では、成人教育は「内容、段階および方法がいかなるものであろうとも、正規なものあるいはその他であろうとも、学校、大学ならびに見習い期間における当初の教育を延長するにしろ代替させるにしろ、組織された教育過程の全体」を意味すると規定された。成人を対象とする教育は定型的なもの、正規のものに限定されないことが明確に示され、多様なノンフォーマル教育の重要性が示唆されている。

そして、「学習権宣言」の採択で知られる一九八五年の第四回国際成人教育会議（CONFINTEA V）では、これまで十分な教育を受けることができずにいた人々への注目が促され、成人教育に取り組んできた民間団体の役割と協力体制の確立にも目が向けられた。ユネスコはそれ以前から、世界各国に向けてノンフォーマルな成人教育に取り組んできた民間団体を支援するとともに、そうした団体のネットワーク化にも取り組んでいた。その成果の一つが、一九七三年に設立された「国際成人教育協議会（International Council for Adult Education：ＩＣＡＥ）」の活動である。

ＩＣＡＥは、一九七二年に東京で開催された第三回国際成人教育会議の席上で、カナダからの参加者が各国の成人教育関係者に呼びかけたことを契機に設立された組織である。当時、ユネスコはすでに政府間組織としての性格を強めつつあり、第三回国際成人教育会議への参加者の多くは民間の運動とはほとんどつながりをもっていなかった。ＩＣＡＥは、「実際の地域社会での成人教育活動と関っている人々が国際的に交流するためには、政府間国際組織という性格を鮮明にしはじめたユネスコとは別に、民間レベルでの国際的ネットワークが必要である」（荒井［二〇〇七］六一ページ）という課題意識をもって活動を開始し、紆余曲折を経ながらも、次第にユネスコなどの国際会議に対して影響力を発揮するようになっていった。

成人の教育・学習を推進するうえで民間セクターが大きな役割を果たしていることは、一九九七年の第五回国際成人教育会議で採択された「ハンブルク宣言」でも明言され、二〇〇九年にブラジルで開催された第六回国際成人教育会議においても同様の認識が示されている。あらゆる機会を活用して成人の学習を推進することが、国際的に目指されてきたと言える。

成人教育への参加率の向上は、初等教育の完全普及とともに「持続可能な開発目標（ＳＤＧｓ）」における重要課題にもなっているが（第5章参照）、ＥＵにおいては経済政策と連動してとくに重視されている。二〇〇〇年の欧州理事会で打ち出された「リスボン戦略」では、ＥＵ経済圏の競争力を人材育成によって向上させることが目指され、二〇一〇年までに労働者の一二・五パーセントを生涯学習に参加させるという数値目標が立てられた。

同じく二〇〇〇年に欧州委員会が発表した「生涯学習に関する覚書」では、「生涯学習の二つの等しく重要な目的」として「エンプロイヤビリティ（就業能力）」と「アクティブ・シティズンシップ（能動的市民参加）」の向上が強調された。「覚書」が出されたのとほぼ同時期に、ＥＵの総合教育プランである「ソクラテス計画」[2]において成人教育部門の「グルントヴィ計画」[3]が立ちあがり、職業教育以外のノンフォーマル教育とインフォーマル教育のプロジェクトを支援するものとなったことをふまえると、エンプロイヤビリティとアクティブ・シティズンシップというＥＵ生涯学習政策の二つの柱のうち、後者の領域においてノンフォーマルな成人教育に大きな期待が寄せられていたと言えるだろう。グルントヴィ計画は、二〇〇七年からは「ＥＵ生涯学習プログラム」の一部として継続され、とくに社会的不利益層への支援に力が入れられている。

ただし、二〇〇八年秋の金融危機を経て失業率が顕著に悪化したことを受けて、ＥＵの生涯学習政策においてはエンプロイヤビリティの向上という目的がこれまで以上に前面に押し出されるようになっている。リスボン戦略の後継として策定された「欧州二〇二〇」では、就業率の改善のため、中等教育未修了者（早期離学者）の割合を一〇パーセント未満に減少させること、ならびに高等教育修了者比率を四〇パーセント以上に引き上げることが重点目標の一つとして掲げられた。また、ノンフォーマル教育については、人材育成に資するものとしての期待が一層高まり、職業技能認定の制度構築が進められた。

さらに、ＥＵ域内の労働市場の統合促進のため、労働者の社会的な権利保障に関する原則として二〇一七年に定められた「欧州社会権の柱」では、二〇項目にわたる原則の第一に「教育・訓練・生涯学習」が置かれ、二〇三〇年までに成人の学習活動への参加率（過去一年間に何らかの教育・訓練に参加した者の割合）を六〇パーセント以上に引き上げることが目指されている。これはきわめて大きな目標で、達成のためにはノンフォーマルな教育・訓練機会を質量ともに充実させることが不可欠となる。

こうした傾向に対しては、生涯学習政策におけるアクティブ・シティズンシップを相対的に軽視するものであるという批判もある。社会的活動への積極的な関与を支援するような教育活動に、十分なリソースが割かれなくなることが懸念されているのだ。

加えて、「欧州二〇二〇」のもとで、制度の外で展開されていたノンフォーマル、インフォーマルな活動を早期離学者の「セカンドチャンス教育」として認定する枠組みが構築されたことにも注目しておきたい（**コラム14**参照）。これは、若年層を対象とするノンフォーマル教育やイン

（2）一九九四年にEUが策定した総合的な教育プランで、高等教育を統括する「エラスムス計画」、初等・中等教育を統括する「コメニウス計画」などのプログラムからなる。第一次ソクラテス計画は一九九九年に終了し、二〇〇〇年より第二次ソクラテス計画が実施された。二〇〇七年からは、第一次、第二次ソクラテス計画を引き継ぐ形で「EU生涯学習プログラム」が実施されている。

（3）第二次ソクラテス計画において新たに開始された成人教育の推進のためのプログラム。二〇〇七年以降の「EU生涯学習プログラム」においても、成人教育分野の名称として「グルントヴィ」が用いられている。

フォーマルな学習活動の独自の価値が社会的に承認されたことを意味しているが、他方で、そうした価値が公的な制度に吸収され、独自性を維持することが難しくなる可能性も指摘されている。その可否については、今後の趨勢を注視する必要がある（平塚［二〇二二］）。

ノンフォーマル教育やインフォーマルな学習活動が、実態としてフォーマル教育を補完する機能をもつことは確かである。また、フォーマルな制度の枠組みが時代とともに変容するなかで、そうした機能への期待が高まっていくのは、ある意味当然であろう。だが、ノンフォーマル教育やインフォーマルな学習活動の機能は、フォーマル教育を補完することのみではないということも忘れてはならない。フォーマル教育が追求するのとは異なる「教育的価値」に立脚しているからこそ、フォーマル教育とは異なる独自の方法で教育・学習が行われ、独自の成果が生まれる。より豊かな「生涯学習社会」に向けて、それを社会が理解し、受け入れることができるかどうかが問われている。

コラム14　早期離学対策としてのノンフォーマル教育——フランスにおけるセカンドチャンス教育

欧州では二〇〇〇年前後から「早期離学」（前期中等教育あるいはそれ以下で、教育・訓練の機会から離れ、現在も教育・訓練を受けていない状態。日本では不登校や高校中退がこれに相当する）が政策対象となってきた。そのはじまりは、EUが二〇〇〇年に策定したリスボン戦略において、二〇一〇年までに早期離学者を一〇パーセント未満に削減するとの重点目標が設定されたことにある。

早期離学は、若者の失業率の悪化を招き、社会的コストの増大につながると見なされ、その対策がEUの成長戦略において必須のものとなったのである。

フランスにおける早期離学対策は、サルコジ政権下にあった二〇〇七年から二〇一二年にかけて実施された「学業失敗・離学との闘い」という取り組みを中心に展開された。その結果として、一九八〇年代初期には三五パーセントに達していた早期離学者（同一年齢に占める割合）は、二〇二二年には七・六パーセントまで減少している。中等教育が大衆化し、早期離学者は一〇パーセントを切るまでになったが、それでも残るわずかな早期離学の現象は、個人的な事情による不登校や学校嫌悪というよりは、教育制度が抱える構造的・本質的な問題に起因すると考えるべきであろう。

早期離学する理由は多様であり、必ずしも学業の挫折・失敗とはかぎらない。学校を離れるというのは、積極的な進路選択の一つでもあるのだ。

そうした早期離学者への支援として、フランス国内にはさまざまなセカンドチャンス教育の機会が存在する（園山［二〇二三］）。フォーマルな学校教育の枠内で復学や資格取得を目指す取り組みが多いが、他方で、職業資格取得というよりも労働に向けた準備として支援を提供しているノンフォーマルな教育機関も充実している。

たとえば、全国に五三校（二〇二一年現在、分校を含めると一三五校）が設置されている「セカンドチャンス・スクール（E2C）」は、学校を離脱した若者の進路選択を支援するノンフォーマルな研修機関で、年間約一五〇〇〇人の研修生を受け入れている。研修生の年齢は二〇歳を超え、学業や職業からしばらく遠のいている庶民階層、移民層、郊外住民が多く、経済社会文化的に困難を経験した若者が対象とされているが、この機関の特徴は、一律に資格取得を目指していない点にある。

若者が自ら主体的に進路選択ができるように、本人の希望や状況をふまえて支援することに重きが置かれている。

これ以外にも、自治体などが提供しているノンフォーマルな教育訓練機関があり、学校様式から離脱した若者が親しみやすい居場所を提供している。

他方で、早期離学という現象が社会問題として注目されるようになったことで、フォーマルな学校教育の構造や体質が再考されつつあるという点にも注目すべきである。早期離学対策として打ち出された新しいタイプの学校では、「教師―生徒」関係の転換、生徒自治を取り入れた学級運営、教授法の刷新など、従来の学校様式とは異なる柔軟さが見られる。そうしたなかで、学ぶことや働くことに対する意識が変わったという若者も少なからず存在する。ここに、過度な学校化（イリイチ）を脱する糸口を見いだすことができるだろう。

（**園山大祐**）

3 大人が学ぶ場、子どもが育つ場

学ぶという行為は、本来、生活に深く根付いたものである。第1章でも見たように、かつて子どもは日々の生活や労働を通じて必要な知恵や技を身につけ、やがて独り立ちしていった。近代化の進展とともに人々の生活に定着した学校教育は、必要な知識や技能の一部を、日常生活から切り離された空間で系統的に伝達することによって子どもの学びを支援するものだが、人々が生活のなかで必要とする学習がすべて学校で得られるわけではない。学校では学べないこと、学校の外でこそ学べることがあり、それらの学習を可能にする場が多様につくられてきた。

日本の社会教育においては、まさしくそうした場として公民館（**コラム15**参照）が運営されてきた。地域の生活に密着した学習や文化活動の場となってきた公民館は、住民自治の育成にも貢献し、地域社会の拠点として機能してきたと言える。図書館や博物館などの社会教育施設も同様である。一部の地域に見られる市民大学や、民間セクターが運営するカルチャーセンターなどでも人々の学習要求に即した教育プログラムが柔軟に提供されているし、ＮＰＯやＮＧＯもさまざまなプログラムを展開している。さらに、趣味の集まりや有志による読書会なども貴重な学習の機会となっている（**コラム16**参照）。

職業能力の育成の場もまた学校の外に形成されてきた。公的な職業訓練機関や企業研修のみならず、職場のなかで自主的な学習会が組織されたり、職場を超えて専門的な学習を行うグループがつくられたりしている。組織された学習の場がなくても、日々の仕事を通じて、あるいは職場でのインフォーマルな会話などを通じて職業能力が向上したり、職業的アイデンティティの形成が促進されたりもする。学習の機会は、日々の生活や労働のあらゆる場面に埋め込まれているのである。

こうした学習の機会は、大人だけではなく子どもにも同様にある。ただし、かつてのように地域のなかで子どもが自由に使える遊び場が豊富にあるわけではないし、大人の仕事にかかわる機会も減ってきている。塾や習い事に通う子どもは増えているようだが、子どもが体験を通じて学べる場所はさほど多くはない。

第1章でも言及した「冒険遊び場」（**コラム17**参照）や、「ミニミュンヘン」をモデルとする「遊びのまち」（**コラム18**参照）などは、遊びのなかでさまざまなことを体験し、その体験を通じて子どもたちが何かを学び取っていくことを期待してつくり出された活動である。

大人であれ子どもであれ、私たちは働くこと、遊ぶこと、語りあうことなどを通じて日々多く

世代を超えた交流［写真提供：村山顕人］

のことを学んでいる。そうしたインフォーマルな学習の一部が、やがてある程度のまとまりをもつ学習活動となり、ノンフォーマルな教育として組織されていく。さらにその一部が、よりフォーマルな教育に組み込まれることもある。

生涯学習の考え方は、学ぶという行為が生活のあらゆる場面でインフォーマルに生じるものであること、そこからノンフォーマルな教育が形づくられ、フォーマルな教育につながっていくということを私たちに思い起こさせるものである。学校だけではない学びの場を、私たちは自らの手でつくっていくことができるのだ。

コラム15　公民館

敗戦後の日本の社会教育でその柱となったのが公民館である。公民館は一九四六年七月の文部次官通牒「公民館の設置運営について」によって公的に発足し、一九四九年公布の社会教育法によって市町村自治体にその設置が求められた。

とはいえ、公民館は戦後に突如として構想されたものではない。直接の契機は敗戦である。荒廃した国土・郷土を復興し、民主主義という新しい価値体系を導入して新たな日本をつくり出すための町村自治振興機関の必要性であった。これに加えて、戦前から地域で行われてきた人々の自主的な社会教育的事業という歴史があって公民館構想が実現した。

戦前の自主的事業の例としては、三重県において公民館という名称の建造物で行われていた社会教育的活動（新海［一九九九］八八ページ）、千葉県に見られた農村での個人宅による文庫活動や地場産業による地域住民のための学習活動、仏教寺院による社会教化活動（池田・浅野［二〇〇一］）などがある。

公民館は、（公立）公民館と集落公民館とに大別される。前者の（公立）公民館は社会教育法第五条によって市町村自治体が設置したもので、その目的は「市町村その他一定区域内の住民のために、実際生活に即する教育、学術及び文化に関する各種の事業を行い、もつて住民の教養の向上、健康の増進、情操の純化を図り、生活文化の振興、社会福祉の増進に寄与すること」である（社会教育法第二〇条）。

後者の集落公民館とは、社会教育法第四二条でいう公民館類似施設にあたるもので、（公立）公民館の体制と並行して、地域住民組織（部落、集落、字、町など）を基盤とし、敗戦直後より各地に設置されてきた。したがって、集落公民館と（公立）公民館は、実態はともかくとして組織上は区別される。

もともと戦後の公民館設置構想（一九四六年文部次官通牒）自体が農村地域を念頭に置いており、戦後の混乱と財政難の状況では、集落で機能している住民組織に着目することは当然の流れであったと言える。そのため集落公民館のありようは全国でも多様に見られる。名称をとっても、部落公民館（例：福岡県、福島県）、自治公民館（例：鳥取県倉吉市、京都市美浜町）、自主運営公民館（例：島根県松江市）、字公民館（例：沖縄県）、町内公民館（例：長野県松本市）、類似公民館（例：福岡県嘉麻市）とさまざまである。集落公民館は、一九六〇年代後半から全国的には減少する傾向にある。公民館は、その創設期から社会教育、社会福祉、地域自治を目的に、地域の生活全般の「総合的施設」機能および「社会教育の専門施設」機能を担ってきた。そのうえで、近年の大きな変化を二つ挙げよう。

一つは、一九八〇年代以降の地方分権化と、その受け皿としての平成の市町村合併（一九九九〜二〇一〇年）である。地域で維持されてきた公民館（分館）の統合・再編、区や市への公民館への集中化、職員の非常勤化、公民館運営の第三セクター化、あるいは設置根拠を社会教育法ではなく地方自治法においての生涯学習センター化が進められてきた。

もう一つは、社会教育法の二〇〇七（平成一九）年の改正である（これはまち・ひと・しごと創成総合戦略にかかわる）。たとえば、岡山市立公民館は、全国でも先駆的に二〇〇〇（平成一二）年から「共生のまちづくり拠点」として持続可能な社会づくりを目指してきたが、二〇一九（平成三一）年に「岡山市立公民館基本方針」を策定し、公民館の新たな役割を「未来をつくる〈地域づくり支援〉」とした。これは「地域の未来の姿を住民自らが考える取り組みを支援する」役割である。

これらの例に表れているように、今日の公民館は、地域住民の参画によって実現を目指す地方創生の拠点という新たな役割を担っている。

（岡村美由規）

コラム16　町の小さな読書会

「読書会」とは、各自が気に入った本を持ち寄って紹介しあったり、あらかじめ決められた本を読んだうえでカフェなどに集まり、感想を語りあったりするものだ。本の内容を手がかりにして、話題はあちこちに拡がっていく。数名のメンバーで定期的に開催されているものもあれば、毎回広く参加者を募り、大規模に行われるものもある。読書会は出会いと交流の場であるだけでなく、刺激的な学習の場でもある。

二〇〇八年春に日本で公開された映画『ジェイン・オースティンの読書会』[4]は、読書会の魅力を多くの人に知らしめた。カリフォルニアのある町で、五人の女性と一人の男性が読書会をつくり、毎月一回集まって食事をしながらジェイン・オースティンの小説について語りあう様子を描いた作品である。

登場人物は、日々の暮らしのなかで空いた時間を見つけては指定された本を読み込み、自分の意見をまとめて読書会にのぞむのだが、小説のストーリーに自分の人生を重ねて思案することもしばしばある。時には、厳しい議論のなかで取り乱したり、仲たがいをしたりすることもあるが、読書会を通じてそれぞれが人生の課題に向きあい、それを乗り越えるきっかけをつかんでいくという内容である。

この映画の舞台となっているアメリカの読書会（ブッククラブ）は、一九世紀に白人中産階級の女性たちがはじめた文芸クラブ運動をルーツにもつ。女性の教育機会がかぎられていた当時、文芸クラブは学ぶことを渇望した女性たちが自ら組織した学びの場であり、家庭を切り盛りする女性たちが社会との接点をつなぐためのものでもあった。

以来、あらかじめ読んできた本を題材に語りあう会が主婦たちによって各地で続けられてきたのだが、一九九六年に人気タレントがテレビ番組で公開の読書会をはじめたことが契機となり、全米に読書会ブームが巻き起こった。一説によると、中産階級の女性の三人に一人は読書会に参加しているそうだ。

アメリカの女性にかぎらず、一九世紀の西洋社会では、中産階級の交流の場として読書グループが形成されていた。コーヒーハウスに集まり新聞を読みつつ議論を交わすという習慣は市民社会の公共圏形成にもつながったわけだが、読書と議論を行う学習サークルが現在でも盛んな北欧では、「学習サークル・デモクラシー」が根付いているとさえ言われている。つまり、少人数で議論を交わす読書会スタイルの学習は、民主主義を促進するものと見なされているのである。

もちろん日本にも、こうした小集団学習はずっと以前から存在している。一九五〇年代には、職場や地域につくられたサークルで、日常生活を書き留めた生活記録や詩を互いに批評したり、それらをまとめてサークル誌として発刊したりといった活動が盛んに行われていた。現実を見す

（４）二〇〇七年のアメリカ映画。監督・脚本ロビン・スウィコード、原作はカレン・J・ファウラーの同名の小説（邦訳は矢倉尚子訳、白水社、二〇〇六年）。

えて言葉をつむぎ出し、それを仲間と共有して表現の幅を広げていく過程で、多くの人が自身の生き方や社会とのかかわり方を刷新していった。現在の読書会にも、このような文化運動としての性格は胚胎《はいたい》していることだろう。

筆者の知人は、かつて引っ越し先の農村で近隣の人を誘い、自宅を開放して交流のための集まりをはじめたそうだ。地域の課題や社会問題について議論したり、最近読んだ本を紹介しあったり、旅行の感想を報告したりするといった内容で、数十年にわたって継続して開催されてきた。こうした場での学びが、見えないところで市民社会を支えているにちがいない。（太田美幸）

コラム17　冒険遊び場（ガラクタ遊び場）

デンマークの首都コペンハーゲンの中央駅から電車で一〇分ほど行くと、エンドラップ（Emdrup）駅に着く。駅から住宅地を進んでいくと、四方をフェンス、そして二メートルほど盛りあがった土手に囲まれた建物が目に入ってくる。内側はあまり見えないが、子どもたちの楽しそうな声に導かれて入り口から中に入ると、手づくりの小屋や滑り台で遊ぶ子どもたち、菜園で野菜に水をあげたり、焚き火をする子どもたちの姿が見られた。ここは、「ガラクタ遊び場（Skrammellegepladsen）」とか「冒険遊び場（Adventure play ground）」と呼ばれ、世界に拡がっている子どもの自由な遊び場である。この取り組みは、一九四三年にエンドラップではじめられたものである。

　何もない農村部で育った造園家のソーレンセン(5)は、自身の子ども時代に、豚や鶏の世話をして生命の誕生を経験したり、野菜の育て方や調理の仕方、そして野菜や玉子の販売を通してお金の稼ぎ方を学んだ。つまり彼は、日常の労働のなかで社会について学び、遊んでいたわけである。

　一九二〇年代から一九四〇年代のデンマークの都市部では、子どもたちは農村部にあったような自身のエネルギーを発散させる機会や環境がなかった。その鬱憤《うっぷん》を、窓ガラスを割ったり、いじめを行うことで発散させているという状況であった。

(5)（C. Th. Sørensen, 1893~1979）デンマークの著名な造園家。一九四三年にコペンハーゲン近郊で、子どもの自由な遊び場である冒険遊び場を初めて創設した。王立芸術アカデミーの教授でもあり、造園に関する多数の書籍を執筆している。

冒険遊び場の敷地

この状況を変えるためにソーレンセンは、農村部で自身が経験してきた環境を都市部につくろうと思い付き、彼は、「遊びとは、ただの娯楽ではなく、人格の発達に寄与するのではないか」と考えた。また、子どもたちが自由で民主的な学校運営を行うイギリスのサマーヒル・スクールやデンマークのフォルケホイスコーレの影響も受け、子どもたちは民主的な関係のなかで自分たちをコントロールできると考えるようになった。さらに、子どもたちが石や木材が転がっていた場所や、雨のあとの水溜りといった環境で生き生きと遊んでいることに気付き、エンドラップの住宅賃貸協会の支援を受けて、この「ガラクタ遊び場」をはじめた。「ガラクタ」という名称は、「ガラクタに見えても、子どもたちにとっては最大に価値あるもの」という考えにもとづいたものである。

「ガラクタ遊び場」の四方が、フェンスと土手で囲まれているのには理由がある。当時、子どもたちは「労働に出る前の小さな大人」と見なされていた。しかし彼は、「子どもたちは自身のペースで想像力や生活につながった技能を発達させていくことができ、大人の目から見れば汚いことや危ないことの経験も、子ども時代には大切である」と考えた。そのため、社会や大人の目から子どもたちを守ることを目的として土手を造り、外側からあまり見えないように設計したのである。

「ガラクタ遊び場」は、当初、夏の間だけ開園され、無料で誰でも利用することができた。初日には、一〇〇〇人以上の子どもたちが遊びにやって来るほどの盛況ぶりであった。第二次世界大戦という時代状況もあり、使用できる材料はかぎられていたが、子どもたちはほら穴をつくったり、焚き火をしたりして、自然のなかにあるもので遊んだ。

ソーレンセンは、何もないところから遊び場をつくりあげる過程で子どもたちが学び、民主的な関係をつくりあげ、他者からの見返りを求めることなく何かに夢中になることなどを学んでいると考えた。それゆえ設立時のスタッフには、才能にあふれている必要はなく、何か新しいことに向かうときに子どもたちと同じレベルで行えること、そして「年上で子どもたちよりも視野が広く経験のある友達」としての役割を求めた。つまり、時には彼らを助け、また彼らに合ったように制限を加えることもあるが、極力子どもたち自身の遊び場に干渉しないことを大切にしたのである。

スタッフ、父親とともに小屋の建築

自分のウサギの飼育

当初は多くのボランティアによって運営され、有給のスタッフが一名だけ雇用されていた「ガラクタ遊び場」であったが、その運営状況は年々改善されていった。一九五九年にコペンハーゲン市との協働となり、一九六〇年代には運営費用の八〇パーセントをコペンハーゲン市が拠出するようになった。そして二〇〇三年には、スタッフも九名が雇用されるまでになった。

これによって経済的な状況を劇的に改善させたが、同時に「ガラクタ遊び場」の運営や日々の活動内容に大きな変化を与えるようになった。コペンハーゲン市は、「ガラクタ遊び場」に青少年のための余暇クラブとしての役割を求め、青少年の有料の余暇施設として運営されるようになった。さらに二〇一六年に同市は、各学区の余暇施設の統合を進め、現在、それぞれ独立した四つの子ども園と九つの余暇施設が「ＮＢＳ４」という一つの集団として運営されている。「ガラクタ遊び場」はそのなかの一つとなる余暇施設であり、平日の一四時から一八時まで、休日は一〇時から一七時まで開園し、一〇歳から一四歳までの五〇名の子どもたちが登録している。

遊びの内容も徐々に変わっていった。当初の「スタッフはあまり関与しない」という方向から、人形劇をしたり、クラフト、絵を描いたりと関与を強めている傾向がある。また、一九五一年には穴掘りが禁止され、一九五三年には小屋をつくることができるエリアも制限されるようになった。新しいものをつくるということが初期の活動の特徴であったが、それよりも、すでにつくられたものを維持することに焦点が当てられるようになったわけである。このような変容に対して、「エンドラップガラクタ遊び場は、教育的な管理下に置かれたときに、かつてもっていた強みを失った」という声も聞かれる。

とはいえ、一九九七年からは子どもたちの民主的な参加のための「子ども委員会」を設け、予算の一部をどのように使用するかを決定するなど、日々の活動において子どもたちの自己決定を重んじていることに変わりはない。現在の社会変化のなかで、「子どもたちのための自由な遊び場」という設立時の理念をいかに守って発展させていくのだろうか。二〇二三年八月に設立八〇年目を迎えた「ガラクタ遊び場」は、今も挑戦を続けている。

（佐藤裕紀）

コラム18　遊びのまち「ミニミュンヘン（MINI-München）」

ドイツ南部のミュンヘンでは、二年に一度、七月から八月にかけての三週間に仮想の都市がつくられる。この都市は、子どもたちによって運営される「遊びのまち」であり、例年三万人以上がこの都市に参加者として訪れている。この取り組みは「ミニミュンヘン」と呼ばれており、約四〇年前から続いている。

会場は、ミュンヘン北部にあるテーマパークと街中の一部である。七歳から一五歳までの子どもたちに参加資格があり、一一時から一八時までの開場時間内であれば開催期間中に何度でも無料で参加することができる。ここでは、「ミニミュンヘン」の仕組みとその背景にある考え方について説明したい。

会場に着くと、入り口でこの仮想都市に参加するためのIDカードを渡される。ここには、「ミニミュンヘン」でのルールが記されている。そのあとは、ジョブセンターに行って仕事を探すか、大学に行って学習することで、「ミニミュンヘン」内で流通している通貨「ミミミュ(MiMü)」を取得することができる。

ジョブセンターではさまざまな職場が紹介されている。たとえば、銀行、デパート、スーパー、新聞社、テレビ局、ラジオ局、大学、映画館、レストラン、環境局、清掃センター、保育園、建設会社、広告会社、印刷所、図書館、映像ワークショップ、病院、サーカス、スポーツセンター、大使館、博物館などで、八〇〇以上の仕事が毎日提供されている。最短で三〇分間の仕事に従事し、一時間でおよそ「五ミミュ」の通貨を得ることができる。そのうちの「一ミミュ」は税金として徴収される。また、大学では五〇〇以上の講座が毎日開催されており、これらに参加すると、同じく通貨が得られる。

これらの通貨を使用して、レストランで食事をしたり、映画を観たり、タクシーに乗ったり、買い物をしたりすることになる。連日、ファッションショーをはじめとした多彩なイベントも開

「ミニミュンヘン」のポスター

催されているので、「ミニミュンヘン」内で楽しむ機会は非常に多い。

そして、四時間以上の仕事か大学での学習を終えると、正式な「市民証」が付与される。市民証を得ることで、選挙権と被選挙権、自動車運転免許を取得することが可能となる。市議会議員選挙と市長選挙が毎週実施されており、これらの議会と市長が「ミニミュンヘン」の町の法律やルールを決めている。もちろん、ケンカやトラブルが発生した場合には裁判が開かれることになる。まさに、私たちの暮らす社会の仕組みが反映された内容となっており、子どもたちはこの町の担い手となっている。

ミニミュンヘンは、一九七九年の国際児童年にあわせて初めて開催された。主催者は地域で子どものための創作活動を展開する市民団体で、「遊びのなかにこそ本当の学びがある」という

ジョブセンターで仕事を探す

考えのもと、ミュンヘン市からの支援を受けて実施している。

もともとミニミュンヘンは、夏休みの間に旅行などに行けない家庭の子どもたちを対象として、学習を兼ねて一日楽しく過ごせる機会をつくることを目的に、昼食も提供する仕組みを内包してはじめられた。その理念を現在も保持し、参加費は無料となっており、開催経費の半額は行政が負担し、残りの半分はサポーターやスポンサー企業からの寄付でまかなわれている。そのため、子どもであれば誰でも参加できる活動となっている。

ミニミュンヘンは参加する子どもによって運営されており、一人ひとりの子どもがこの遊びの都市の主人公である。そして、参加者によって町の姿が変わっていくため、彼らがミニミュンヘンの担い手となる。しかし、その構造や参

仕事をして通貨を稼ぐ

加のためのプログラム設計は、主催者をはじめとして、当日の約一四〇名のボランティアである大人によって入念になされている。

「すべての子どもは知識への熱意をもっているが、その学習の仕方が異なる。各々が自分にあった学習の方法があり、（中略）ミニミュンヘンは小さな都市であり、学習、仕事、政治、行政、文化、社会への参加について、そして社会の営みを遊び楽しみながら学ぶ場である」と、主催者はその目的を述べている。

コロナ禍の二〇二〇年には、一か所での開催が困難なため、公園や公共施設など複数の会場に分け、それらをオンラインやさまざまな通信手段でつなぎ、全体として機能させた。二〇二二年や二〇二四年の開催時でもその経験は生かされ、デジタルを活用したり、会場を街中に広げるなど、「遊びのまち」も進化を続けている。そして、この「遊びのまち」の活動は、ドイツ各地、欧州、そして日本にも拡がっている。

ちなみに、日本国内では「こどものまち」と呼ばれ、千葉県佐倉市の「ミニさくら」や高知県高知市の「とさっ子タウン」など、全国各地三〇か所以上で開催されており、盛りあがりを見せている。

（佐藤裕紀）

第5章

教育開発の課題とノンフォーマル教育

アフリカの青空教室　［写真提供：中山嘉人］

1 教育開発と国際援助

「グローバルサウス」と呼ばれる国々の学校教育制度は、歴史的にはヨーロッパ列強による植民地化によって導入された。アフリカや中南米では、欧州諸国との貿易がはじまった一五世紀頃から読み書きを教えるための学校がつくられるようになり、やがて宣教師たちがキリスト教布教の一環として学校をつくるようになった。

植民地となった地域では、一九世紀に入ってから、宗主国による統治のために公教育制度が整えられた。学校教育を受けた者の一部は宗主国の大学に送り出され、留学を終えるとエリートとして出身地に戻り、植民地経営の要職に就いた。その一方で、農村地域に暮らす子どもたちの大多数は学校とは縁がなく、古くから伝わる口承と体験を通じた文化伝達の仕組みを通じて生活の知恵を身につけた。

多くの植民地が独立を果たしたのは、一九六〇年代以降のことである。独立前後には、それまで押しつけられてきた宗主国の文化から脱却し、自らの民族文化を取り戻す（あるいは、新たに国民文化を構築する）ことを目指す国家指導者も少なくなかった。他方で、国家建設を進めるうちに、さまざまな社会制度を機能させ経済を発展させていくには教育の近代化が必須であるという認識も強まった。どの国家においても、独立当初は学校教育の門戸は広く開かれていたわけではなく、国が定めた公用語の文字を読み書きできるという意味での識字率も低かった。そのため、安定した近代国家を築くためには、学校教育制度を確立し、就学率を向上させることが重要な課題となった。

一般的に、多くの途上国は学校教育へのアクセス、学校および教員の質の確保といった課題を抱えている。また、家計を支えるために子どもの労働が不可欠であったり、学校への通学義務を認識しない保護者が少なくないなどという地域の事情もあって、学校教育制度が定着していない場合もある。

学校がなかった地域に学校が建設されたとしても、学校への道のりが遠い、通学路が危険である、性や出自を理由に学校で暴行を受けるなど、子どもの通学を阻む要因は数多くあり、教授言語が母語と異なるために授業についていけなかったり、経済的理由で退学せざるを得ないといったケースも多い。さらに女子の場合は、女性は教育を受けなくてもよいという価値観のもとで通学が許可されなかったり、結婚や出産のために退学を余儀なくされたりする。また、独立後に国内で紛争が起こったために、制度化された学校教育が一切なくなったという国もある。

こうした途上国の教育をめぐる状況に対して、国際社会はどのように関与してきたのだろうか。

途上国においては、国際機関や先進国政府、ＮＧＯなどの協力を得ながら政府が進める教育拡充の取り組みを「教育開発」と呼ぶ。就学前教育から高等教育までを体系化した学校教育制度の構築、学校建設をはじめとするインフラ整備、カリキュラムや教科書の作成、教員養成、教育行政システムの整備など、あらゆる事項が国際援助機関や先進国政府による援助の対象となる。こうした援助を利用して、学校教育の普及を達成した国々は少なくない。

国際協力としての教育開発がはじまったのは、二〇世紀が後半に入ってからのことである。一九六〇年には、ユネスコの主導によりパキスタンのカラチにおいて地域国際会議が開催され、初等教育拡充のための長期計画「カラチ・プラン」が採択された。カラチ・プランでは、一九八〇年までの二〇年間で、アジア各国において学齢期にある子どもに対して初等教育を完全普及させることが目標として決議された。

その後、一九六一年にエチオピアのアジスアベバで、一九六二年にチリのサンチアゴでそれぞれ同様の会議が開かれ、アフリカおよびラテンアメリカ諸国においても、同じく一九八〇年までに初等教育の完全普及を達成するという決議がなされた。これによって初等教育は飛躍的に拡大し就学率も急上昇したが、各国の人口増加が予想よりも早いペースで進行したこともあって、ゴールとして設定されていた一九八〇年を過ぎても目標が達成されるには至らなかった。

一九八〇年代に入ると、エネルギー危機の影響などから途上国の累積債務が増大し、各国は財政破綻の危機に陥った。この状況に対応した国際通貨基金（ＩＭＦ）と世界銀行による構造調整政策は、教育や保健などの分野への財政支出を削減させた。これによって、途上国の開発が停滞、もしくは後退することになり、一九八〇年代は「失われた一〇年」と呼ばれている。教育が再び開発戦略の中心となるのは、一九九〇年以降のことであった。

一九九〇年、タイのジョムティエンでユネスコ・ユニセフ・世界銀行・国連開発計画の共催により開かれた「万人のための教育（Education for All：ＥＦＡ）世界会議」では、二〇〇〇年までに初等教育を普遍化すること、女性の識字教育を推進することなどを目標として掲げた「万人のための教育宣言」が採択された。この宣言は、基本的人権としての教育機会を人種や性別、階層などによる区別をせずに、子どもから大人までを対象に保障すべきとするもので、以後の教育開発を左右するほど大きな意味をもつものとなった。

しかし、何度か調整を繰り返したのち、達成予定の年とした二〇〇〇年になっても目標には遠く及ばず、同年にセネガルのダカールで開催された「世界教育フォーラム」では、取り組み状況に対する厳しい認識が示された。そして、改めて二〇一五年を目途として目標が立て直された。

同じく二〇〇〇年にニューヨークで開催された「国連ミレニアム・サミット」でも、「普遍的初等教育の達成」（すべての子どもたちが男女の区別なく、初等教育の全課程を修了すること）、「ジェンダー平等の推進」（二〇〇五年までに初等・中等教育で男女格差を解消し、二〇一五年までに全教育段階で男女格差を解消すること）を盛り込んだ「ミレニアム開発目標（Millennium Development Goals：ＭＤＧｓ）」が採択された。

二〇一五年に、ＥＦＡの達成状況を示すため刊行された『グローバル教育モニタリング』レポートでは、開始当初に比して初等教育のアクセスと男女格差については大幅な改善が見られ、次の対象は中等教育段階であるという認識が示された。また、この年には「持続可能な開発目標

（Sustainable Development Goals：ＳＤＧｓ）」が開始され、ＥＦＡの内容はその第四目標に組み込まれたが、途上国を対象に先進国が一方的に支援する構図は薄まった。つまり、人類共通の課題であるサステイナビリティに対して、地球規模で取り組むことと解釈されるようになったのである（第９章参照）。

かつて、教育政策、とりわけ義務教育である初等段階の教育に対する外部からの援助については、日本では第二次世界大戦時の反省から、内政干渉であるとしてタブー視されていた。だが、ＥＦＡが推進されるなかで日本の政府開発援助も拡大し、こうしたタブーを超えて教育開発援助が活性化されていった。ただし、国際援助の構造として援助対象や具体的な援助の内容には援助国や援助機関の意向が反映されやすく、途上国政府の発言力は相対的に小さくなりがちである。国際的な教育開発計画の枠組みが途上国の教育政策を左右していることには、十分留意する必要がある。

2 初等教育の課題

教育開発は先に見たような経緯で国際的に推進されてきたが、学校を中心とした初等教育の完全普及という目標は、二〇二三年現在も達成できていない。すべての子どもたちの教育機会を保障できていない途上国が抱える課題は重層的である。まず、人口統計が不正確で、以前に比べて精度は上がったものの、どこに学校が必要かを正確に見極めることはいまだに容易ではない。国際援助の過程で現地の文化に合わない他国（多くは旧宗主国）のカリキュラムや教科書が持ち込まれ、それらが今も用いられているケースもある。教員養成の制度が完備されていないために有資格教員が不足し、現職教員の教授法が不適切であることもある。資金計画がうまくいかず、学期途中から学校運営資金が底をついてしまうなどといった経営の課題も散見される。

しかし、教育開発の現場では、公教育のみに頼らず、学校教育制度の外にも目を向けて目標達成を目指そうとする試みも早い時期から生じていた。以前から援助の現場では、学校教育に限定されないさまざまな形態の教育が現地の人々のニーズを満たすものとして広く理解されていた。むしろ、正規の学校よりもノンフォーマル教育のほうが学習者の生活環境に適した教育内容が提供できるし、学習者のニーズに応じて内容を調整しやすいためより効果的だったのである。

世界的にも学校教育の行き詰まりが議論されていた一九六八年、フィリップ・クームスが『現代教育への挑戦——世界教育危機のシステム・アナリシス』（クームス［一九六八＝一九六九］）において学校教育の限界を指摘し、ノンフォーマル教育こそ主要な援助領域であることを主張した。これを契機として、ＮＰＯ・ＮＧＯなどの民間セクターや地域住民自身が主導するノンフォーマル教育に教育開発関係者の注目が集まるようになった。そして、それらを活用することによって教育機会を確保していこうとする動きも目立つようになっていった。

民間団体が公設の学校とは異なる形で展開する教育活動は、困難な状況のもとでさまざまな成果を上げてきた。こうした活動の母体は、以前から地域で活動を展開していた宗教団体や識字運動団体、ＥＦＡを契機に活動を開始したＮＧＯなどである。立派な設備を備えた校舎をもたなくとも、全員に行きわたるだけの教科書がなくても、屋外で教室を開くなどして教育を提供してきた。

こうしたノンフォーマル教育の教室には、公立学校よりも丁寧な指導を行うことで定評のある教師も少なからずいる。たとえば、治安や文化的な理由から通学が困難な女子にも、地元の女性教師が自宅を開放して教室を開くなどの工夫がされていたりする。ただし、こうした教育活動の多くは学校を模したもので、学校とほぼ同様のカリキュラムや教科書を用いて授業を行

パキスタン農村部のノンフォーマル小学校

うものに対しては、「二流の学校」と揶揄されることもある。

国際協力機構（JICA）が二〇〇五年に公表した報告書『ノンフォーマル教育支援の拡充に向けて』によれば、成功したノンフォーマル教育プログラムに共通する点は、対象学区が小さかったこと、地域と保護者が積極的に関与したこと、地元出身の教育スタッフを活用して研修制度を構築したこと、カリキュラムは簡略で柔軟なものとしたこと、基礎教育教材を支給したことなどであった。さらには、現地で昔からなされていた教育形式を取り入れること、宗教施設などの施設を活用することも効果的であるとされている。

一方で、課題も多く指摘されている。もっとも頻繁に問われているのは、中等・高等教育への進学・編入が難しいという問題である。ノンフォーマル教育の教師は教員資格をもたない者が多く、教室などの設備も十分に整っていない。また、ノンフォーマル教育は各教科の教員をそろえる必要のない初等段階に偏りがちで、より専門性の高い教員や設備が必要となる中等段階や職業技術訓練は提供されにくい。ノンフォーマル教育によって初等段階の教育を修了した者が、正規の中学校や高等学校に進学できるようになっている国や地域もあるが（63ページの**コラム8**参照）、そうでない場合は初等段階で教育を終えてしまうということがほとんどである。しかし、たとえ初等段階であっても、そこで得た言語・計算・公衆衛生などの新たな知識が、その後の日常生活のなかで生かされているというケースも報告されている。

ノンフォーマル教育の国際協力事業およびノンフォーマル教育研究もまた、多くの課題を抱えている。つまり、ノンフォーマル教育は政策的な優先順位が低く、資源が確保しにくいうえに、他の領域と重なる部分が多々あるために状況が複雑であり、教育成果を把握する評価方法も定まっていない。そのため、国際協力事業としても、研究の対象としても、積極的な取り組みがされにくいのである。一九八〇年代の「失われた一〇年」以降、国際教育開発が後退した際、国際機関や途上国政府がノンフォーマル教育という用語をあまり使わなくなったのは、上記のような事情があったからである。

だが、途上国における現実の課題として、ノンフォーマル教育によって初等段階の教育を提供し続けることがきわめて重要であることに変わりはない。国際機関や政府に代わって、NGOなどの民間セクターがノンフォーマル教育事業を継続してきたことは重要である（**コラム19**参照）。現在でも、多くの国や地域において、かぎられた資源を目一杯活用しながら子どもたちに教育を提供する努力が続けられている（大橋［二〇二一］）。

二〇二〇年に世界を席巻したコロナ禍のもとでは、学校教育の格差が途上国で再び議論の的となった。このパンデミックで学校における対面指導が困難になり、二〇二一年には二億人以上の子ども・若者が学校に通えなくなった。翌年に開催された国連の「教育変革サミット」では、学校にアクセスできる富裕層とそれができない人々との間の分断がさらに拡大することへの危惧が示され、教育が果たす役割の大きさが改めて確認されている。今後の取り組みのなかで、ノンフォーマル教育に改めて光が当てられることが予想される。

コラム19　カンボジアにおけるノンフォーマル教育の光と影

カンボジアには二種類のノンフォーマル教育がある。教育青年スポーツ省ノンフォーマル教育局が管轄する「正規のノンフォーマル教育」と、ノンフォーマル教育局の管轄外の「非正規のノンフォーマル教育」で、後者は認可も認証も公式にはされていない。

カンボジアのノンフォーマル教育といえば、日本ユネスコ協会連盟が展開してきた「世界寺子屋運動」や「コミュニティ・ラーニング・センター（ＣＬＣ）」が有名だが（133ページ参照）、これらはノンフォーマル教育局との連携による正規のノンフォーマル教育である。これら正規のものには、学校教育から疎外されがちな子どもや若者に識字教育や職業訓練の機会を提供するものや、一旦学校を離れた子どもを学校に戻す再入学プログラム、イクイバレンシー・プログラム（63ページの**コラム８**参照）などがある。

カンボジアでは、一九九〇年代中頃から教育普遍化が進むなかで、学校教育制度を補完するものとして、国際的な支援を受けつつノンフォーマル教育の制度化が進んできた。

他方、公教育はもとより、「正規のノンフォーマル教育」からもこぼれ落ちてしまう人々が自助努力で運営しているのが、ここで「非正規のノンフォーマル教育」と呼ぶものである。たとえば、カンボジアに二〇万人以上が住んでいると言われるベトナム系住民が運営する学校がある。カンボジア・ベトナム両国の外交関係上、ベトナム系住民の多くが無国籍のままカンボジア国内に居住している。そのため、少数の例外を除いて、子どもたちの多くがカンボジアの公立学校への入学を認められていない。そうした子どもたちに対して、ベトナム系の保護者たちが自らの手で運営し、基礎的な読み書き計算をベトナム語で教えているのが、カンボジア政府から認可も認証もされていない手づくりの学校である。

公的にはノンフォーマル教育として認められていないため、政府を介する国際的な支援は届かない。さらに、この学校に通っても、将来的に公立学校に編入できるわけではないし、卒業資格も得られず、公式の教育歴としてさえカウントされない。それにもかかわらず、親たちは子どもに希望を託して教育を受けさせている。

カンボジアでは、教育普遍化にともなって、公教育を支え補完する制度としての「正規のノンフォーマル教育」に光が当たり、国際的な支援を得て充実が図られてきた。その一方で、ノンフォーマル教育が制度化されていく過程で、不可避的にフォーマルなものとそうでないものの境界線が引かれ、そこからこぼれ落ちる人々が出てきた。そうした人々は、影に置かれた「見えない存在」のまま、自助努力によって何とか教育を紡いでいくしかない。

「正規のノンフォーマル教育」の陰で、公教育の補完や下位互換に留まらず、多様な教育ニーズに柔軟に対応する・せざるをえない「非正規のノンフォーマル教育」が展開されるのである。こうした「非正規のノンフォーマル教育」の存在は、制度化にともなう境界線の問題と同時に、教育という営みがもつ意味について、誰にとっての教育が誰によって定められているのか、正規の教育とは何か、など重要な問いを私たちに投げかけてくる。

（荻巣崇世）

3 成人識字教育から地域づくりへ

かつてアフリカや南アジア、中南米の一部の国では、成人識字率（一五歳以上で読み書きができる者の比率）は低かったが、ＥＦＡからＭＤＧｓ、そしてＳＤＧｓへと続く国際イニシアチブの展開にともなって、今は成人識字率が五〇パーセントに満たない国はアフリカの一部とアフガニスタンのみとなった。しかし、男女差はまだ残っており、女性の識字率はなかなか伸びない。初等教育が普及すれば成人識字率は向上するはずなのだが、十分な成果が上がっていないのだ。こうした状況のなかで、成人を対象とするノンフォーマルな識字教育には大きな期待が寄せられている。

一般的に「識字（literacy）」は、読み書き計算能力（３Ｒｓ）を指す。そうした能力をもたない場合、たとえば買い物で釣り銭をごまかされたり、自分がつくった農作物を業者に買い叩かれたり、給料の額が不当に低いことに気付かなかったりする。病気のとき、医者に自分の病状を説明するのに適切な語彙や表現を使いこなせず、状態を正確に伝えられなかったり、文字を読めないために薬の摂取量が正確に分からず、過剰摂取などによって命を危険にさらし、個人や家族の健康問題に直結することもある。あるいは、自分の名前が書けなければ、社会保障を受ける機会や、選挙で投票するといった社会参加の機会を逃すことにもなる。読み書き能力があることを前提としてつくりあげられた社会では、非識字者は社会の周辺に追いやられたり、他の者から搾取されたりする危険性が高くなるのだ。

初等教育を修了することによって識字の基礎が習得されると言えるが、途上国においては常にその機会が保障されているわけではない。ユネスコが毎年出版するモニタリングレポート（UNESCO［2021a］）によると、ＳＤＧｓの指標に即した成人識字率は八七パーセントになったが、まだ七億七三〇〇万人が識字能力をもちあわせていない。二〇二〇年の八一パーセントに比べると改善されたが、これは通学できなかった大人が学ぶ機会を得たのではなく、通学できた子どもが大人になったためである。また、非識字者のうち約三分の二が女性である。さらにコロナ禍では学校教育への資源配分が優先され、成人識字教育の取り組みは後回しとされがちであった。

もちろん、最低限の読み書き計算ができさえすれば、充実した生活を送ることができるというわけではない。ユネスコは３Ｒｓに加えて、より豊かな生活を送るために必要な知識・知恵・技能を身につけることを含む概念として「機能的識字（functional literary）」を提唱している。万人の権利として保障されるべき識字とは、日常生活を送るうえで必要な知識・知恵・技能であり、文字や言葉で示される事柄を文脈に応じて解釈する能力、現状を把握する能力、問題解決・批判的思考力である。

一九八七年の国連総会で一九九〇年を「国際識字年」とすることが決議されると、ユネスコは学校教育と識字教育をＥＦＡの理念のもとで一本化することを試みた。二〇〇三年から二〇一二年までが「国連識字の一〇年」に指定され、国際的な取り組みの一層の推進が目指されたが、世界銀行などは初等教育の拡充に重点を置くようになり、成人非識字者に対する識字教育活動の政策的な優先順位は今も低いままである。そのなかで、現場では、ユネスコ地域事務所やＮＧＯ、それらと協働する途上国政府内の担当部局が実践を支援してきた（**コラム20**参照）。

今日のユネスコは、生涯学習の概念を用いながら、識字教育やコミュニティ開発のすそ野を拡げようとしている。一九九〇年代後半、日本政府やノルウェー政府の信託基金によって「コミュニティ・ラーニング・センター（ＣＬＣ）プロジェクト」が開始された。

ＣＬＣとは、多様な学習機会を提供するために政府やＮＧＯ、民間セクターなどの支援を受けて地元住民が運営する組織で、識字教育や基礎教育に加えて、職業訓練など国や地域のニーズや実情に即した活動を行っている。ＣＬＣの活動の目的は、地域社会におけるあらゆる世代の人々の生涯学習を通して、個人の能力を高め、地域社会の発展を促進することにある。とりわけ、教育機会に恵まれなかった子どもたちや若者、女性、高齢者が対象者と見なされている。

ユネスコのウェブサイトによると、二〇二三年現在、アジア太平洋地域を中心に二四か国で約一七万か所のＣＬＣが活動を展開している。さらに、ＣＬＣとして認証を受けていなくても、何らかのきっかけで地元住民が集まって活動を開始した「自主ＣＬＣ」も多い。

コラム20 ユネスコにおけるノンフォーマル教育への取り組み

ユネスコは、EFAおよび生涯学習を推進するにあたって主に学ぶ権利を重視してきたが、必ずしも大規模な国際協力事業へとつなげることはできなかった。一方、世界銀行などの開発援助機関は、教育への投資を重視し、成果の見えやすい学校教育への支援を重視するようになった。とくに、EFAにおけるノンフォーマル教育関連の具体的目標が成人識字率の向上であるため、国際協力においては「ノンフォーマル教育イコール識字教育」という限定的なとらえ方となり、学校に比べて施設、教員、教材が質・量ともに脆弱な識字事業に対する投資効果がはっきりせず、援助機関のノンフォーマル教育離れに拍車をかけた。

こうした流れに対して、ノンフォーマル教育の質を一定に保つため、学校と同等の資格を得られるイクイバレンシー（equivalency）制度を導入する国が増えてきている（63ページの**コラム8**参照）。これまで、ノンフォーマル教育のコースを修了しても、習得した知識や技術が公的に認められない場合がほとんどであった。資格取得を具体的な目的とすることで、学習者の意欲と学習成果を高めることができるとともに、公的な制度づくりに対する政府や援助機関からの支援も得やすくなる。

ただ、イクイバレンシーの導入には、学習内容を教科とともに生活技術や職業技術と組み合わせたものにすること、それらのプログラムを供給する組織を認定する制度の確立、教員資格をもった者の任用と養成、そして学習の評価と証明書の発行など、多くの作業が必要である。

資格取得を目指した学習と並んでノンフォーマル教育には、人々が自発的、自主的に生活課題や地域課題を見つけ、議論、解決のための行動を促す学習活動を支援するという役割がある。住民参加による学校外施設として、一九九〇年代後半からＣＬＣがアジアの国々を中心に広まってきた。

二〇一九年現在、タイには七四〇〇館、インドネシアには六〇〇〇館を超えるＣＬＣが設置されている。ＣＬＣは日本の公民館と同様、教育施設であると同時に職業訓練や地域振興の役割を果たしているほか、住民の社交の場にもなっている。

戦後七〇年以上の歴史をもつ公民館の制度と実践を学びたいというアジアのノンフォーマル

職能証書カリキュラム（前期中等レベル）の修了証を
誇らしげに見せてくれた青年（タイ）

教育関係者と、「地域づくり」を通した公民館活性化を考える社会教育関係者らによる交流が二〇〇〇年代より行われるようになった。私がユネスコに勤務していた当時は、地域のつながりを基盤としたCLCは、アジア特有の取り組みと見なされていた。しかし近年、ユネスコとドイツ成人教育協会（DW International）が共同でアジアとアフリカのCLC交流事業を進めるといった拡がりをみせている。二〇二二年七月にモロッコで開かれた第七回国際成人教育会議（CONFINTEA VII）の成果文書にも、CLCの設置が提言されている。

ノンフォーマル教育は、識字教育だけでなく、学校教育と同等の資格取得や、生活課題や地域課題への取り組みを支援する活動など扱う範囲が広く、制度化するのは容易なことではない。また、制度化されても地域の多様性や時代の変化にともなう新しい課題に柔軟に対処する必要があるので困難も多いが、それだけに醍醐味のある教育分野である。持続可能な社会に向けた教育を考える場合、学校において児童生徒が教室で学ぶだけでなく、社会のさまざまな場所や機会が連携した形で、世代を越えた学びの環境を整えることが必要である。

（大安喜一）

4 地域の文化に根差した教育をつくる

途上国の教育開発においては、学校教育が普及していない地域での学校建設が優先されがちであり、結果として、その土地に根付いていた伝統的な教育が非効率なものと見なされ、相対的に軽視されるようになる事態も見られる。初等教育の完全普及を目指して実施されている教育開発が、各地の伝統的な人づくりの価値をおとしめ、西洋社会への憧れを増長する効果をもち、途上国に対する先進国の優位性を高めているのではないかという指摘もある。

この点を考える際には、途上国側に複雑な国内事情がありうることにも留意する必要があろう。たとえば、日本政府の国際協力は途上国政府からの要請を受けて現地で展開されているが、途上国政府が特定の地域や民族の文化を軽視している場合は結果的にそれを支持することになりうる。政府以外であっても、善意ではじめた小さな規模の国際協力が、日本の学校や方針を模倣して学校建設や教科書導入を推し進めることになり、現地の人づくりの様式を大きく変えてしまうこともありうる。

だからといって、初等教育の普及や識字教育に取り組む教育開発を否定することはできない。とりわけノンフォーマル教育の現場では、読み書き計算といった基礎的な能力の獲得や、個人の技能習得といった教育成果だけでなく、集団のなかで学習を繰り返すことによって所属意識や自尊心を高め、それが地域社会の発展へとつながっていくことも少なくない（**コラム21**参照）。初等教育や識字教育の場で行われる対話や思考が、日常生活の困難と向きあう意識を生む契機となったりすることもある。一九六〇年代にブラジル北東部でパウロ・フレイレが開始した識字教育（**コラム22**参照）は、まさしくこれを実践したものであった。

かつて、途上国独自の歴史と文化に立脚した教育を論じたガンディー[1]やタゴール[2]らは、とくに母語を学ぶことを重要視していた。民族解放運動に取り組む人々が自分たちの独自の歴史や文化を重視し、それらを原動力としてきたことには重要な意味がある。現在も、開発という課題に対して、各地に根付いた伝統的な生活と、そこでの人づくりの様式にもとづいた教育によってアプローチする試みが存在する（**コラム23**参照）。

近代的な学校教育が地域にもたらすメリットは少なくないだろうが、初等教育が普及し、子どもたちが近代学校で教えられる文化のみを内面化して成長することになれば、地域で継承されてきた生活文化は軽視され、やがては廃れてしまうかもしれない。そのことに敏感に気付いた人々が、それぞれの文化に根差した人づくりの様式をもとに、近代学校とは異なる教育をつくり出しているのである。

ここで目指されているのは近代学校教育を否定することではなく、近代化に向けた開発という目標と、地域文化を維持するという目標をともに達成することである。途上国の教育開発を考えるにあたって、こうした課題に果敢に取り組むノンフォーマル教育の実践もあるということを忘れてはならない。ノンフォーマル教育を知ることは、地域に根ざした人づくりと文化継承の可能性を見いだすことでもある。

コラム21

21世紀を生きる若者たちに必要な学び
――パキスタンにおける不就学者の事例を通して

パキスタンのノンフォーマル教育で学ぶ若者たち、と聞いてどんな姿を思い浮かべるだろうか?

「学校には一度も行ったことがないよ。でも今は、自動車の組み立て工場で月五万ルピー稼いでいる」

不就学児童や若者向けのノンフォーマル教育の学校で、彼は英語で私と会話をしている。

「どうやって英語勉強したの?」

「ネットフリックスやKポップが好きだから、そのなかで」

出稼ぎ労働者だった父の影響で、彼はサウジアラビアで生まれた。その後、パキスタンに戻ってきたが、学校に行く機会はなく、英語は得意だけど、国語のウルドゥ語は苦手だ。今、小学校四~五年生レベルだが、中学校まで終わらせると意気込んでいる。

---

(1)(Mohandas Karamchand Gandhi［マハトマ・ガンディー］1869~1948)インド独立の父とされる政治学者。非暴力・非服従による社会運動を通して、インド独立を目指すなかで国の基礎となる基礎教育の重要性を主張した。

(2)(Sir Rabindranath Tagore, 1861~1941)インドの詩人・思想家。アジア人初のノーベル賞を一九一三年に受賞している。ベンガル州に学校を設立し、植民地支配下のインドにおいて伝統文化にもとづく国民育成を目指した。

山間部にある、数年前まで部族地域だった村のノンフォーマルの学校。そこで学ぶ女の子が話してくれる。

「私の村には小学校しかなかったから、卒業後、何もすることなく四〜五年を過ごしていました。リクシャ運転手の父が出稼ぎで来ていたカラチにいたとき、村に女子中学校ができる、それも年齢を過ぎた私でも学べると聞いて、どうしても学びたくて、おじさんに懇願して一緒に村に戻ってもらって入学しました」

当時、一五歳前後だった彼女は、学ぶためにあえて山間部の村に戻ってきた。一二〇〇キロの道のりも、古い村の風習もものともせずに、自分で考えて行動したのだ。その後、妹二人も彼女に続いて戻ってきた。

パキスタンでは、五〜一八歳の子どものうち二二八〇万人が学校に通っていない。東京都の人口の約一・六倍の数となる。そのうちの七八パーセントが一〇歳以上と言われ、学齢期を過ぎているので、学ぼうと決意しても公立の学校で学ぶことができない。彼も、彼女もそんな「不就学児」と言われる若者だが、彼らと接していると、「学びたい」、「学んで自分の人生を何とかしたい」という主体的な思いや行動力に圧倒される。それは、大人たちがよくイメージする「セカンドチャンスのノンフォーマルの環境で学ぶかわいそうな子どもたち」という受け身なものとは相反している。

二〇一一年からパキスタンの連邦や州政府とJICA（国際協力機構）が協力して進めてきた

ノンフォーマル教育の制度化、とくに初等・中等教育との「イクイバレンシー」（同等性）を担保したノンフォーマル教育を通しての学習歴の認証は、政府や国際団体、市民社会団体にも広く受け入れられるようになった。年齢が上である子どもや若者が、すでに社会生活のなかで身につけている知識や経験をもとに、通常の学校教育の修業年限よりも短期間で同等のコンピテンシーを身につけることができるという、オルタナティブな学習コースについての認知も深まっていると言える。

近年では、六～八年生の三年分を一八か月で習得する前期中等のコースが承認され、とくに技術教育を含んだ「中等コース（Middle-Tech コース）」に多くの注目が集まっている。前期中等の資格とともに、国が規定する技術訓練の「レベル２」が習得できるので、終了後には、継続的に後期中等コースに行くことも、技術専門学校に進む選択肢も可能となるからだ。

また、アラマイクバル放送大学と連携したコースが二〇二三年一月から開始されているが、ここでは週三日程度の登校と、ＩＴを活用した三日の自主学習によるハイブリッド型モデルが実験的に実施されている。

しかし、こうした学校教育との同等性を確保すればするほど、見えてくる課題やアプローチへの疑問もある。たとえば、いまだに「教科」による学習能力の理解やコンピテンシーを測る学校教育型との同等性を目指しているかぎり、学習環境面でも、経済的なバックグラウンドでも劣っているノンフォーマル教育の子どもや若者は、いつまでたっても学校教育で学ぶ子どもたちに追いつけない可能性が高い。とくに教科が難しくなってくる中学校レベルにおいては、それが顕著になってくる。

さらに、職業訓練による技術の習得で経済的な安定を目指すとしても、資金と時間をかけることができないノンフォーマル教育においては、習得するスキルも「単純労働」と呼ばれる職種に傾きがちとなる。アメリカの職業の約半数が一〇〜二〇年後には機械に取って代わられると言われたのは二〇一四年だったが、それから一〇年、まさにAI技術が発展し、グローバル化が進むなかで、それが現実的なものとなりつつある。そのなかで、従来の学歴や職業訓練だけでは、貧困や社会的な脆弱層に属する子ども・若者を単純労働という枠に押し込めることになる。結果として、将来の職や生活の不安定につながることに、ノンフォーマル教育が加担する可能性も否定できない。

一方で、学校を出てもその後社会に出て仕事をしていく能力が身についていないという問題意識から、近年注目されているのが「二一世紀型スキル」である。コロナ禍など先の読めないことが起こる社会の変化のなかで、子どもや若者が生き抜いていくために必要な能力は大きく変わり、習得するべきスキルも学校の「教科」には収まらなくなっている。

そこで挙げられているのは、①困難な局面での問題解決能力、意思決定能力などの「思考の方法」、②「仕事のツール」として必須の情報とITリテラシースキル、③「働く方法」として大切なコミュニケーション力やチームワーク、そして④「社会のなかで生き抜く力」として国際社会と地域での市民性、人生とキャリア形成への主体性を育むことの重要性だ。

この二一世紀型スキルのレンズで、前述したノンフォーマルで学ぶ若者たちを見れば、③の働く方法と④の社会のなかで生き抜く力の一部を彼らがすでに習得していることは一目瞭然だ。なにせ、すでに社会に出ていて、そのなかで生きる力を身につけているからだ。さらに、①の「思考の方法」も、困難に立ち向かう日々を送っている彼らはすでに潜在的にもっていて、論理的思考や創造力をつける方法を身につけることでそれが開花されるというのは容易に想像できる。あとは、②の情報リテラシースキルを身につければいいだけだ。

そのためには、まず教育を提供する側が、「学校教育を主流と考える」呪縛から放たれて、不就学の子どもや若者がもっているものを生かし、その能力を社会的に承認し、認証するような教育制度を構築する方向に舵を切らなければいけない。すでに、その時期に来ていると言える。

（**大橋知穂**）

コラム22　ブラジル教育の功労者パウロ・フレイレ

二億を超える人口と豊かな資源に恵まれたブラジルは、南米最大の経済大国である同時に、世界でもっとも富の分布が不平等な国の一つでもある。貧富の差は、受けられる教育の機会や質に大きな隔たりを生む。それゆえブラジルは、深刻な教育格差を抱え続けている。

そのブラジルにおいて、「ブラジル教育のパトロン（功労者）」であると正式に法律で認められた教育者がいる。その名を、パウロ・フレイレ（Paulo Freire、1921～1997）と言う。フレイレは、貧困にあえぐ農民の非識字者に読み書きを教える識字教育実践を行い、「教育は抑圧された状況から個人を解放する手段であり、人々が世界を批判的に読む能力を身につけることによって現実を変えることができる」という教育思想で国際的に高く評価されている教育者である。彼の主著『被抑圧者の教育学』は、今も世界中で読み継がれている。

フレイレが登場する以前のブラジルの成人識字教育は、子どもに対して教えるのと同じように大人にも丸暗記させて教え込もうとする方法が当たり前で、授業についていけない多くの者は脱落していき、成人の非識字者に文字の読み書きを習得させるのは至難の業であった。そして、識字教育の成果が出ないのは非識字者が無能だからだという見方は、世間一般に、そして非識字者自身にさえも無意識下に刻まれていた。

そのような風潮に抗ったのがパウロ・フレイレであった。一九六三年に北東部の内陸にあるアンジコス市でフレイレが率いた識字プロジェクトは、仕事が終わったあとの地元のサトウキビ農民に一日一時間ずつ教えていくもので、最終的には、わずか四〇時間で三〇〇人の農民に文字の読み書きを習得させた。その圧倒的短時間での驚異的な成功は、国内で大きく取り上げられ、プロジェクトの閉会式に当時の大統領が出席し、称賛を贈るほどであった。

アンジコスでの実践でも使われたフレイレの教授法は、実に革新的であった。従来の教え方であれば「Eva viu a uva.（エバはブドウを見た）」という文をただ読めるようにするだけであったが、フレイレはそれでは不十分で、エバは社会的文脈のなかでどのような位置を占めているのか、誰がブドウを生産するために働き、誰がこの仕事から利益を得ているのかを理解する必要がある、と指摘した。

つまり、文字の読み書きと同時に、言葉を学習者の経験や知識、置かれている社会的文脈のなかで理解していくことが必要であると考えたわけである。だからフレイレは、学習者と教師の対話を重視し、彼らの置かれた社会現実を理解するためにカギとなる基本の語彙（生成語）を慎重に選んだ。たとえば、農民の学習者たちは、仕事に関連する語として鍬や土、収穫などの言葉を学び、自分の仕事に関連する社会問題について議論しながら、そこからさらに新しい語彙を身につけていった。

このフレイレの教授法の根底には「愛」がある。彼は世間の「非識字者は無能な存在」という考えを否定し、一人ひとりの人生経験と知識、個性に敬意を示した。そして、貧しい人々自身が自分は何もできない存在と思い込み、社会の周縁に追いやられていても何かを変えようと声すら上げないのは、彼らが抑圧され、搾取され、文字を奪われて、歴史のなかで物言わぬ立場に置かれる「沈黙の文化」に埋没させられているからだと考えた。

この「沈黙の文化」を克服する過程としてフレイレは、「意識化」の重要性を説いた。「意識化」とは、人々が人間性を取り戻す「人間化」の過程であり、抑圧された現実を批判的に認識し、さらにその現実を変革していこうとする意志を取り戻す過程である。

この「意識化」を可能にする教育は、従来の丸暗記させる詰め込み型の教育ではない。フレイレは、詰め込み型の伝統的な教育を、空の銀行口座に預金するかのように教師が知識を一方的に学習者に注入する「銀行型教育」であると批判した。この銀行型教育に対し、フレイレが「真の教育」として理想としたのが「課題提起型教育」である。水平・対等な関係で教師と学習者が対話を重ねることが重要であり、教師は学習者の考えと経験を共有しながら、それにもとづいた教育内容の精緻化に努めるのである。課題提起型教育を通して、学習者は現実を客観視し、構造的な社会矛盾への気付きや変革の必要性を意識していくようになる。

このようなフレイレの教育理論は、今でも多くの教育実践のベースになっている。たとえば、筆者がブラジリアで見学した地域の識字教室の授業では、バス料金の値上げをテーマに「なぜ値上げをしなければならないのか」、「値上げで困る／困らないのは誰か」など議論をし、「バス」、

フレイレの説く「水平な関係」での「対話」を目指して全体で討議する学習者たち

「料金」、「値上げ」などの単語を使った作文学習を行っていた。途中で五〇代男性の学習者が、「どうしてそうなるのかを知るためにも新聞を読みたいし、読まなきゃいけない。だから、今勉強しているんだ」と発言した。実践にフレイレの精神が根付いていることが分かる。

ただし、フレイレもすべての人に受け入れられているわけではない。ブラジル国内では、フレイレは、生存中から死してなお現在に至るまで、彼の政治性を理由として、一部の保守派から強い批判を浴びている。しかし、より良い未来を望み、教育に希望を託すフレイレの情熱は、教育に携わる人々の心に今も引き継がれている。

（二井紀美子）

コラム23　ケニア牧畜民サンブル社会における保育プログラム

ケニア共和国北部に位置するサンブル（Samburu）・カウンティでは、人口の大半を「サンブル」と呼ばれる人々が占めている。ケニアは約四〇の民族から構成される多民族国家であり、サンブルは総人口の一パーセントに満たない少数民族である。サンブル・カウンティは半乾燥地域に属し降雨量が少なく不安定なので、六〇パーセント以上が牧畜業で生計を立てている。そこで行われているのが「ナイトゥブル（Naitubulu）・プログラム」で、〇〜三歳児に保育の場を提供している。ちなみに、ナイトゥブルはサンブル語で「成長」を意味する。

ナイトゥブルは、一九九七年、サンブル・カウンティのバラゴイで活動するNGO「El-barta

Child's Family Program：CFP」によってはじめられた。当時、バラゴイではサンブルとトゥルカナの間で家畜略奪闘争が頻発し、親世代は食糧を探しに遠出することを余儀なくされた。その間、置き去りにされる子どもたちの面倒を見ることを目的としてナイトゥブルははじまった。

プログラムは月曜から金曜の午前八時から午後一時まで、地域のおばあさんが先生役を務め、有償ボランティアとして子どもたちの面倒を見る。敷地内には、草葺で四角い形の小教室や丸型の小さな昼寝用の家々、炊事場が囲いに沿って並び、中心には砂場、シーソー、ハシゴなど外来の遊具が置かれている。決まったカリキュラムはなく、おばあさんから物語や詩を聞き、遊び疲れたら家の中で昼寝をする。昼にはトウモロコシのお粥を食べ、午後一時ごろに帰宅する。

放牧の様子

ＣＦＰのニュースレターによれば、ナイトゥブルはサンブルの「伝統的な」子育てをもとにして構成されている。誕生後すぐにサンブルの子どもたちは、牧畜民の生活に適応できるように育てはじめられる。食事、遊び、歌、物語、手伝いを通して、自分たちの家族や家畜、サンブル社会について教えられるのだ。ナイトゥブルでも、サンブルでの善悪の価値観、過去の出来事や社

ナイトゥブル・プログラムの炊事場

給食を食べる子どもたち

会構成について物語や詩、歌などを通して聞き、ままごとや泥遊びを通して放牧や家事の真似事をするといった「伝統的な」子育ての要素が取り入れられている。

この背景には、CFPスタッフがサンブルの口頭伝承を重要視していることが挙げられる。スタッフの多くは大学・専門学校卒など高学歴の地元出身者であるが、彼らは就学児童数の増加にともなって、子どもたちが親や祖父母と接する機会が減り、学校では教えられないサンブルの文化がなくなってしまうのではないかと感じていた。そして、博物館、野生果実の栽培、口頭伝承を集めた教科書づくりなどサンブル固有のものを保存、記録し、再評価しようとしている。

自文化の肯定につながるこうした活動の一環として、彼らがサンブルの物語や詩、遊びなどをナイトゥブルに取り入れたことは不思議ではない。

おばあさんは、サンブルの物語や詩、遊びなどについてもっとも豊富な知識をもっている。また、おばあさんは子どもたちにとっては身近な存在でもある。ほかのケニア社会でも、隣接世代は一定の距離をとって尊敬しあう「忌避関係」にあり、同世代、または一つ離れた世代は冗談や中傷を言いあえる「冗談関係」にあることが指摘されているが（松園［一九九一］）、サンブル社会でも、一つ離れた世代であるおばあさんと子どもの関係はより柔和なものとなっている。また、子どもたちはおばあさんに対して敬意をもちつつも、より双方向的なケアの関係が存在している。

たとえば、五歳くらいの子どもが目の見えないおばあさんを助けるために彼女の小屋で一緒に住むこともあり、おばあさんが子どもたちをケアするのと同時に、子どもたちもおばあさんを助けているのである。おばあさんには口頭伝承が期待されているが、実際には、おばあさんがいることで日常生活と変わらない雰囲気がつくり出され、子どもがくつろげる場所となっている。

つまり、ナイトゥブルは、幼稚園以降の学校のように制服を着て勉強をする場所ではなく、「伝統的な」子育てのように、牧畜民としての思考育成や知識の獲得を望まれる場所でもない。おばあさんと同年齢集団というくつろげる遊び相手とともに、より和やかな空間が形成されている。また、子どもたちや親たちにとっては、お粥の無料配給もプログラムへの一つの誘引になっている。子どもをプログラムに送るときに「ほら、お粥食べに行かなきゃ」と言う親がいることからも、給食のもつ意味の大きさがうかがえる。加えて、給食は栄養面の補助にもなっており、プログラムの一つの成果として挙げられる。

以上のようにナイトゥブルは、母親たちの日常生活を支援する場であり、「伝統的な」子育ての要素が伝えられる場であり、おばあさんと子どもたちが互いにケアし合う関係を構築する場であり、栄養状態を改善できる場となっている。また、CFPスタッフや幼稚園教員は幼稚園以降の学校への順応を容易にするという付随効果も見いだしている。それを意識してか、学校教育経験のある先生を迎えて、ケニアの国語であるスワヒリ語の歌を教えているプログラムもある。

ナイトゥブルは自文化により近いプログラムとしてサンブルの人々に受け入れられてきたが、今後、学校教育への接続機関としての性格が強くなっていくことも予想される。そうなれば、人々や子どもたちとプログラムとの関係性も変化していくだろう。

（**藤田明香**）

第6章

多文化社会の課題とノンフォーマル教育

移民女性が学ぶクラス（スウェーデン）

1 多文化社会における言語と文化

さまざまな発達文化が混じりあって存在する多民族・多文化社会では、教育をめぐる課題が多い。その一つに言語の問題がある。学校においては公用語が教授言語とされることが多く、公用語を母語としない子どもたちの負担は大きい。また、少数者の民族語を教える機会が減少しつつあり、民族文化が衰退していくことも懸念されている。

たとえば、ウルドゥ語、パンジャビ語、シンド語などの言語が話されているパキスタンではウルドゥ語が国語として位置づけられているが、かつてイギリスの植民地だったことの影響が今なお残っており、英語が公用語とされている。そのため、法令や公文書は英語で書かれている。初等・中等段階の学校における教授言語は基本的にはウルドゥ語だが、(シンド州ではシンド語も使われる)、元来ウルドゥ語を母語とする人が少なく、それが基礎学力の不足や中退の原因の一つにもなっている。また、グローバル化が進むなかで英語のニーズが高まり、公立学校でも中学校段階から教授言語を英語とする学校もある。母語による文化やアイデンティティの消失とともに、国語としてのウルドゥ語が危機に瀕しているのが現状である。

フィリピンでは一八〇以上の言語が話されているが、公立学校における教授言語は公用語であるフィリピノ語(タガログ語)で、各民族の母語は主に家庭で教えられてきた。だが、学校での勉強を優先する傾向が強まると、それも次第に難しくなる。たとえば、フィリピン中部の山岳地帯に暮らすマンギャン族は今でも独自の民族文字をもつ数少ない民族の一つだが、家庭で文字を教えられる親が減ったため、一九六〇年代に国外からの支援を得て独自の教育センターを設立し、そこでマンギャン文字を教えるようになった。やがてその重要性が認められ、現在では地域内の複数の公立学校のカリキュラムに組み込まれるに至っている。

マンギャンのように、文化的アイデンティティへの切実な思いに支えられたノンフォーマル教育がやがて行政的な支援を得てフォーマルな学校教育に導入されていった事例は、世界各地にいくつも見られる。たとえばスペインでは、カタルーニャやバスクにおける独自の言語が長い抑圧を乗り越えて自治州における公用語としての認可を獲得し、公教育での教授言語として用いられるようになった。中国語を国語とする台湾においても、一九八〇年代に言語復興運動が起こり、台湾語やそのほかの先住民族言語を学ぶための教室やサークルがつくられるようになった。現在、これらの言語は公立の初等中等学校でも教えられている。

言語復興運動は日本にも存在する。沖縄では、琉球諸島の全域で話されてきた琉球語（しまくとぅば）を維持しようとする活動が起こり、教材作成や琉球語継承活動に対する行政支援がはじまっている。北海道の先住民族であるアイヌの人々も、セミナーや展示、図書館やミュージアムの設立など、文化的権利の回復のための地道な取り組みを数十年にわたって続けており、近年は文化振興のための法律も制定されているが、かつての同化政策によって奪われた権利や尊厳を回復し、差別を解消するにはまだ多くの課題がある。

マイノリティとして暮らす先住民族や少数民族の人々にとって、言語や文化の維持・復興は容易ではない。危機にある言語や文化が生き残れるか否かは、人々が、とくに子どもと若者が、それを学び使い続けることを望むかどうかにかかっている（**コラム24・25**参照）。

コラム24　ノルウェーの先住民族サーメの教育

北欧には、サーメ（Sámi）という先住民族がいる。現在、ノルウェー、スウェーデン、フィンランド、そしてロシアのコラ半島の一部に居住し、四つの国の先住民族として認められている。スカンジナビア半島北部の北極圏以北を中心とした「サプミ（Sápmi）」という地域を中心に、極寒の自然のなかで生き抜いてきた狩猟採集民だ。九世紀頃から、北極圏に多く生息していたトナカイを飼育するようになり、現在でも、サーメというとトナカイ放牧を行う者のイメージが強い。彼らの言語であるサーメ語は、もともとはトナカイや自然を表現する言葉を実に多く含んだ話し言葉であった。

サーメも、ほかの先住民族と同様に、当該諸国からの侵略や同化政策によって自らの言語や文化、アイデンティティを失っていった。しかし、戦後の復興とともに自由と平等を理念として福祉国家を目指した北欧諸国は、経緯や内容に多少の違いがありながらも、先住民族サーメに対する権利保障や教育制度の整備を推し進めていった。

スウェーデンでは、北部のラップランド地方にサーメ教育を行う公立のサーメ小学校が五校ある。だが、それ以外では、学校でサーメ語を学ぶ機会はほとんどなく、学校制度内で民族教育が十分に保障されているとは言えない。そのため、サーメの文化継承は草の根的なノンフォーマル教育が中心となっている。その一つとして、ウメオ（Umeå）市にあるサーメ・カフェ「トラーピー（Tráhppie）」で行われているウメ・サーメ協会の活動がある。

カフェ「トラーピー」は、二〇一三年にオープンして以来、サーメ語講座、伝統的な咽頭歌のヨイクを学ぶクラス、コーヒーを飲みながらサーメの手工芸「ドゥオッジ」を一緒に制作するサークル、若者たちの会など、幅広い年齢層に向けたさまざまな文化継承活動を行っている。現在、サーメ以外の会員も含め約一五〇名が何らかの活動に参加しているという。

カフェは一般の人にも解放されており、誰でもサーメ料理やサーメ音楽などの文化が楽しめる空間となっている。シーズンには多くの観光客も訪れ、文化継承だけではなくサーメ文化の発信地ともなっている。

他方、ノルウェーでは、サーメの生徒のための特別な「サーメ・ナショナル・カリキュラム」が導入され、フォーマル教育にサーメ教育がしっかりと組み込まれている。それにより、サーメ語を第一言語として流暢に話し、「サーメであることを誇りに思う」と公言する新しい世代の若者たちも現れている。この点では、サーメ語・サーメ文化は復興してきていると言えよう。

とはいっても、サーメの文化継承はフォーマル教育にそもそもなじまないものを多く含んでいる。たとえば、季節ごとに数日間トナカイ放牧地で過ごすフィールドキャンプやトナカイ飼育にかかわる作業体験、トナカイの皮革や角を扱った伝統的な工芸方法である「ドゥオッジ」の制作などといった、先住民族の独特な文化教育プログラムである。このような活動のスケジュールはフォーマル教育の時間割には収まらず、トナカイの行動や自然の天候などによって左右されるため、かなり流動的なものとなっている。

また、プログラムには、教員資格のあるサーメ教師だけではなく、トナカイ飼育者や経験豊かな年配者、ドゥオッジの技術に長けた者など、地域のサーメ住民たちも多く参加し、必要に応じて生徒たちに教育を行っている。

このようなノンフォーマルなプログラムのなかで、生徒たちは自然にサーメ語や独特なサーメの自然観、精神文化などを身につけていく。

（長谷川紀子）

トナカイ飼育業の家族を訪問して作業を手伝う生徒たち

コラム25　東北チベットにおける言語復興運動

二〇〇八年以降、中国・青海省を中心とする東北チベットでは、学校教育の外でチベット語を教える活動が盛んに行われている。「言語復興運動」とも呼ばれるこの校外教育は、チベット各地でさまざまな個人や団体によって支えられている。そのなかでもっとも注目を集めているのは、青海省の化隆回族《かりゅうかいぞく》自治県を中心に活動するチベット族の大学生ボランティア団体である。

化隆回族自治県がある海東《かいとう》市は、青海省では漢族と回族がもっとも集中する地域の一つで、圧倒的な漢語社会である。漢語の影響を受け、日常的に漢語を操るチベット族も多く、チベット社会ではそれを「漢化」と認識することが多い。また、チベット語の教育がまったく保障されない小学校も多く、中学や高校で初めて母語教育を受ける学生も少なくない。

こうした不十分なチベット語の教育は、彼らの高校進学や大学進学にも影響を与えていると言われている。この状況を改善するために、二〇〇八年から大学生ボランティア団体が積極的にこの周辺で活動を展開してきた。

大学生たちは学校の長期休暇を利用し、毎年七〇人から一〇〇人の規模で、年二回、それぞれ三〇日前後、五〇以上の村で言語復興運動を行っている。小中学生を主な対象として、民族学校の教科書を用いてチベット語の教育を徹底している。活動の初期は教室もなく、住民の家や村の宗教施設で行い、青空教室もあった。

その後、村人たちが机と椅子を用意し、簡易な教室を整備する村が増えはじめた。もともとは青海民族大学の学生たちがはじめた活動だが、その後、各地の大学生が参加するようになり、甘粛省《かんしゅくしょう》や四川省《しせんしょう》からやって来るボランティアもいる。

教育資源が乏しい農村地域での教育と同様の活動は、都市部でも行われている。

教育と経済の発展により、都市部に移住するチベット族が増加しており、流動人口を含めて約二五万人のチベット族が省都である西寧市《せいねいし》で生活を営んでいる。地方には民族学校があるのに対し、都市部では民族教育を提供する学校がなく、親元を離れて地方の民族学校に行くか、一般の学校に行くかの選択を迫られる。都市部の学校では民族言語と文化に触れる機会はほとんどなく、母語がうまく話せない子どもが少なくない。近年、こうした都市部の子どもたちに民族教育を受けさせるために、さまざまな塾や週末学校が増加している。その一つが「ケサンメトゥ文化教育学校」である。

ケサンメトゥ文化教育学校の前で民族衣装を着る学生たち
（写真提供：ケンペル氏）

ケサンメトゥ文化教育学校は制度上は民営学校になるが、小規模な塾に類似した施設である。チベット族が集住する団地に位置し、五人の専任教師とチベットの楽器や絵画などを教える六人の兼任教師がいる。なかには、定年退職した元教員のボランティアもいる。

事務室や教室には民族文化の飾り物が多く、教室の入り口では、チベット文字をつくった大臣トンミの絵を壁一面に描いており、文字や宗教人物、チベットの文化都市ラサなどの図画も飾っている。これらは、チベット文化のシンボリックなものを無意識に植え付けるものである。

塾に類似した施設とはいえ、その教育活動は特殊である。平日は子どもたちが学校に通うため、チベット語や仏教を学ぼうとする他民族の成人たちにチベット語を教えることで収入を得ていた。週末や長期休暇中にはチベット族の子ども向けのカリキュラムを用意し、低料金で提供している。さらに、団地の幼稚園に通うチベット族の子どもたちは、放課後ケサンメトゥ学校前の広場に集まり、年寄りや事務所のスタッフと何気ない会話を交えながら遊んで時間を過ごしている。

チベット語教室の子どもたち（筆者撮影）

週末、学校は団地内の子どもたちの居場所となり、意識的、無意識的に日常のなかで民族性に触れる場所になっている。

多くの人にとって、母語とは空気のようなもので、自然に覚えて話し、それを共有する集団に帰属意識をもつようになる。チベット社会では、チベット語がうまく話せない人を、「羊でも山羊でもない類」と差別したり排除したりすることもある。その意味で、チベットにおける言語復興運動は、「チベットらしさ」を取り戻すための重要な教育の場なのである。（シャオランカ）

2 移民の母語と母文化

移民を多く受け入れている国においても、教育における言語の問題は顕在化している。移民の子どもは移住した国の言語を新たに学ばなくてはならないし、移住先の国で生まれた子どもであっても、家庭では学校での教授言語と異なる言語を話すことが多いため、複数の言語への対応が迫られる。ＯＥＣＤによる調査では、このような状況が学力面で不利に働く傾向があることが明らかになっている（ＯＥＣＤ［二〇〇六＝二〇〇七］）。ＥＵではこうした調査結果を受けて、教育達成水準の低い人や十分な学校教育を受けてこなかった人に対して、教育制度の内外でさまざまな学習機会を提供する努力が進められている。

日本においても外国人の数は増え続けており、公立学校に通う外国出身の子どもが少なくない。だが、日本語教育や母語教育を十分に行うことは難しく、文化の壁や人間関係の困難もあって就学しにくいのが現状である。また、子どもが日本の国民教育を受けることによって、母文化が継承されなくなることを懸念する親もいる。そのような人々が、自分たちの文化にもとづいた教育の場を求めて、非正規の教育機関である外国人学校やインターナショナルスクールをつくりあげてきた（第３章第５節参照）。ミッション系のインターナショナルスクールや中華学校は一九世紀後半から存在する。

外国出身の子どもの教育にとって、制度の外で営まれる外国人学校は重要な役割を果たしている。日本語が分からない子どもたちは公立学校の授業についていけず、差別や偏見にさらされることもあり、クラスメイトとの意思疎通も難しいが、同じ国から来た子どもが集まる学校でなら伸び伸びと楽しく勉強ができる。子どもに母語や母国の文化を受け継いでほしいと願う親たちの期待も大きい。だが、外国人学校の多くは、親たちが負担する月数万円の授業料を頼りにギリギリの経営をしている。経済不況の影響を受けて外国人労働者の雇用が削減されるなか高い授業料が払えずに退学する子どもが増え、閉鎖に追い込まれる学校も出てきており、いかに学校を支えていくかが課題となっている（72ページの**コラム10**参照）。

他方、移住先の国で生まれ育ち、言語の習得にはさほど困難を感じない子どもたちであっても差別や偏見に苦しめられる場合があるし、親との文化的なギャップに悩むというケースもある。

こうした子どもたちが安心して過ごせる居場所をつくり、同じ境遇の子ども同士のネットワークを構築する取り組みも進められている（**コラム26**参照）。子どもたちにとっては、こうした居場所が自らのルーツを確認し、アイデンティティ形成の資源を得る機会となっている。教育制度の外で柔軟に運営される学びの場は、このような面でも大きな役割を果たしているのだ。

コラム26　在日フィリピン人の言語・文化継承

毎週日曜日の午後、東京都心の一角には「小さなフィリピン」が立ち現れる。子どもを連れたフィリピン人女性や夫婦、ギターを抱えたフィリピン系の若者たち。彼らがタガログ語で談笑しながら行き着く先は一つの教会である。教会といっても、そこには大聖堂があるわけでもなく、大きな十字架が掲げられているわけでもない。なんの変哲もない、白いビルがそこにはあるだけだ。

その白いビルの階段を下りていくと、大音量の音楽とともに神を称える言葉が聞こえてくる。中央に置かれた小さな十字架のもと、多くのフィリピン人がポップ調にアレンジされた英語の賛美歌に合わせ、歌って踊りながら神に賛美を捧げているのだ。なかには、涙を流しながら感謝の言葉を述べている人もいる。

礼拝が終わると、信者たちは仲のよい人たち同士で集まり、子どもの学校の話や仕事の話をしはじめる。タガログ語や英語、フィリピンの地方語など、さまざまな言葉がそこで飛び交う。日本にいるのか、フィリピンにいるのか、一瞬分からなくなるほどである。「教会はもうフィリピン！って感じ」、これは、日本で生まれ育ち、フィリピン人の母親をもつ子どもの言葉である。日本にいながらにしてフィリピンにいるかのような感覚を味わえる場所、それがフィリピン系のエスニック教会なのである。

日本に居住するフィリピン人の数は、中国、ベトナム、韓国・朝鮮に次いで四番目に多い（在留外国人統計二〇二三年六月末時点）。在日フィリピン人は、女性の多さとその女性と日本人の婚姻の多さ、それにともなう日比国際児（ダブル）の多さが特徴とされる。日比ダブルの場合、国籍は日本、名前も日本名となることが多い。また、家庭内言語が日本語となるため、ほとんどの子どもの第一言語は日本語となり、タガログ語を話さない子どもも多く存在する。

このように、異質性が明らかでなく、日本人と同じように扱われる子どもたちのなかには、フィリピンの言語や文化が分からず、フィリピンルーツを意識せずに育っ

フィリピン系エスニック教会の様子

ていく子どももいる。同化を強いられる日本社会のなかで、フィリピンルーツを確認する場がないことがその一因となっている。

しかし、フィリピンの言語や文化が継承される場がまったくないわけではない。そのうちの一つとなるのが冒頭で取り上げたようなフィリピン系のエスニック教会である。フィリピンは、キリスト教徒が多いことで知られており、日本に来てからも教会に熱心に通うフィリピン人が多い。実際、在日フィリピン人のニーズにこたえるため、フィリピン人向けの礼拝を行う教会も増えてきている。

集住地域をもたず、日本人家族のなかで日本人に囲まれながら暮らしているフィリピン人にとって、教会は同国人に会うことのできる数少ない場となる。ゆえに、教会は信仰の場としてのみならず、フィリピン人同士がネットワークを構築し、情報交換や悩み相談をする場、そして子どもの教育を行う場としての役割も果たしている。

冒頭で取り上げた教会でフィリピン人向けの礼拝が行われるようになったのは、一九九八年のことである。礼拝に集まるのは、五〇~六〇人ほどのフィリピン人と日本人の配偶者、そしてその子どもたちである。礼拝は英語で行われ、日本語の通訳がつくことになっている。大人が礼拝に参加している間、小学生の子どもは別部屋で行われている日曜学校に行く。日曜学校の教師となるのは、信徒のなかから選ばれた母親たちである。

日曜学校は、一般的に聖書を教えるところとされているが、この教会では英語学習にも力が入れられている。もちろん、聖書の勉強も行うが、その際に使用される言語は英語である。英語を公用語に近いものとして位置づけるフィリピンにおいて、英語能力は社会上昇のために必要不可欠なツールなのである。親たちは、子どもに英語能力を身につけ、国際的に活躍する人になってほしいと願っているが、その意向に添う形で日曜学校の学習内容は規定されている。すなわち、日曜学校は、子どもを英語話者に育てたい、キリスト教徒として育てたいという親の教育期待にこたえるものなのだ。

そして、中学校に上がると同時に、子どもは「ユースグループ」という中学生以上の若者たちで構成されているグループに入り、大人たちと一緒に礼拝に参加し、そこでバンド演奏やダンス、劇の発表を行う。ユースグループには、日比ダブルのほかに学齢期途中で親に呼び寄せられ、来日した若者たちも参加している。先述したように、日曜学校では英語が重視されているが、ユースグループでは、タガログ語を第一言語とする若者たちによってその使用が重視されている。

学齢期に来日し、日本社会で日本語一色の生活を送るかれらにとって、教会はタガログ語で自由に会話ができる唯一の場となる。そして、かれらはタガログ語が分からない日比ダブルの子どもに対し、親の言語や文化は知っておいたほうがよいとして、タガログ語やフィリピン文化を教えるようになる。このようなかかわりあいによって、日比ダブルも自分のルーツについて学ぶようになっていく。つまりかれらは、教会に通ってフィリピンで育った年長者たちと過ごすことでフィリピンの言語や文化を継承していくわけだ。

日曜学校は親のニーズによって、ユースグループは子どものニーズによって成り立っており、親世代と子世代ではそのニーズに差異があることが分かるが、いずれも日本の学校では得られないものを教会に求めているということで共通している。マジョリティとは異なるマイノリティ独自のニーズを満たすため、自らノンフォーマルな学習の場を企図する様子が見て取れるだろう。日本国民の育成を目的としている学校教育において、エスニックマイノリティの言語・文化継承などはそもそも想定されていない。それゆえ、日本の学校で日本人に同化せざるを得ない外国人の子どもたちは、さまざまな困難を抱えてしまうことになる。それぞれの子どもに、その文化背景に合わせた多様な学習機会が求められていると言えるだろう。

（三浦綾希子）

3 異文化を生きる大人への学習支援

言語や文化の壁に苦しんでいるのは子どもたちばかりではない。日本には、外国から「デカセギ」に来ている労働者をはじめとして、仕事や技能実習のために滞在している人や国際結婚で来日した人、中国残留孤児であった人、紛争地域から逃れてきた人など、多様なバックグラウンドをもつ外国出身者が暮らしている。

かつて朝鮮半島や台湾が日本の植民地であった時代に移住し、長らく日本で暮らしてきた人々のなかにも、日本語を習得する機会に恵まれなかったために読み書きができなかったり、差別や偏見に苦しんできた人がいる。生活のために働かねばならないなかで、日本語習得のための学習の時間や費用を捻出するのは難しい。生活をするうえで、言葉が不自由であることによって被る不利益は甚大なものとなり、自己肯定感も次第に低下していってしまう。

第3章で触れたとおり、小中学校を卒業しないまま義務教育年齢をすぎてしまった人のための教育機関として一部の自治体が設置する「中学校夜間学級」（夜間中学。59ページ参照）があるが、ここには外国出身者が多く在籍している。兵庫県内のある夜間学級の様子を描いた『夜間中学の在日外国人』（宗景正著、高文研、二〇〇五年）では、ここに通う人たちについて以下のように説明されている。

私が撮影に通い始めたころの琴城分校の在校生は六〇～七〇人であった。当時は在日韓国・朝鮮人一世の女性が多く、平均年齢が六〇代後半、その多くはご主人が日本に強制連行された後、その人のお嫁さんとして朝鮮半島から来た人たちであった。ほかには、戦後日本に帰ることができなかった中国残留婦人・残留孤児、ジャワや満州に住んでいた沖縄出身者、ブラジル移民の日本人、戦後、貧しくて学校に通うことのできなかった日本人、台湾出身の中国人……。生徒さんたちはいずれも戦前戦後の日本の政治や、当時のアジアの国々との関係の中で〝負の遺産〟を背負わされた人たちであった。（宗景［二〇〇五］一四六ページ）

文字を読めないまま生活せざるを得ず、計り知れない苦労を強いられてきた人々にとって、夜間中学に通うこと、そこでともに読み書きを学ぶ仲間を得ることは自尊心を取り戻すことにつながる。だからこそ、夜間中学では自分の人生を生きるために懸命に学ぶ姿が見られるのだ。宗景は、「これまで人一倍きびしい生活、険しい人生を送ってきた方がほとんどの夜間中学。学歴や資格とも関わりなく、学びたい人だけが集まっている学校。点数や競争に追われることなく、みんな自分が生きるためだけに学んでいる学校―。そこは真剣であるとともに、限りない思いやりと温かさが溢れた場所である」（宗景［二〇〇五］一四七ページ）と結んでいる。義務教育制度のなかにあっても、フォーマルな学校教育とは異なる、人間味あふれる教育の場が実現されているのである。

だが、第3章でも見たとおり、公立の夜間中学の数はきわめて少ない。夜間中学が設置されていない多くの地域では、民間のボランティアによる「自主夜間中学校」（59ページの**コラム7**参照）や、多様な形態で行われている日本語学習支援の取り組み（**コラム27**参照）が見られる。学習の機会が公的に保障されていないなかで、こうしたノンフォーマル教育の実践がそれを補完し、異文化のなかで生きる人々が自分に自信をもつことを支援しているのだ。

他方、第5章で確認したようなフレイレの思想（143ページ参照）を受け止め、識字の学習を通じて学校教育の限界を喝破し、乗り越えようとする実践者の存在も大きな意味をもっている（**コラム28**参照）。公的な学校教育がいくら整備されたとしても、そこから排除されて切り捨てられる文化を認め、実践していく場が必要とされている。ノンフォーマルな教育であるからこそ、それが可能となるのだろう。

コラム27　地域における日本語学習支援

日本語を母語としている市民が中心となって、非日本語母語話者の日本語や日本での生活についての支援を行うボランティア活動がある。約三四一万人（二〇二四年三月、出入国在留管理庁発表）いる在住外国人の多くは、「日本語」という日本社会での必須言語を十分に学習する機会をもつことなく、日々の暮らしを送っている。

彼らが日本語学習の場を求めて行き着くところが、無償かそれに近い状態で参加できるボランティア主体の日本語学習支援活動である。しかし、週に一回一時間程度の活動に、学校教育と同じ内容や効果を求めることは難しい。一九七〇年代後半からはじまった国際交流としての市民活動は、日本社会に根付く人が増えるにつれ、活動に限界を感じるようになってきた。

筆者は仲間とともに、ボランティア任せの日本語学習支援が公的に保障されることを願って、日本語教育専門家による「生活の漢字」教室を開いている。漢字学習というと、文字どおり「一」から学習する積み上げ式の学習方法を思い浮かべるかもしれないが、この教室は異なっている。ここでは、病院、ＡＴＭ、災害情報などの日常生活で必要とされる漢字から学んでいく。

たとえば、薬の袋であれば「頓服薬《とんぷくやく》」といった漢字も扱うことになる。言うまでもなく平易な漢字語ではないが、生活のなかでは目にする漢字であり、読めなければ困難が生じるからである。

これまで、外国人の参加者から「日本語が読めない」ことで感じた悔しさや悲しさを何度も耳にした。とくに、ある程度日本語が話せる外国人は、相手から「日本語を読むこともできるだろう」という先入観をもたれやすい。そこには、識字率が高い日本社会において「文字が読めない人がいる」という認識が低いということも影響しているのかもしれない。そのことを表しているかのように、漢字教室の顔ぶれは、滞日歴が二〇年以上に及ぶ人も多い。かれらは、「これまで漢字が読めないことが恥ずかしくて誰にも言えなかった」、「『漢字教室』とあったので、ここでなら漢字の勉強ができると思って参加した」などと言う。

大阪駅の表示

参加者の一人が、「駅」という漢字を学習した帰りに、毎週利用するJR大阪駅が「大阪駅」だということが分かったと話していた。それまでアルファベットの「OSAKA STATION」しか目に入っていなかったが、初めて漢字の「大阪駅」が目に飛び込んできたと言う。「OSAKA EKI」は大阪駅ですね。漢字が読めると便利ですね」とうれしそうに話す顔を見て、私までうれしくなった。

漢字学習の道は、非漢字圏の出身者にとっては果てしなく続く長い道のりとなる。しかし、漢字が分かれば日本での生活はぐっと楽しく、楽になる。日常目にする漢字だからこそ勉強したものがすぐに使えるという実感が湧き、漢字をもう少し勉強しようと思ってもらえたら、この教室は成功したと言える。しかし、日本語学習は漢字だけではない。社会参加していくために基礎となる日本語学習が必要とされる。今後、日本で暮らす外国人はますます増えていくだろうが、彼らの日本語学習の機会が公的に保障されることを願っている。

（新庄あいみ）

コラム28　横浜・寿識字学校

神奈川県横浜市中区寿町。若者が集まる洒落た街並みから程近いこの町は、日本の「三大ドヤ街」の一つと言われ、日雇い労働者などが暮らす簡易宿泊所が軒を連ねている。その一角に、かつて「寿識字学校」があった。一九八〇年六月二一日から二〇〇八年四月一一日までの二八年間、主宰者（本人は「識字共同学習者」と呼ぶ）であった故大沢敏郎氏(1)がさまざまな人々とともに識字を実践した「場」であった。

一九七八年に「寿寺子屋」として学習者の自室ではじめられた識字学習は、約一年半後に大沢氏の参加を得、一九八一年三月からは財団法人寿町勤労者福祉協会が運営する寿生活館の会議室に「文字の読み書きから人間を　寿識字学校」という手書きの看板を掲げて、毎週金曜日、午後六時から九時まで行われた。「さまざまな人びと」と書かれたとおり学習者は多種多様で、日雇い労働者、在日韓国朝鮮人、ニューカマー、大学生、サラリーマンなどが「全公開」の識字実践の場に加わった。

誰もが、きれいに削られた鉛筆と温かいお茶で大沢氏に迎え入れられた。ドヤ街という人の流動性の高い土地柄で、参加者登録もない自由参加制の「学校」であったため、大沢氏は訪れた一人ひとりに「一回勝負のつもりで」向き合い、彼らが語る言葉に傾聴した。そのような大沢氏は、「フレイレの思想をもっとも深く受けとめた日本での実践者」（里見［二〇一〇］）と称されることもある。

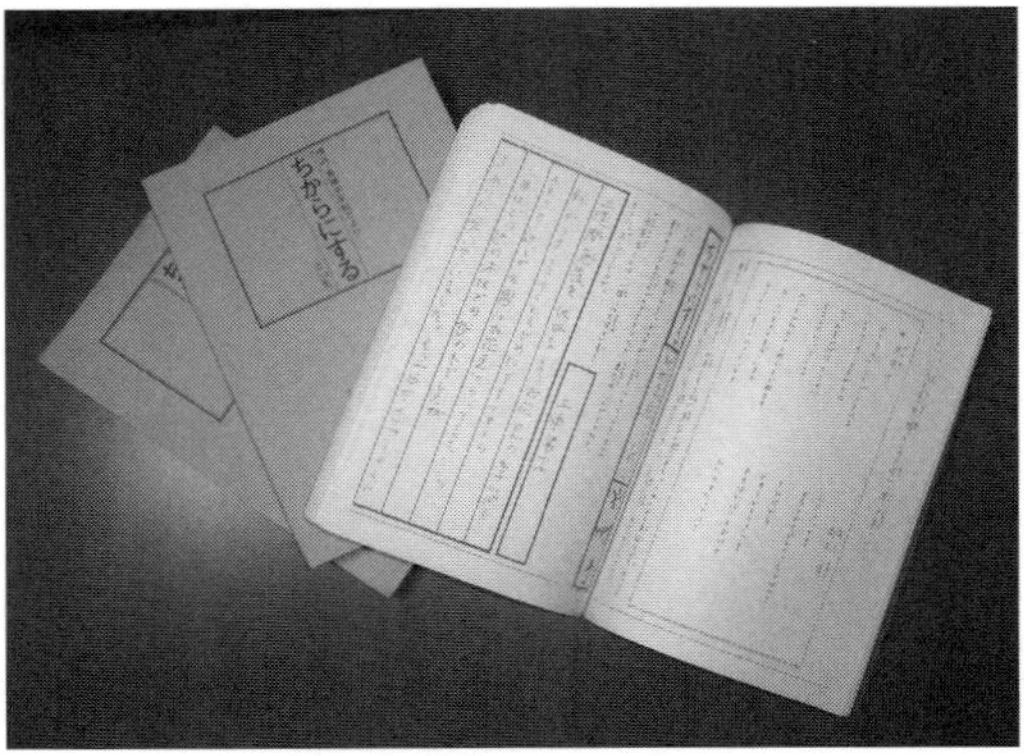

寿識字学校だより

大沢氏は、「日本の識字の学びには、自分の生きてきたなかで受けざるをえなかった精神やこころの傷と、どう自分のちからで向きあうことができるかどうかが、そして、それをどう超えていくことができるかどうかが、重要な課題である」（大沢［二〇〇三］、以下の引用も同書）と語っている。よって、それは大沢氏自身の識字であり、高学歴の人たちをも含むそれぞれの参加者が共同で行う「自己点検、自己検証から自己確認、自己回復に向かう識字の作業」であった。そうした日本の識字の特徴を、彼はフレイレの南米での識字実践と比較して、「内に向かっての『意識化』」と表現している。

大沢氏の識字実践のもう一つの大きな特徴は、学習者の書いた文章を決して修正しなかったことである。「文字や文章をきちんと教えない」ことに対して批判もあったが、彼が識字をはじめて間もないころの経験から、学習者の書いたものに手を入れることをいっさいやめたという。

その経験とは、梅沢小一さんという学習者が、亡き母に対する感謝と慙愧の想いをつづった作品のなかで書いた「おかさん」という文字をみんなの前で朗読した際、「亡くなっていったお母さんを呼びもどそうとするかのように、……部屋が割れんばかりの大きな声で『おっかさーん』と叫んだ」というものである。

大沢氏は「ああ、これでおれのうけた学校教育は終わったのだ」と思った。自身が受けた学校教育とは、「この〝おかさん〟をみたとき、促音の『っ』や『あ』を入れることだった」と言い、

（１）（一九四五～二〇〇八）岐阜県生まれ。出版社勤務を経て、一九八〇年より日本の三大簡易宿泊所（ドヤ）街の一つと言われている横浜・寿町で、十分な学校教育を受けることのできなかった人たちとの識字実践活動を生涯続けた。

「その人の生きてきた歴史や、その人が大切にあたためてきたかけがえのないたからものを無残に踏みにじって、踏みにじったことを自覚もせず、素知らぬ顔をしていることができる」ものだったという。そして、「骨の髄までしみこんだ学校教育をいかにしてそぎおとしていくのか」が大沢氏自身にとっての識字の課題となった。

大沢氏は二〇〇八年一〇月二四日、六二歳で永眠した。その三年前、第二七回神奈川県解放教育研究会での発表の一文を以下に引用する。

識字こそは、強いられた学校教育の文化ではない、かつてその学校教育から排除され、打ちすてられ、切りすてられた人たちの側の〈文化〉を明らかにすることではなかったか。その確固たる視点が、だんだん希薄になってきているように思えてならない。目にみえず、気づくことができなかったものやこと、生身の人間の生きた事実から新しい被差別の側の〈文化〉を創造することが識字の基底のこととしてあったのではないか。識字は、学校教育の二重の、いや何重もの犯罪に荷担してはならないと思っている（大沢［二〇〇九］）。

ノンフォーマル教育が生まれた理由への、一つの答えを全身で体現した人であった。

（奥川浩士）

4 アイデンティティ形成の資源を獲得する

多民族・多文化社会においてマイノリティの社会適応や統合が目指される際には、マイノリティの側に、その社会で主流とされている言語や文化の学習を求めがちである。実際に、自治体や民間団体が、外国出身者向けの支援事業として言語や文化を学ぶ機会を提供している事例が各地で頻繁に見られる。こうした学習機会が重要であることは言うまでもないが、異文化に暮らすマイノリティが自己肯定感を育み、揺らぐアイデンティティを立て直すためには、自らの文化を学び、それを心おきなく実践する場もまた不可欠となる。

たとえば、ムスリム移民が数多く暮らすヨーロッパでは、イスラームの規範と移住先の社会の慣習が齟齬をきたすことが少なくない。振る舞い方に戸惑い、孤立に悩む移民にとって、同様の境遇にいる人々とのネットワークづくりが重要な意味をもつことはすでに確認したとおりである。そうしたネットワークを通じたエンパワーメントの過程で、学習活動が組織されることも多い。移民を支援する事業そのものが、ノンフォーマル教育としての側面をもちうることを示す事例もある（**コラム29**参照）。

複数の文化の狭間で生きる人々のなかには、揺らぐアイデンティティを立て直し、新しい生き方を自ら積極的に模索する人もいる。

アイデンティティを、身体的特徴や年齢、性格、経歴、考え方、価値観、民族や人種や母語、社会的役割や人間関係など、他人から自分を区別する「自分らしさ」の集合体ととらえる（石川［一九九二］）ならば、民族的・宗教的・言語的マイノリティのアイデンティティ形成は、自分を構成する民族性や信仰、母語といったものを肯定的に育むことと不可分である。マイノリティのアイデンティティが揺らぐのは、自分らしさを構成する要素を育んでいくための資源を獲得することがマジョリティに比べて難しいからだと言えるだろう。アイデンティティ形成のための資源を獲得する場をいかに保障していくかは、多文化社会の大きな課題である。

教育の場は、そうした資源を獲得する場として機能する。マイノリティが自分らしさをつくっていくには、さまざまな資源を獲得するさまざまな学びの場があるかどうかが重要である。たとえば、「学校でエリート主義的アイデンティティを築きつつ、宗教施設で人々とある共通基盤にあることを確認し、家族のメンバーからある民族の美の様式を継承する技術を学ぶというように、さまざまな資源を学び、多様な要素のアイデンティティの束で『私』を構成する」（関［二〇〇二］四一ページ）のである。

フォーマル教育に多文化的な要素を反映させていく努力をすることも、もちろん重要である。他方、さまざまな資源をフォーマル教育のみで提供することは現実的ではない。フォーマルな教育の内外で、それぞれに固有の文化的背景を反映させた学びの場をいかにつくっていけるかが鍵となる。この点について、ロシアに暮らすアルメニア人に関する以下のような指摘は興味深い。

さまざまなアイデンティティの資源を獲得する学びの多様な場をもつ人々は、多様な観点を習得し、ものごとをつねに批判的に考える。アルメニア人知識人のサークル活動に参加したときのことである。彼らは、同胞のナゴルノ・カラバフ問題の講演を聞いても熱くならず冷静に議論していた。彼らは、事態を、自分で、あるいは学びの場を共有する仲間との論議を介して、深く認識しようとしていた。気兼ねなく、思うところを語り合い、批判的な考察を加え、過去と現在と未来を自分でつなげようとしていた。これが「私」をつくりだす過程の一つである。（関［二〇〇二］二七〇ページ）

複数の文化の狭間で生きる人々がさまざまな資源を獲得する場をもつことは、揺らぐアイデンティティを支えるのみならず、「それぞれの文化を相対化し、いずれにも押し込められることなく、独自の文化的アイデンティティを築く」（関［一九九九］一四九ページ）ことをも可能にする。ノンフォーマル教育の実践がそうした場を提供してきたという事実を、教育研究においてより重視していく必要があるだろう。

コラム29　欧州在住トルコ女性移民のエンパワメント

今日、欧州におけるムスリム移民の社会統合は、経済・雇用だけでなく教育・福祉の分野でも扱われている。男性が職場で、子どもが学校で、それぞれ抱える問題に取り組むことができるのに対して、外部との接点をもたない一部の女性移民の場合は問題が顕在化することが少ない。元来、ムスリムの教育ニーズには、学校教育や成人教育機関だけが提供する内容だけでなく、宗教教育にかかわるものも含めて特徴的なものが存在する。たとえば、よいムスリムになることを目指す全人教育的ニーズは、子どもに対する保護者の義務として、また成人にとっては本物の人生である来世のために強くなることがある。こうした環境下において、ムスリム移民はさまざまなイスラーム規範と欧州社会における慣習や教育内容の間でジレンマを抱えていることが多い。

欧州ムスリム移民のなかでも、各国に広く移住するのがトルコ系である。とくに、ドイツには多くのトルコ移民が住んでおり、首都ベルリンでも移民の統合に向けて多様な取り組みが展開されている。トルコ女性移民を対象にした「地域の母」と呼ばれる社会福祉事業は、そのうちの一つである。学校や成人教育機関が直接対応するわけではないが、参加する女性移民たちは次の二つの学習活動を行っている。

「地域の母」たち（ドイツ）

一つは、公的に任命された「地域の母」から誘われて参加した女性移民が、自ら「地域の母」になる活動である。そのなかで彼女たちは、専門家からの助言や調整を得て、自分たちの感じた問題をもとに教材開発を行っている。その手づくり教材は、自分の問題を解決する方法を追求する手段であり、同様の問題を抱える女性移民へ伝える道具となる。

もう一つの活動は、他の女性移民を訪問することである。それぞれの母語で開発した教材を用いて、行政や男性がアクセスできない女性移民と直接対話を繰り返し、抱えている課題への解決策をともに考え、時に持ち帰って、ほかの「地域の母」との話し合いを経て解決への働きかけをする。これらの活動により、訪問された女性は孤立感を薄め、訪問する「地域の母」たちは有用感を得る。現在、ベルリンにかぎらず、他の都市でも同様の試みが展開されており、拡大し続けている。

この福祉事業は、もともとトルコ人女性たちが伝統的にもつ習慣である気楽な茶話会において幅広い相談事をするという行為がきっかけであった。ベルリン行政府が予算をつけ、ＮＧＯとともに組織化を支援した。保守的な移民家庭であっても、母国でそうであるように、女性だけの集まりに出向くことは「安全」と見なされているため、女性移民は夫など家族の男性からの許可を得やすい。また、母語で対話を続けられることから、出身地のことや繊細な話題も扱いやすい。そして、トルコから来た成人女性が自らの学習意欲を高め、他人の役に立つことで自信をもつようになる。

とはいえ、このように自信をつけて自主的になった女性が保守的な夫と離婚をするなど、伝統的な習慣や規範から逸脱するようになったことが新たな課題として認識されている。欧州社会における女性の「自立」は称賛の対象となるが、移民社会のなかにあっては否定的にとらえられることも少なくない。

（丸山英樹）

コラム30 日本の学校に見る多文化教育の萌芽――民族学級

日本の公立学校で、「民族学級」が取り組まれていることをご存じだろうか。民族学級とは、公立小中学校に通う朝鮮半島にルーツのある子どもたちが、朝鮮の歴史、文化、言語を学び、アイデンティティを育む場である。大阪、京都、福岡、愛知などで取り組まれてきた。地域によって事情はさまざまだが、基本的には週一～二回、放課後に開かれ、朝鮮半島にルーツをもつ「民族講師」が授業を行う。もっとも多い大阪では、二〇一八年に府内一七〇校に設置されており（内大阪市内が一〇〇数校）、二〇〇〇名を超える子どもたちが参加している。

民族学級の歴史は、一九四八～四九年の朝鮮学校（75ページの**コラム11**参照）の強制閉鎖まで遡る。朝鮮学校の閉鎖にともない日本の学校に転入せざるを得なくなった在日朝鮮人たちは、転入先学校での民族教育の実施を求めた。当時公選制で選任された教育委員会のメンバーには、植民地支配や朝鮮人の実情に明るい者もおり、右記のほか、滋賀、茨城、千葉、岐阜などで民族学級が設置されることになった。今日のような「放課後型」だけでなく、国語や社会の授業の際に朝鮮の子どもを取り出す「抽出型」や、朝鮮の子どもだけでクラス自体を編成する「分級型」もあった（松下［二〇二〇］）。

一九五〇〜一九六〇年代に朝鮮学校が再建されるとともに、民族学級は衰退の一途を辿るが、とくに大阪では、一九七〇年代の部落解放運動・教育と呼応しながら再び設置運動が活発化する（朴［二〇〇八］）。一九九一年一月の日韓両外相によって交わされた覚書では、「在日韓国人社会の希望を理解し、現在、地方自治体の判断により学校の課外で行われている韓国語や韓国文化などの学習が今後も支障なく行われるよう日本国政府として配慮する」旨が確認されている。

日本の公立学校で学ぶ朝鮮半島にルーツのある子どもたちの人間形成において、民族学級は小さくない役割を担ってきた。子どもたちは、いわゆる「正規の授業」では触れられることが少ない朝鮮語や朝鮮の歴史、文化などに関する学習を通して、自身の存在やルーツについて考えるための資源を獲得する。不当な差別を避けるために普段は日本名を名乗っている子どももいるが、民族学級では朝鮮名が呼ばれ、名乗られる。全員が朝鮮半島にルーツのある者として、肯定され、互いに認めあえる場となっている。民族学級を通して蓄積されていく学びと築かれていく関係性は、子どもたちのアイデンティティ形成を強く支えていると言える。

民族学級が存在する意義は、在日朝鮮人の子どもたちのみに限定され、理解されるべきではない。大阪市内の民族学級を見学させていただく機会があった。

担当している民族講師と駅で待ち合わせをし、公立学校の校門をくぐる。職員室に入ると、ほかの先生たちは彼女のことを「ソンセンニム」（朝鮮語で「先生」の意）と呼んでいた。しばしの談笑のあと、彼女はチマチョゴリ（朝鮮の民族衣装）に着替えて、「さあ、行きましょう」と言う。放課後とはいえ、民族学級が行われる教室までの道には多くの子どもが残って、遊んだり話したりしていた。子どもたちは口々に、「ソンセンニン、こんにちはー」、「アンニョンハセヨー」と彼女にあいさつをしていた。彼女も笑顔で「アンニョン」と返す。私には、民族衣装をまとい、朝鮮語であいさつをし、背筋を伸ばして堂々と歩く彼女が、全身で朝鮮半島にルーツがあることを表現し、肯定しているように見えた。

そして、民族学級に参加していない日本の子どもたちも、その姿を当たり前のこととしてとらえているようだった。現実の日本社会において在日朝鮮人に注がれる決して温かいとは言えない眼差しとはまったく異なるそれが、この学校ではつくられているようであった。

大阪の民族講師たちは、週一回、民族学級がある学校を訪れ、「チュモニ」という公演を続けている。学校の全児童が体育館に集まり、一〇数名の民族講師が披露する朝鮮の民謡や舞踊、演劇や遊びを観覧し、体験する。在日朝鮮人、日本人、あるいはその他のルーツにかかわらず、学校にいるすべての子どもたちが（さらに言えば教師たちが）同時に朝鮮文化に触れ合う場がつくられているのである。在日朝鮮人の子どもたちの自文化への肯定感を喚起しつつ、子どもたちの内に潜む「朝鮮」なるものへのネガティブな認識を、緩やかに変えていく試みだと言える。

公演が終わると、民族講師たちは体育館の入り口に並び、子どもたちを見送る。そのときに、「ソンセンニム、僕、実はもう一つ名前があんねん」とカミングアウトしてくる子どもも、しばしばいるという。

京都市の二つの民族学級も、毎年校内で民族学級での学びを披露する学習発表会を開いている。また、京都市教育委員会が一九九二年から主催する「民族の文化にふれる集い」には、朝鮮学校に通う子ども、夜間中学で学ぶ高齢の在日朝鮮人などとともに民族学級の子どもたちも出演し、民族舞踊や民族楽器の演奏を披露し、絵画や習字といった作品が展示される。

民族学級とは異なるが、たとえば夏休みに行われている「ハギハッキョ（夏期学校）」や、全国在日外国人教育研究協議会（全外教）の大会時に開かれる全国在日外国人生徒交流会といった場も、朝鮮半島をはじめとした外国にルーツのある子どもたちにとって貴重な機会を提供している。子どもたちに自分の名前やルーツ、文化に誇りをもってほしい、背景を部分的にも共有する同年代の子どもたちとつながってほしいと願う公立学校の教師

民族学級でつくった朝鮮の仮面「タル」

たちの熱意が、こうした取り組みの原動力となっている。

これらは、いずれも課外で行われているとはいえ、日本の公立学校内の「異文化」に光を当て、それらの価値を肯定しようとするものであり、極めて重要な取り組みである。無論、課題も少なくない。民族講師の生涯賃金は常勤職であっても一般教員と比べて低く、非常勤嘱託や時間講師の場合は生計を立てるのも難しい。また大阪では、中国、フィリピン、その他の外国ルーツの子どもたちの民族学級もはじまっており、民族講師の専門性向上も求められている。何よりこうした取り組みは、ほんの一部の地域と学校でしか行われていない。

すべての子どもの教育を保障しうるもっとも有力な場である公立学校で行われる教育をさしあたり「公教育」と呼ぶならば、その教育は少なくとも、公立学校に通うすべての子どもを含むものとしてつくりあげられなければならない。アマルティア・セン（Amartya Sen）は、人間の多様性は無視したり後から導入したりすればよいという程度の副次的なものではなく、人間の基本的な性質であると述べた（セン［一九九二＝二〇一八］）。

公教育であるからこそ、多文化教育に対応していかなければならないのである。そして、そのためのヒントは、長い歴史と経験を有する民族学級の取り組みからも見いだせるはずである。

（呉永鎬）

第
7
章

社会運動と結び付くノンフォーマル教育

消費者権利センター主催イベントにおけるNGOの活動発表（ブラジル）

1 社会運動と教育

社会運動は、多くの人にとってあまり馴染みのないものかもしれない。政治や思想、イデオロギーの対立構造にかかわる「面倒な」領域であると感じて身構えてしまう人も少なくないだろうし、それを教育との関係で論じることに違和感を覚える人もいるだろう。社会が抱える問題を世間に知らしめたり、政府・自治体の方針や政策を推進あるいは阻止したりすることを目指す運動は、同じ社会に暮らす人々の間に権利や利害をめぐる対立や葛藤があることを浮き彫りにする。また、メディアなどを通じて激しい抗議行動や集会、デモの様子を目にすると、社会秩序が崩れることへの不安がかき立てられたりもする。だが、こうしたイメージは、社会運動がもつ多様な側面の一部でしかない。

社会運動とは、日常生活を送るうえでの課題を共有する人々が力を合わせ、その解決に向けてもっとも有効だと思われるやり方で、集合的、組織的な取り組みを行うことである。その取り組みとして、利害が対立する相手との間に多様な交渉が展開されるわけだが、そこでは、法に定められた手続きに即した制度的な手段ばかりでなく、時には非制度的な手段が用いられることもある（大畑他編［二〇〇四］）。

多くの人が気付かずにいる、あるいは見過ごしがちな問題の深刻さや重大性を指摘し、その改善を社会に訴えるためには、誰の目にも留まらないようなやり方では意味がない。したがって、あえて目に付くような行動をとるという方法が選択される場合があるが、そのような場合でも、集団的な行動が多くの人の目に留まる形で表出する以前に、そこにかかわる人々の内部では細かな実践が数多く積み重ねられている。そして、そのなかには、必ずと言っていいほど教育的な実践が含まれている。

たとえば、開発と環境をめぐる運動では、開発によってもたらされる結果について独自の調査を行い、その情報を発信して共有を図ることで世論を喚起し、制度的手段も用いて行政や産業界に訴える。その際に必要とされるデータを自分たちで集め、効果的な情報発信のための工夫や対立陣営の意見に対抗するための論理構築なども自ら行う。もちろん、こうした行動を進めるうえで必要となる知恵や知識も、自分たちで試行錯誤しながら身につけていく。それはまさしく、実践に根ざした課題解決型の学習である（**コラム31**参照）。

公的な学校教育では、自ら行動することの重要性が教えられはしても、こうした行動そのものへの教育的な支援は期待できない。学校教師や専門家が運動にかかわって指導や助言をすることはあるが、多くの場合、それは個人的な意志による非公式な支援にならざるをえない。

ノンフォーマル教育のなかには、社会運動と密接にかかわりながら発展してきたものが少なからずある。密接にかかわるという表現よりも、教育・学習活動が社会運動そのものであると言ったほうが適切であるようなケースも多い。そのように実践されるノンフォーマル教育には、フォーマルな学校教育との本質的な違いがはっきりと表れている。
次節以降では、社会運動と深く関係しながら展開されてきたノンフォーマル教育の事例を見ながら、両者のつながりのありようを検討していきたい。

コラム31　公害反対運動と住民の学習活動

日本社会は、一九六〇年代以降、文字どおり全国各地で激甚な公害を経験したことをご存じだろうか。たとえば、今日の学校教育で、「公害」とは水俣病・新潟水俣病・四日市ぜんそく・イタイイタイ病といった「四大公害病」のみに矮小化されることが少なくない。だが実際には、かつて「公害列島」とも呼ばれたように、公害と地域開発計画は全国各地に存在した。また、二〇一一年の福島第一原発事故をはじめとして、今なお公害は続く（安藤他編［二〇二一］）。

ここでは、公害と地域開発の現実に住民が連帯して抵抗した各地の公害反対運動において、運動を維持・発展させるために付随して学習活動が展開されてきたことに注目したい。いずれの学習活動も、参加者一人ひとりのもち味を発揮したきわめてユニークなものである。これらの豊かな蓄積は、私たちが〈未完の公害史〉を生きていくうえにおいて多くの示唆を与えてくれる。

以下では、静岡県沼津市・三島市・清水町において展開された石油化学コンビナート建設計画反対運動（一九六三年～一九六四年）における「学習会」を取り上げたい（西岡［一九七〇］）。

駿河湾北東部のこれら二市一町が、政府から高度経済成長を担う工業整備特別地域の指定を受けたことを背景に、県は巨大な石油化学コンビナート誘致構想を発表した。だが、当時はすでに三重県の四日市ぜんそくが深刻化していた。そして、これをきっかけに住民は公害反対運動を組織し、計画を白紙撤回させ、富士山麓の風光明媚な景観を守ることになる。この住民の連帯をつくり出したものこそが、住民自身による徹底した学習会の積み重ねであった。

公害予防闘争としてのこの運動の焦眉の課題は、発生しうる公害の実態や原因の科学的な予測にあった。そこで、住民たちは四日市の被害者の苦しみと大気や海の汚染状況に加え、多様な公害研究の専門家の知見の共有化などから学習会を組織した。また、自らの地域の地理的特徴をつぶさに調査し、逐一報告しあった。計画撤回までに数百回を数えた学習会は、住民間に次々と関心を広げ、最終的に県に計画を断念させた大規模デモには二万五〇〇〇人が参集した。

この運動においては、地域の専門家の存在も見過ごせない。気象学を専門とした西岡昭夫（沼津工業高校教諭）のアイディアと実践は、住民間に科学的な知見を普及し、集団形成を図るうえで重要な役割を担った。

たとえば、西岡は鯉のぼりによる地域内各地の気流観測を発想し、高校生も百数十人が自主的に協力した。また、温度計を持って住民のバイクの後ろに乗り、建設予定地周辺の山を登り下りして高度と気温の関係を調査し、排煙を滞留させる逆転層の発生を予測した。こうして住民は、「この地域に計画は不適だ」という確信を得ていき、「公害の恐れはない」とした政府の主張をついに挫折させた。これは全国初の環境アセスメント（環境影響評価）論争でもあった。

さて、ここで改めて学習会で原則として共有されていたことを整理しよう。だが、そこに「フォーマルなもの」は何もない。まさしく、一つのノンフォーマルな実践として成立したのである。

（イ）決して壇の上に立たない。講師と聴衆は同じ住民で生徒と先生ではない。お互いが納得ゆくまで話し合うように同一平面でしゃべる方がよい。

（ロ）同じ理論を二回から三回繰り返し説明する。それも身近な住民の経験を例にして、毎回ちがった表現を使って説明する。三回目の学習会になれば解らない住民はほとんどいないといってよい。

（ハ）住民が学習会に出たら、なにかひとつでも感銘あるいは衝撃を受けて帰ってもらうようにする。そうなれば必ず、住民は家に帰ってその感銘したことあるいは衝撃を受けたことを他人にしゃべらずにはおれない。そうなれば学習会は一人から二人三人へと伝播してゆく。

（ニ）一人が長時間しゃべらない。人間の緊張できる限界は一時間以内である。必ず講師をかえて新鮮なかたちで話をする。

（ホ）二感的な訴えをする。聴覚だけでなく視覚にも訴える。スライド、プリント、図、黒板などを多元的に利用する。（宮本［二〇一四］一八一～一八二ページ）

また、学習会は、従来の「教育」のあり方に根本から異議を申し立てるものでもあった。西岡は次のように述べている。

住民運動のなかで、教える者と教えられる側があるのかと問われると答に窮してしまう。〝教育〟という言葉の中にはそれほどこの区別の響がこもっているからである。運動の主体者である住民が、互に知恵や力を出し合って目的に向かって活動していく情景は、その動きそのものが大きな学習活動の中にまき込まれ、教育の言葉は影を潜めてしまう。まして従来の教育機構のなかでの教育活動とはまったく異質の状態が展開されていく。ときによっては教育否定の要素すら現れ、また逆に教育に新たな問題を提示すらしていく。（西岡［一九七二］四〇ページ）

西岡にとって「教育」の最たる課題は、「競争」を是認し、「社会の中の対立に発展する要素」を含みもっていたことであり、それこそが「公害激甚社会」の根源として把握されていた。それゆえ、「公害激甚社会」と同時にそれに加担してきた「教育」のあり方をも批判しなければならなかったのである（西岡［一九七二］五一ページ）。

その意味で、公害反対運動のなかの学習会は、既存の「社会」と「教育」とを問い直し、両者の関係を再構築する実践そのものなのであった。

（川尻剛士）

2 対抗的な教育実践

社会運動と密接に結び付いたノンフォーマル教育の形態としてよく知られているものに、一九世紀半ばの北欧に起源をもつ「フォルケホイスコーレ」（**コラム32**参照）がある。デンマーク語のフォルケホイスコーレ（**Folkehøjskole**）は、民衆（**folk**）のための高等教育機関（**højskole**）を意味する。かつて日本では「国民高等学校」の訳語があてられることが多かったが、近年では原語の意味をふまえて「民衆大学」と訳されることもある。教育制度の外に設置されている非正規の教育機関であるため、修了しても正規の学位を得ることはできない。

フォルケホイスコーレは、デンマークの思想家で牧師でもあったグルントヴィ(1)によって構想されたものである（96ページも参照）。彼はイングランド視察の際に寄宿学校（ボーディング・スクール）を知り、寄宿制の学校で共同生活を通じて学ぶというフォルケホイスコーレのアイデアを得た。しかし、イングランドの寄宿学校のようにフォーマル教育としてそれを導入するのではなく、制度の外で行うことを彼は重視した。このことには、当時のデンマークにおける政治的・文化的状況が関係している。

グルントヴィが活躍した一九世紀前半のデンマークは、対外的には国境地帯でのドイツとの緊張関係があった一方で、国内では都市に住む支配層がドイツ語やドイツ文化を称揚し、デンマークの伝統的農民文化をさげすんでいたことによって都市と農村の対立が深刻化していた。貧しい農村の民衆が劣等感をもって黙り込んだままでは民主主義は実現しないと考えたグルントヴィは、民衆が自らの文化や民族性に自信をもち、自らの言葉で発言することを可能にするような教育を行う学校を構想した。農村の生活文化に立脚する「生のための学校」は、都市に暮らす官僚や知識人がつくりあげたフォーマル教育の制度においては実現できない。制度の外につくられるからこそ、抑圧された人々に力を与えることができると彼は考えたのである。

最初のフォルケホイスコーレは、グルントヴィの思想を支持する人々によって一八四四年にドイツとの国境に近いロディング（Rødding）に設立され、その後、デンマーク各地に相次いでつくられた。フォルケホイスコーレの設立運動そのものが、当時の教育や支配的文化への対抗的実践であったと言える。フォルケホイスコーレで学びはじめた農民たちは、民主的な討議を経験しながら自治意識を高め、協同組合運動の担い手となっていった（清水［二〇〇七］）。

フォルケホイスコーレはまもなく他の北欧諸国にも伝わり、とくに隣国スウェーデンでは、さまざまな社会運動とのつながりを密にしながら普及した。

当初、フォルケホイスコーレ（民衆大学）はスウェーデンでも農民のための教育機関として導

（1）（Nikolaj Frederik Severin Grundtvig, 1783～1872）宗教家であったとともに社会活動家でもあり、先進的な都市文化を誇示する知識人に蔑まれてきた農民を救うことを目指した。デンマークの国民意識の形成に大きな影響を与えた。

入されたが、二〇世紀初頭には、社会民主主義運動、労働運動、禁酒運動、自由教会運動などの諸団体が、リーダー養成や活動の普及などのために自ら行う教育活動の拠点として民衆大学を設立するようになった。こうした民衆大学のことを、スウェーデンでは「運動学校」と呼んでいる。

運動学校はその後も増え続け、二〇二三年一月の時点では、全国に一五六校存在する民衆大学のうち一一四校が何らかの任意団体（アソシエーション）が設置・運営している運動学校である。デンマークのフォルケホイスコーレがやがて初期の対抗運動的な性格を失っていったのに対して、スウェーデンの民衆大学では、現在でも運動とのつながりが新たに形成され続けている。

グルントヴィの銅像

社会変革を目指してつくられた教育機関という点では、アメリカのハイランダー民衆学校（Highlander Folk School）にも類似の性格が見られる。一九三二年にテネシー州に設立されたこの学校は、当初から労働運動のリーダー養成を目的とするもので、そこでの労働者教育のなかから、やがて公民権運動のリーダーも多く輩出された。

ハイランダー民衆学校の設立者の一人であるマイルズ・ホートン[2]は、大学で神学を学びながら、抑圧された人々のための成人教育機関をつくりたいという熱意を抱くようになり、デンマークのフォルケホイスコーレにも強い関心を寄せていた。一九三一年の夏、念願がかなって訪問したデンマークでフォルケホイスコーレ教師に数多く会い、彼らとの会話のなかで目指すべき学校のイメージを固めたという（Adams[1980]）。

ホートンがデンマークで出会った元教師たちは型にはまった教師像からはかけ離れており、授業の内容も、学校ごとに違いはあるものの、およそ通常の学校とは異なるものだった。この訪問ののち、彼はフォルケホイスコーレにならった教育機関として「ハイランダー民衆学校」を設立し、アメリカ南部の労働運動を率いるリーダー養成に乗り出していった。この学校はテネシー州当局との軋轢によって一九六一年に廃校を余儀なくされたが、その活動は「ハイランダー研究教育センター」に受け継がれ、現在も多様な社会問題への挑戦を続けている（藤村［二〇〇七］）。

コラム32　デンマークのフォルケホイスコーレ

アンデルセン童話や環境エネルギー、世界の幸福度ランキングで一位となったことなどでしばしばメディアに取り上げられる北欧の国デンマーク。その首都であるコペンハーゲンから長距離

（２）（Myles Horton, 1905～1990）アメリカの教育家・社会主義者。労働者階級の家庭に育ち、高等教育を修了後、友人であった文筆家ドン・ウェスト（Don West, 1906～1992）とともに故郷にハイランダー民衆学校を設立した。

列車に揺られること約五〇分、都市の喧騒を離れ、畑の広がる自然豊かな農村地域を歩いていくと、歴史を感じさせる建物にたどり着く。ここは、デンマークの教育、社会に歴史上大きな影響を与えてきた、成人のための全寮制の学校フォルケホイスコーレの一校である。

フォルケホイスコーレでの学習は、主に冬の間に開講される四か月の長期コース、そして夏の間に開講される一～二週間の短期コースで構成されている。長期コースには主に一八歳から二三歳の若者が参加し、短期コースにはより広範な年齢層が参加している。人口約五八〇万人のデンマークにおいて、毎年約四万人がデンマーク全土（主に郊外や農村部）にある七三校のフォルケホイスコーレのコースに参加している。

各コースで参加者はさまざまな科目を学び、他の参加者や教員と寝食をともにする生活を送る。提供される科目は各学校によって多様であるが、ここでそのいくつかを紹介すると、文学、歴史、心理学、環境、IT、コミュニケーション、教育、音楽、演劇、スポーツ、野外活動、ダンス、絵画、美術鑑賞、写真、陶芸、途上国の開発、国際政治などとなる。学校によって、スポーツ、アート、国際的な活動や環境活動など注力している分野が異なり、高齢者向けや子連れで参加できるコースを提供している学校や障害者とともに学ぶ学校もある。

学習の方法は、理論的な講義や文献だけの学習ではなく、実践や具体的な課題、テーマに焦点を当てたものとなっている。たとえば、「環境に負荷の少ない生活スタイルとは何か？」、「どうやったら人身売買を解決できるのだろうか？」、「異文化間の対立はどのように解消できるのか？」などの「明確な答え」のない問いに対して、教員と参加者、また参加者同士の対話を中心に学習が行われている。時には、外部からその分野の専門家や実務家をゲスト講師として招いて議論することや、環境問題に関するアートプロジェクトを企画して地域で催すこと、欧州だけでなくアフリカやアジアなどへ、テーマに沿ったフィールドトリップも行っている。

フォルケホイスコーレでの一日の流れを紹介しよう。

まず、朝食後に朝の集会があり、日々の連絡事項とともに、学校の運営や時事問題、身の周りの出来事について参加者が意見交換を行う。情報の共有後は、みんなで「フォルケホイスコーレ歌集」にある歌を教員の伴奏にあわせて歌う。

朝の集会後は、教員一人につき六、七名の参加者で構成される生活班に分かれて学校内を清掃する。その後、休憩や昼食を挟みながら、自分の選択した科目を各クラスに分かれて一日学ぶことになる。そして夕食後は、各々自由にリビングで語りあったり、工房で創作活動をしたり、自分の部屋でゆったりと過ごす。このような生活がコースの期間続いていく。

「グルントヴィ・フォルケホイスコーレ」の外観

フォルケホイスコーレが全寮制であることとの意味は非常に大きい。その理由は、生活と学習が密着した関係をもち、参加者は科目の時間だけなく生活のなかで多くの「気付き」が得られるからである。たとえば、夕食後にアフリカのＮＧＯから招いたゲスト講師のレクチャーを受けてみんなで議論すること、敷地内に暮らす教員の家に招かれて談笑すること、お酒を飲みながらダンスに興じたりしてそのまま朝まで語り明かすこと、生活班のなかで互いのライフストーリーを傾聴しあうこと、参加者が自治会を組織し、生活をともにするなかで起こるさまざまな問題（喫煙や騒音）や、イベントの企画、学校運営について教員も交えて話し合うことなどが挙げられる。

このように、フォルケホイスコーレのコース参加者と教員は、生活をともにすることで一つの学習コミュニティを形成していくのである。

フォルケホイスコーレには職業訓練のためのコース

フォルケホイスコーレでの授業風景

はなく、参加者への試験や評価も行われていない。コース修了時には修了証が渡されるが、公的な資格は発行されない。そのため、実用性や他者による評価から離れ、純粋に「学びたいものを学ぶ」という環境が形成されている。

フォルケホイスコーレは、時代の変化とともにその特徴を変容させてきている。しかし、いつの時代も人々が視野を広げ、生活や人生の意味を探求し、全人的な発達をしていくための学校であることに変わりはない。また、社会の仕組みを変える政治家や民主化運動、平和運動などの社会運動に積極的にかかわっている人材を輩出してきたことに注目すれば、社会における課題や問題の変革を志向している教育運動としての側面をもち続けている学校であると言える。

（佐藤裕紀）

3　社会変革を目指す民衆教育

社会変革を目指す教育実践は、一般に「民衆教育（popular education）」と呼ばれる。狭義の民衆教育は、パウロ・フレイレが一九六〇年代のラテンアメリカで展開した識字教育のための教育実践（143ページの**コラム22**参照）を指すことが多いが、社会運動と深くつながるフォルケホイスコーレの実践も民衆教育と言えるものである。日本においても、一九五〇～六〇年代に民衆文化の創造によって抑圧からの解放を志向する学習文化運動が興隆し、「社会教育は大衆運動の教育的側面である」とする「枚方テーゼ(3)」をはじめとして、社会教育の枠を超えて多様な運動と結び付く学習の重要性が指摘されてきた。言うまでもなく、こうした理念も民衆教育と共通するものである。

抑圧されてきた人々が、学習を通じて生活を形づくる社会的・文化的現実を認識すること、そして自らがその現実を変える力をもっていることに気付くことを、フレイレは「意識化」と呼んだ。フレイレは、主流の教育概念は、抑圧者が自分に有利な状況を維持するために被抑圧者を抑圧構造に順応するように導くもの、教えられる側の人間の想像力を最小限に抑えるようなものであるとし、これに対して、抑圧からの解放を目指す新しい教育の考え方を提唱したのだ。

フレイレによれば、閉じた社会から開かれた社会への移行にともなって、人間の意識は「非能動的意識」から「能動的意識」へと発展していくとされる。「能動的意識」には、近視眼的、依存的で主体性を欠いた「未熟な能動意識」と、主体的で開かれた「批判的能動意識」の二段階が想定されている。「非能動的意識」は、フレイレが「沈黙の文化」と呼んだ抑圧の状況にあたり、人々の意識はまだ開かれていない。

人々が現実を問題であると認識するようになると意識は能動的になりはじめ、「未熟な能動意識」が生じる。問題を深く分析し、因果関係や付随的な相互関連を洞察することができるようになれば「批判的能動意識」に到達したと見ることができる。これが、人々が社会的現実を知るとともにそれを変革する可能性を認識する「意識化」のプロセスであり、人々の意識が最終段階の「批判的能動意識」に到達したとき、社会変革のための行動が生活の一部に取り入れられることが可能となる（フレイレ［一九七〇＝一九八四］）。

民衆教育は、こうした意識化のプロセスを促進する教育実践である（**コラム33**参照）。教育制度を通じて伝達される特定の知識や価値への抵抗、またその伝達装置としての教育制度への抵抗がさまざまな形で展開し、そのなかで、正規の学校教育から排除されてきた人々の文化も明らかになってくる。そのような実践としての民衆教育は、教育の枠を超えた社会的な行動であると言えるだろう。民衆教育の実践にかかわる人々は、正規の学校教育とは異なる教育をつくり出すことによって、既存の権力構造とそれにもとづく社会関係をつくり替えようと試みてきたのだ。

一九世紀以来、そうした社会変革のための教育の中心となってきたのは貧しい農民や労働者たちであった。とりわけ、工業化した地域で労働運動が階級闘争としての性格を帯びながら活発化した時期に、民衆教育としての労働者教育の組織化も進んだ。ただし、実際の労働者教育は社会構造と複雑に絡みあっていて、決して一枚岩ではない。次節では、イギリスにおける労働者教育の展開を追いながら、社会運動と教育の複雑な関係の一端を見ていくことにする。

（3）　一九六三年に大阪府枚方市教育委員会が作成したパンフレット『社会教育をすべての市民に』の第1章「社会教育とは何か」で提示された社会教育の理念。「社会教育は大衆運動の教育的側面である」という文言は、ここで示された六項目のうちの一つ。

コラム33　ブラジルの民衆教育

一九七〇年代、アマゾン川の河口に位置するブラジル北部の都市ベレン（Belém）の台所とも言えるヴェール・オ・ペーゾ市場では、夜明け前から多くの子どもたちが働いていた。港に着いた魚やエビでいっぱいのカゴを運んだり、買い物客用のビニール袋を売ったり、荷物を運ぶことで小金を稼いでいる。彼らの多くは「ファヴェーラ（favela）」と呼ばれるスラム街で生活し、食事も満足に食べられないという状態で、家計を助けるために働いていた。

教会の日曜学校に通う青年たちが、子どもたちの状況を少しでもよい方向に変えようと無料で彼らが利用できる「レストラン」をつくった。最初は食事目当てに集まってきた子どもたちだが、何度も「レストラン」に通っているうちに青年たちと顔見知りになっていく。同じテーブルを囲んで一緒に食事をしていると、自然と会話が生まれ、子どもたちの言葉から、抜け出すことのできない貧困状況、家庭や市場にいる大人から受ける搾取、そして暴力といったさまざまな問題が明らかになった。

いつしか、その「レストラン」は「共和国」と名付けられ、子どもと青年、運営にかかわるスタッフが子どもたちの抱える問題の解決策を考えたり、子どもたちの希望について思考をめぐらす場所、そしてより良い社会をつくるための民衆教育の学びの場として生まれ変わっていった。

ブラジルは、一九六四年から一九八五年まで軍事政権下に置かれ、一九八八年に初めて民主的憲法が生まれた国であり、民主主義国家としての歴史は四〇年に満たない。万人の権利としての教育概念が政策に取り入れられるようになったのは、一九九六年の改正教育法以降のことである。そのため、従来の教育研究の多くは「公教育の普遍化」にあてられ、ノンフォーマル教育の概念分析が着手されたのは一九九〇年代以降のことである。

しかしながら、冒頭で描かれているようなノンフォーマルな形で実践される教育活動は長い歴史を有しており、都市貧困地域や農村地域を中心に、現在もさまざまな場所で展開されている。とくに、二一年間続いた軍政下に育った民衆運動、社会運動におけるブラジルにおける民衆教育はブラジルにおけるノンフォーマル教育の基盤を形成した。

子どもたちによる発表会（ブラジル）

社会的抑圧や貧困の克服、政治的民主化を求める社会運動組織は、民衆教育を通して社会を変革しようとした。民衆教育は、民衆が自らのコミュニティの抱える問題について議論し解決方法を主体的に考える「意識化」と、それを引き出すために必要な対話的空間（対等な関係性にもとづくコミュニケーションが可能な場）を不可欠としたパウロ・フレイレの教育思想（143ページのコラム22参照）に影響を受けている。

軍事政権下、フレイレはブラジルからの亡命を余儀なくされるが、解放の神学（抑圧的な社会構造からの解放を唱えたラテンアメリカのカトリック司祭による神学運動）の実践の場であったキリスト教基礎共同体、地域住民組織という草の根レベルの社会運動の現場で民衆教育は継続された。社会的公正、民衆の政治参加の要求、意識化と対話にもとづいた場はブラジルのノンフォーマル教育の特徴であり、そうした教育は社会運動が目指してきた「市民権（cidadania：広範な人権を意味する）」を手に入れるために重要な手段であるとされている（Gohn[2010]）。

活動の多様性とネットワークも、ブラジルのノンフォーマル教育の特徴の一つと言える。ブラジルは、植民地時代から多重の社会階層が形成されてきた国である。アマゾンの開発によって生活基盤を奪われている先住民、祖先が奴隷とされていたアフロ系ブラジル人、大土地所有制度により自らの土地を手に入れられないまま貧困状態に置かれている小作農、都市化により増大したスラム住民、路上で生きるストリートチルドレンなど、「社会的排除層」の様相が複雑であるがゆえにブラジルのノンフォーマル教育組織の主体・目的は多岐にわたっている。

何らかの方法を通じて生活を改善したい、あるいは社会制度の仕組みを変えたいという意識が人々の間で共有されると、そこには集団としてのアイデンティティが確立する。そのとき、重要となるのは集団を構成する人々が有する民衆知、地域文化の肯定と尊重である。

さまざまな問題意識を中心に据えて活動する組織は、国内外の運動とのネットワーク構築を積極的に行っている。一九九二年のリオデジャネイロ国連環境開発会議以降、ブラジル以外の国々の社会運動組織と情報交換を進め、新自由主義へのオルタナティブを目的として世界のＮＧＯが集結する「世界社会フォーラム」（**コラム36**参照）に代表される活動紹介・意見交換のための開かれた場にも意欲的に参加し、知識や経験の交流を図っている。

各組織の展開する具体的な教育活動は異なっていても、「多様性を認め合い、対話の場を創造する」という価値観を分かち合い、ローカルな実践を学び合い、優れた活動を取り入れようという姿勢が共有されている。

このように、ブラジルのノンフォーマル教育は政治的変革を目的とした社会運動としての性格を強く帯びたものであるが、その多くは必ずしも公教育の存在を否定するものではない（Gohn [2010], Gadotti[2005]）。たとえば、就学年齢層の子どもを対象に活動するノンフォーマル教育の多くは、子どもたちの公教育就学を活動への参加条件としている。公教育就学は子どもたちの「市民権」であるから当然重要だが、だからといって公教育を全能的な存在として見なしているわけではない。公正な社会を構築する力をつけることのできる主体的な学びが、公教育の場で展開されているか、批判的思考力が育成されているか、公教育を内側から変革するために何が必要か、ということについて議論する場がなければ、教育は市民権をもたらすものにはならない。ブラジルの教育を、民衆すなわち地域社会の人々のものとするために、ノンフォーマル教育は失われてはならない存在であると、活動に携わる人々は主張している。

現実に、ブラジル社会を民主的につくり替えるための試みの多くが、民衆運動の経験と学びを糧に培われてきた。とくに、カルドーゾ政権（一九九五年〜二〇〇二年）において実施された「社会民主主義」的な社会政策は、社会問題の解決にとっての政府・企業・市民社会の連帯を重要視し、地域開発計画の策定・運営・評価にノンフォーマル教育のアクターが入り込む空間をつくった。サンパウロ市の民衆公立学校（地域住民の自治による学校）、公立学校を地域社会に開放し、コミュニティ文化センターとしてのパブリックな存在に変容させる試み（統一教育センターの設置）、街そのものを教育的空間とする試み（cidade educadora: educating city）、コミュニティ・リソースを利用した課外活動プログラム（Programa Mais Educação: More Education Program）など、地域社会が公教育の担い手となる多様なイニシアティブがフォーマル教育とノンフォーマル教育の接点から生まれ、数多くの政府プログラムとして全国的に実践されている。

民衆教育とそれを引き継ぐノンフォーマル教育は、ブラジルの教育現場、さらには政治のあり方を変えるための重要なアクターとして大きな期待が寄せられている。

（田村梨花）

4 労働運動と労働者教育

第1章でも触れたイギリスの大学拡張運動（15ページ参照）は、労働者の教育機会の拡大のために、大学と民間組織とが協力して実践したものであった。この運動のなかで設立された「労働者教育協会（Workers' Educational Association：ＷＥＡ）」は、現在でも労働者教育の代名詞とされている団体である。

産業革命後の西洋社会における労働者階級の人々への教育は、当初、市民としての権利をもたない貧しい人々への慈善事業としてはじまった。それ以前にも、宗教的教化を目的として、聖書を読むための学習を中心とする成人教育が行われていたが、産業革命によって都市に労働者が急増したことで、貧困を理由に教育制度から締め出されてきた人々の知識欲に触れた知識人たちが、実用的な知識を教えるための組織をつくりはじめたのである。

こうした背景をもつ労働者教育の実践としては、一八二〇年代のイギリスではじまった、熟練工を対象に自然科学の講義を行う「メカニクス・インスティテュート」や、一八七三年のケンブリッジ大学拡張講座設置を皮切りとして各大学に普及した大学拡張事業などが知られている。とくに後者は、大学が学生以外の受講者を対象とする講座を学外で開講するもので、これが大学の正規事業として開始されたことは、労働者の学習機会を拡大する画期的な出来事であったと言える。だが、受講者の経済的な負担は大きく、より多くの労働者の学習要求にこたえられるような条件整備が課題として認識されるようになった。

この課題を乗り越えるために、一九〇三年にＷＥＡが設立された。ＷＥＡは、労働組合や協同組合、労働者クラブなどを会員として構成された団体で、各組織において集約された労働者の学習要求と大学との間の調整を行い、労働者の学習の場を確保することを主たる機能とした。そして、経済的負担の問題は、ＷＥＡによる調整と会員組織による財政支援によって軽減されることになった（矢口［一九九八］）。

労働者がある程度の知識を身につけることによって労働の質が向上すれば、生産性は高まる。資本家にとって、これは望ましいことであった。その一方で、知識を得た労働者はやがて階級的な差別に気付き、共産主義的な社会変革を目指すようにもなる。実際に、労働者階級の解放と平等の実現の手段として労働者教育を求める声も次第に高まった。こうした状況のなかで、労働者教育には、異なる階級の間の衝突を回避し、穏やかな共存を実現することも期待されるようになっていった。

ＷＥＡの活動は、資本家と労働者階級の対立を浮き彫りにすることよりも、個人の精神的豊かさを追求することを志向していた。それゆえ、労働者階級だけでなく、中・上流階級や国教会からも支持を得て、やがて全国規模の組織へと成長したのである。

一般教養の教育を中心にすえるＷＥＡの活動は労働者のための教育ではあるが、必ずしも労働運動と連動するものではない。むしろ、階級対立を緩和し、資本家や中産階級の文化や価値観を労働者階級に浸透させるように機能してきたと言える。

ただし、このようなＷＥＡの労働者教育には、労働者自身から手厳しい批判がなされてきた。労働者のための教育と言いながら、古くからの権威的な大学の傘下に入ることは、労働者の利益になるどころか、自らを支配階級に隷属させていくことになる、という批判である（矢口［一九九八］一五五ページ）。こうした認識に立つ人々は、一八九九年設立のラスキン・カレッジ(4)のような労働組合とより緊密な関係をもつ教育機関に集まるようになり、やがて労働運動の一部として革命志向的な教育運動を展開していった。ラスキン・カレッジからは、労働党で活躍した政治家も多く輩出されている。

同様の批判は、ＷＥＡや大学拡張事業の内部からも生じていた。労働者教育の現場で労働者階級の人々と直接向きあってきた教師は、次第に、教師がもっている知識を一方的に生徒に伝達するという教育のやり方に疑問をもつようになったのである。

恵まれた環境で育ち、大学を修了することによって教師の資格を得た人々は、労働者階級を苦しめてきた支配層の文化や価値観を体現する存在である。他方、労働者階級の人々が向きあうリ

(4)　(Ruskin College)　イギリスのオックスフォードに設立された、長期宿泊型の労働者教育機関。労働組合や協同組合などからの寄付を受けて運営され、やがてイギリス教育省の補助金を得るようになった。現在でも複数のコースが開講されており、なかには労働組合の活動家を対象とするものもある。

アルな生活課題の多くは、階級間の関係や権力構造に起因している。労働者に対して教師が教える一般教養は、支配者側の文化や価値観のもとでつくりあげられてきた知の体系であり、労働者たちが日々向きあう課題に直接的には役立たない。それどころか、こうした教育を続けることによって階級間の権力関係はさらに固定化されていく。

労働者教育運動のなかで芽生えたこうした問題意識は、一部の教師の実践を変え、やがて文化と権力の関係を問うカルチュラル・スタディーズ[5]の基盤となった（吉見編［二〇〇一］）。こうした経緯からも、大学を頂点とするアカデミズムを基盤として成立しているフォーマル教育の限界と、それに挑戦しようとするノンフォーマル教育の独自の意義が浮かびあがってくる。

労働者教育の組織化は、イギリス以外の西洋諸国でもほぼ同時期に展開している（**コラム34**参照）。各国の労働者教育団体は早い時期から国際的な協力関係を構築し、一九二〇年代には最初の国際会議が開催された。現在では、一九四五年に設立された「国際労働者教育協会（International Federation of Workers' Education Associations：ＩＦＷＥＡ）」が国際的な労働運動団体とも交流しながら活動を行っている。

もっとも、多くの先進工業国では階級闘争としての労働運動はかつての勢いを失い、新たな社会への展望を描けずにいる。社会変革を目指す教育運動のパートナーは、一九七〇年代より顕在化しはじめた「新しい社会運動」に移っている。次節では、その動向を見ていくことにする。

コラム34　スウェーデンの労働運動と学習サークル

スウェーデンで一〇〇年以上にわたって活動を続けている「労働者教育連盟（Arbetarnas Bildningsförbund：ABF）」は、同国でもっとも古く、もっとも規模の大きい「学習協会」である。二〇二〇年には、約一九九万人が全国各地でABFの活動に参加した。スウェーデンの成人人口は約八〇〇万人なので、単純計算すればおよそ四人に一人はABFの活動に参加していることになる。

「学習協会」とは、学習サークルを開講したり、さまざまな文化活動を支援したりする組織のことで、労働組合や政党、宗教団体、禁酒運動組織、環境保護団体など、何らかの目的のもとで任意に組織された諸団体によって運営されるノンフォーマル教育の一形態である。ABFは、労働組合全国組織、鉄道労働者組合、印刷工組合、消費生活協同組合、社会民主党などによって、「労働者のために図書館と講義活動を組織すること、図書購入と講義を斡旋すること、学習サー

（5）（Cultural Studies）社会現象として表れる「文化」の複雑さを理解し、さまざまな「文化」が実践される社会的、政治的な文脈を分析する研究領域。二〇世紀前半のイギリスにおいて、リチャード・ホガート（Richard Hoggart, 1918～2014）やレイモンド・ウィリアムズ（Raymond Williams, 1921～1988）といった労働者階級出身の知識人たちが成人教育者として労働者に接するなかで、上流階級の高級文化《ハイ・カルチャー》だけでなく労働者階級の大衆文化にも焦点を当て、それを正統な「文化」としてとらえようとしたことがカルチュラル・スタディーズの源流の一つとされる。

クルと講義プログラムに補助金を分配すること」を目的として一九一二年に設立された。

一九世紀末のスウェーデンでは、工業化・都市化の進展を受けて労働者の組織化が徐々に進み、それと同時に政治的民主化を目指す動きもはじまっていた。劣悪な労働条件のもとに置かれた都市労働者たちは、単位産業別労働組合を設立して待遇改善のための闘争を繰り広げ、やがてデンマーク経由で伝来した社会民主主義運動との結び付きを強めていったが、その成果として一八八九年に発足したのが社会民主党である。一八九八年に社会民主党の支持基盤であった労働組合の中央組織として労働組合全国組織が設立されたのちも、社会民主党は労働組合と密接な関係を保ち続け、労働者のための政党として党組織の規模を大きく広げていった。

そのなかで課題として浮上したのが、党の指導者不足、および民主主義の担い手となるべき「市民」育成の遅れであった。こうした状況への対応として、労働運動に根差した効果的な教育活動をいかに組織化するかが模索されるようになり、紆余曲折を経て、一九一二年にABFが設立されたのである。

実のところ、一九一二年のABF設立は、同年に制定された「図書館法」に後押しされたものであった。この法律は、多くの人の学習要求にこたえる施策として民間の図書館事業に財政支援をするというもので、全国規模で教育活動を展開する民間団体には、図書購入費の五〇パーセントにあたる金額が国から補助されることになった。社会民主党をはじめとする労働運動諸団体は、この法律を活用して国からの補助金を得られれば、労働者のための教育活動を全国で推進するというかねてからの目標が果たされると考え、ＡＢＦを立ちあげたのである。

図書館法の起草段階においては、国民の学習を効果的に支援する方法として、禁酒運動団体で盛んに実施されていた学習サークルの活動が注目された。その活動とは、少人数のグループを編成してメンバーの関心にもとづく本を選び、集団で読書をして、その内容について議論するというものである。本のなかには人類の多様な経験が集約されており、読書を通じて自らが経験できないことを追体験できる。飲酒の弊害を啓発することを目的とする禁酒運動団体では、参加者が読書を通じて、日常生活におけるさまざまな問題に対処する力を身につけられると考えられた。これまで酒を飲んで気持ちを紛らわすしかなかった問題に、しっかりと向きあって対処できる力が得られると期待したのである。

全国の禁酒運動団体が学習サークル活動に取り組みはじめると、その目的に適した本を備えた小規模な図書館が全国各地に多数造られるようになった。図書館法が当初念頭に置いていたのは、こうした活動を支援することであった。

ＡＢＦが立ちあげられたことによって、労働運動のための教育も学習サークル方式を中心に展開されることになった。ＡＢＦの活動は徐々

ストックホルム市の ABF 本部ビル

に拡大し、二〇世紀前半には、さまざまな団体がABFにならった学習協会を設置して、学習サークルの活動を推進しはじめた。

その結果、学習サークルは徐々に政治色をそぎ落としながら、多様な内容をもつ小集団学習として人々の生活に深く浸透していった。一九九〇年代に行われた調査によれば、成人の七五パーセント以上が何らかの学習サークルに参加した経験をもっていたという。

スウェーデンにおける学習サークルの歴史は、人々が小集団学習を通じて民主的な思考と行動を身につけ、政治参加を果たしていった過程と大きく重なる。故パルメ首相(6)がスウェーデン社会を「学習サークル・デモクラシー」と形容した所以はこの点にある。

（太田美幸）

スウェーデン北部のカーリクス市にあるABFの地方支部。
社会民主党、および労働組合全国組織の
地方支部と建物を共有している

5　「価値の制度化」を食いとめる

労働運動を中心とするかつての社会運動は、労働者の権利保障や利益拡大を主張し、政策や制度を変革していくことを目指していた。これに対して、自然保護運動、環境運動、学生運動、フェミニズム運動、反体制運動、マイノリティ運動といった「新しい社会運動」は、経済的・政治的利益を直接の目的とするというよりは、主流社会とは異なる価値観のもとに集う人々がそれを共有し認知しあうこと、そしてその過程を通じて集合的なアイデンティティを形成し、集合行為を生み出すことで社会を変えていこうとするものである（野宮編［二〇〇二］）。「新しい社会運動」に参加することによって、仲間との交流を通じた自己肯定や自己実現が促進され、それが社会への能動的な働きかけを可能にするのである。

「新しい社会運動」に含まれるこうした性格は、教育的な営みであるとも言える。実際、運動体の内部ではさまざまな学習が組織されており、独自の教育機関を設立している例もある（**コラム35**参照）。

（6）（Olof Palme, 1927～1986）一九六九～一九七六年、一九八二～一九八六年の二期にわたりスウェーデンの首相を務めた。教育大臣として参加した一九六八年のヨーロッパ教育大臣会議において、当時スウェーデン国内で議論されていたリカレント教育のアイデアを紹介した。

なかでも、移民した人々が移住した先の社会で展開する運動には、集合的アイデンティティの維持と再創造をかけた教育運動としての性格が顕著に現れている。移民が自らの生活を成り立たせるためにはホスト社会の文化に適応していくことも必要となるが、それ以前に、移民としての劣等感を抱えたままで自己実現を果たすことは難しい。第6章でも見たように、同国出身者のコミュニティを形成し、教育を組織して自文化を維持・継承しようとすることは生き抜くための戦略の一つと言える。

マイノリティのアイデンティティ形成については、「実際に彼らがさまざまな場面で自分を表現できる可能性を内的には持っていても、選択した生き方を実現できるかどうかは、彼らが小さい集団から始めて、社会運動を〈草の根〉的に組みたてられるかどうかにかかっている」（関［二〇〇二］三〇〇ページ）という指摘がある。

そして、草の根的な運動が起こせるかどうかは、自治的な生き方が育成されていたかどうかにかかわっている。「マイノリティたちが自己を社会的に実現しようとすれば、支援者ともども、草の根的な運動を起こし、支配的な人々の考え方や生活様式を正統化するカリキュラムを改め、マイノリティたちの文化も対等であることをメッセージとして送り出すこと」（関［二〇〇二］三〇〇～三〇一ページ）が必要とされる。マイノリティが制度の外でノンフォーマルな教育活動をつくり出し、自文化に立脚した知識や技能を学ぼうとするのは、そうしたメッセージを送り出すためでもある。

こうしたノンフォーマル教育は、イリイチが「価値の制度化」（イリッチ［一九七一＝一九七七］）と呼ぶ事態を食いとめようとする実践であるとも言える。イリイチによれば、学校教育制度が人々の生活に定着したことで、学ぶことが学校に通うこととイコールであると認識されるような事態、学校で得た知識が正統で価値あるもので、それ以外の知識はさほど価値をもたないと認識されるような事態が生じている。学校教育制度によって学びの価値が一元化されてしまっており、学力にもとづいて人々が序列化されることが差別や格差を生んでいるのである。こうした事態を食いとめるためには、制度化された学校教育を相対化する必要がある。

個々人の人生の豊かさは、制度化された学校において善しとされる価値によってのみ決められるものではない。とくに、マジョリティとは異なる価値体系のもとで生きる人々にとっては、自分たちが実感する価値にもとづいて生きることを支える教育が重要となる。教育の場はまた、知識や技能を得るための場であるだけでなく、ともに考える仲間を得て思考を深める場、共感や連帯感を育む場にもなる。経験を共有することで形成される集合的アイデンティティは、社会への異議申し立てを正当化し、社会の変容を推し進める動因ともなりうるのである。

「価値の制度化」のグローバルな展開は、第5章で見たような途上国の教育開発にも現れているが、教育のための国際協力はまた別の顔ももっている。世界各地の社会運動が形成してきた国際的連帯においても教育には大きな期待が寄せられ、民衆の学習を組織化することの意義が強調されているのだ（**コラム36**参照）。「新しい社会運動は学習運動に向かう」（フィールド［二〇〇〇

＝二〇〇四］二四五ページ）という指摘が決して誇張ではないということは、こうした動向にも現れている。

コラム35　「新しい社会運動」とつながる学校

スウェーデンにおける「新しい社会運動」のいくつかは、運動推進の手段としてノンフォーマル教育を効果的に活用している。たとえば、トービン税（通貨取引税）の実現を目指して活動する社会運動団体アタック(7)のスウェーデン支部である「アタック・スウェーデン」は、設立時の文書で「アタック・スウェーデンは、伝統的な民衆教育を通じて経済のグローバル化にまつわる問題に取り組む新しい民衆運動である」と明言し、民衆教育団体の一つである労働者教育連盟（ＡＢＦ）と密接に連携しながら活動を展開している。

ＡＢＦはほかにもさまざまな運動体を支援しており、旧来の社会運動と「新しい社会運動」との交流を目指して、労働運動のベテラン活動家と若いフェミニストたちがともに学ぶ場を設定するなど、世代を超えた社会運動の連帯を模索している。

平和運動、環境運動、アジア・アフリカ・ラテンアメリカとの連帯運動を基盤とする「フェルネボー民衆大学（Färnebo folkhögskola）」も、特筆すべき存在である。フェルネボー民衆大学の運営には一六の社会運動団体がかかわり、生徒のほとんどが何らかの運動体で実際に活躍する活動家である。教育内容の中心を占めているのは、アフリカやラテンアメリカ諸国に出向いて現地の社会運動を支援するという実習で、一～二か月の事前学習ののちに数か月間現地に滞在し、貧困や社会的抑圧に対抗するための組織づくりを中心にさまざまな活動を行う。なかには、派遣対象国からの移民が生徒として参加し、母国で展開されている政府への抗議活動に加わるという例もある。

また、「イェテボリ女性民衆大学（Kvinnofolkhögskolan i Göteborg）」は、フェミニズム運動のために設立された学校である。設立者の一人は、「イェテボリの女性活動家たちは、女性民衆大学における教育を通じて社会を変革することを目指したのです」と述懐している（太田［二〇〇七］）。

彼女たちの活動の出発点には、女性たちの置かれてい

(7)（Association for the Taxation of financial Transactions and Aid to Citizens：ATTAC）一九九八年にフランスで創設され欧米諸国などに広まった国際団体。経済のグローバル化を推進する新自由主義を批判し、貧困や差別、不平等のない「もうひとつの世界」の実現を目指している。

女性民衆大学の正面入り口

る経済的・政治的・社会的状況はすべて家父長制的な抑圧構造によるものであるという認識がある。こうした抑圧から解放されるためには、職業をもつことで経済的に自立することだけでなく、自らの可能性を探求するための学習の場をもつことも不可欠であると考えたのである。

彼女たちは、あらゆる社会関係のなかに伏在する男女の不均衡を自分たちの学習空間から徹底して排除することによって、女性にとっての生きやすさを模索しようとした。そして、そのために、生徒だけでなく教師も職員もすべて女性のみとする学校づくりにこだわった。校舎は女性運動の諸団体の活動の場でもあり、通常の授業が終わった夜間や休日には、地元のさまざまな女性グループがやって来て会合をもったりセミナーを開いたりする。とくに、若い世代の女性活動家たちにとって、この学校は格好の交流スペースとなっている。

スウェーデンでは、任意団体によって設立された学校は「運動学校」と呼ばれ、一九一〇年代からノンフォーマル教育として各地に根を下ろしてきた。初期の運動学校は、労働運動、禁酒運動、宗教運動によるものがほとんどであったが、現在では運動としての性格をほとんどもたない学校も多い。だが、先に挙げた例のように「新しい社会運動」と結び付いている学校も少なからず存在する。日本の社会教育行政において政治と宗教が徹底して排除されてきたことを考えると、これらがほかの学校とまったく同じように国庫補助金を受給していることは興味深い。

イェテボリ女性民衆大学のように、運動学校がローカルな問題に取り組む他のグループへの支援をも行っていることを考えれば、こうしたノンフォーマル教育機関が存在することの意義はきわめて大きいと言えるだろう。

（太田美幸）

コラム36　「もう一つの世界」のための教育——世界社会フォーラムと世界教育フォーラム

経済のグローバル化が進展し、多国籍企業が地球の富を独占し、人間よりも市場原理が優先される世界のあり方に異議を唱え、社会的公正と文化的多様性の尊重される社会の実現を求めて世界のNGO、社会運動組織が結集する「世界社会フォーラム（World Social Forum：WSF）」。このフォーラムは、「もうひとつの世界は可能だ！」というスローガンのもと、多いときは一五万人（二〇〇五年）の参加者が集う、社会変革を目的とするビッグイベントとなっている。

人々の生活と文化、環境を守るための闘争と日常的実践を重ねるさまざまな団体・個人が集うWSFは、二〇〇一年ブラジル南部の都市ポルトアレグレでの開催後、アジア、アフリカ、ラテンアメリカの都市へと開催地を移動して世界の人々をつなぎながら、人間の尊厳が守られるオルタナティブな世界を構築するためのアイデアを議論し、共有し、連帯する「開かれた空間」を形成している。

WSFでは、市場経済に支配された社会から排除された人々の命が奪われ、環境と地域社会を破壊する開発が拡大する現場において、地域的実践を展開するローカルな民衆運動が主催する数千もの分科会が開催される。会場は大学であることが多く、各教室で「平和」、「反新自由主義」、

「自然保護」、「知の共有」、「文化的多様性」、「生存の権利」、「マイノリティと自立」、「連帯経済」、「民主主義」、「環境と土地」、ラテンアメリカ先住民の共生の思想である「ブエン・ビビール（Buen Vivir：善く生きる）」など、多種多様なテーマにもとづいて議論が交わされる。

個々の報告に対して、参加者による自らの地域文化的実践にもとづく助言や異なる立場からの意見交換が活発に行われる。単なるオーディエンスとしてではなく、社会問題の当事者として参加する人々による議論は、運動間の対話と連帯をつくり出し、新たな課題やアイデアを創造する。「世界を変えるために戦う者たちの結節点を増やし、連携を構築するひとつの過程」（ウィッタケル［二〇一〇］三三ページ）である

世界教育フォーラムの聴衆（ブラジル）

ＷＳＦは、世界を変えるためのノンフォーマルな民衆の学びの場でもある。

ＷＳＦには、多様な課題にもとづくパラレル・フォーラムが存在する。教育にかかわる課題をより詳細に検討するための「世界教育フォーラム（World Forum of Education：ＷＦＥ）」もその一つで、第一回大会（二〇〇一年一〇月）には六〇か国から約一万五〇〇〇人が参加した。「もうひとつの世界」を可能にするための「人間の解放者としての教育」（Gadotti［2009］p.27）を目指して、公教育の民主化、多様性の尊重、市民教育、教育の商品化に対する痛烈な批判、教育の担い手としての地域社会の主体的かかわりについて、さまざまな立場から教育活動を展開する組織が経験の蓄積を分かちあう場が構築されている。ＷＳＦにあわせて開催される世界大会のほか、テーマ別・地域別ＷＦＥが企画され、職業教育、テクノロジー、資本主義の危機、社会と環境の正義などを主題にセッションが行われる。

地域別ＷＦＥは、市政府など自治体の協力のもと、ＮＧＯや社会運動のメンバーだけではなく、公立・私立学校の教員、自治体の教育部門担当者、大学生、研究者、コミュニティ・リーダーなど、地域の教育現場にかかわるさまざまなアクターが参加する「地域的実践の出会いの場」となっている。彼ら／彼女たちはみな、「自分の暮らす地域社会の教育をより良いものにしたい」という意志のもと、足を運び、声を出し、耳を傾ける。ＷＦＥで得られる新たな試み、情報とネットワークは、教育実践における連携関係を生み出す資源となる。

近年、世界のあらゆる場所で格差拡大と社会的分断が進み、極右政権の台頭、レイシズム、民主主義の形骸化といった深刻な問題が脅威をもたらす現状から、ＷＦＳをより具体的な世界の社会「運動」にしようとする議論が再燃している。ＷＳＦ創設者の一人であるシコ・ウィッタケル（Chico Whitaker）は、そうした「対抗覇権の構築」（松下［二〇二二］一七九ページ）の重要性を認めつつも、参加者間の水平的関係と組織の非階層性を担保する「空間」としての存在こそが、「政治的戦略」となり、社会運動間の協力と連帯を生み出すと述べている。多元的な価値にもとづいて誰もが自由に発言、表現する権利が約束される「空間」ゆえ、多様性を尊重し、社会正義を実現する、民主主義のための教育を実践する場として機能すると言えるだろう（田村［二〇二二］）。

ＷＳＦに参加した人は、みなその熱量に圧倒される。カーニバルのようなオープニングラリーにはじまり、演奏、演劇、ダンスなどのカルチャーイベントも目白押しである。分科会の終了時には、みな必ず見知らぬ参加者と言葉を交わしている。「もうひとつの世界」を求める同志との出会い、人々のバイタリティーと多様性、理解と連帯による希望、それらすべてを体感し、民衆教育の思想にもとづく「教えられるのではなく、お互いの知を学びあう」（ウィッタケル［二〇一〇］四三ページ）プロセスから、それぞれが自分の地域的実践をより豊饒なものに変え、社会の変革を目指すためのエンパワーメントの空間が紡ぎ出されている。

（**田村梨花**）

第8章

性の平等を目指す教育実践

ストックホルム・プライドにおけるパレード（スウェーデン）

1 近代教育とジェンダー

学校教育は、ジェンダー平等が比較的に進んでいる領域だと言われている。世界経済フォーラムが毎年発表している「ジェンダーギャップ指数」（各国における男女間の不平等の実態を数値化したもの）を見ると、「経済活動への参加と機会（経済）」、「教育達成度（教育）」、「健康と生存率（保健）」、「政治への参加と権限（政治）」の四つの指標のうち、教育と保健はともに、対象国全体において平等を示すスコアが高い。一部の国では深刻な格差が残っているものの、識字率の男女差は年々縮小しており、八割近くの国で初等教育就学率の男女差はほぼ解消されている。

日本においても二〇二四年の教育指標のスコアは〇・九九三で、これだけを見るとほぼ完全に男女平等を達成していることになる。だが、四つの指標全体のスコアは〇・六六三で、一四六か国中一一八位という位置にあり、これは先進国のなかではきわめて低い。教育指標で満点に近いスコアを取りながらこんなにも全体順位が低いのは、経済と政治のスコアが足を引っ張っているからで、経済のスコアは〇・五六八、政治に至っては〇・一一八となっている。

教育のスコアについても、その内実を見ると手放しで賞賛できるわけではない。教育指標の基となっているデータは識字率と初等・中等・高等教育就学率の男女差で、この指標のスコアが一・〇〇であれば男女が完全に平等であると見なされる。だが、義務教育である初等教育（小学校）と前期中等教育（中学校）、九五パーセントを超えている高校（後期中等教育）の就学率はともかく、大学進学率はいまだに男子のほうが高いし、短期大学への進学者は女子が多い。

また、就学率が男女ほぼ同等であるとしても、男女が受ける教育が同等であるとはかぎらない。たとえば、二〇一八年には、国内の複数の医学部において入学試験の際に性別による不適切な得点調整が行われていたことが発覚した。進学先の選択における男女差も大きいし、学校を通じて内面化される規範にも男女で違いがある。学校教育制度のなかでは、性別による格差はいまだに根強く残っていると言わざるを得ない。

とはいえ、学校教育における男女の不平等が、歴史を通じて大きく改善されてきたのは事実である。そもそも、近代教育の思想には当初から、女性を男性の補助的存在と見なす価値観が埋め込まれていた。「近代教育の父」と呼ばれるルソー（第1章参照）が一七六二年に著した『エミール』には、次のような文章がある。

> 女性の教育はすべて男性に関連させて考えられなければならない。男性の気に入り、役に立ち、男性から愛され、尊敬され、男性が幼いときは育て、大きくなれば世話をやき、助言をあたえ、なぐさめ、生活を楽しく快いものにしてやる、こういうことがあらゆる時代における女性の義務であり、女性に子どものときから教えなければならないことだ」（ルソー［一七六二＝一九六四］二二ページ）

こうしたルソーの考え方は、早くから女性による猛烈な抗議の対象となってきた。ルソーとほぼ同時代を生きたメアリ・ウルストンクラフト（Mary Wollstonecraft, 1759~1797）の一七九二年の著書『女性の権利の擁護』の一部は、ルソーの女性教育論への反論として書かれたものである（ウルストンクラフト［一七九二＝一九八〇］）。彼女はこの著書で、教育を通じて女性の地位を向上させることを主張した。

その後、長い時間をかけて、女性は男性と同等の教育を受ける権利を獲得し、あるいは少なくともその権利をもつと認識されるに至った。そして現在、就学率の面では男女の平等が達成されつつある。だが、すでに見たように、それが政治や経済の領域における女性の地位の向上には結び付いていないのが現状だ。端的にいって、就学率の向上だけではジェンダー平等にはつながらないのである。

それどころか、学校教育はジェンダー不平等を再生産しているということも指摘されている。すなわち、学習内容、教材や教科書、教師－生徒間の相互作用、教師の言動や態度、クラブ活動、進路指導など、学校生活のあらゆる要素が「隠れたカリキュラム」として特定の価値観、信念、規範を伝達する機能を果たし、日々の学校生活を通じて、性別役割や男性優位の規範が生徒たちに内面化されているのである（木村［一九九九］）。

社会生活におけるジェンダー格差の解消を目指す人々は、こうした学校教育の構造を変えていくことを重要な戦略の一つとしてきた。たとえば、家庭科の男女共修化、男女別名簿から性別混合名簿への変更、公立高校における男女別定員の廃止などは、そうした取り組みの一部である。

とはいえ、男女間の不平等はフォーマルな学校教育の定型的な様式に深く埋め込まれており、それを変えていくというのは容易ではない。それゆえに、学校教育の改革と並行して、学校教育の外での学習を通じて性別役割意識や性規範を克服しようとする実践も展開されてきた。次節では、その一部を見ていこう。

2　女性たちの学習活動

学校教育が女性にも門戸を開く以前には、女性たちが力を得るための学習の場は、フォーマルな教育制度の外部につくられてきた。一九世紀以降の欧米諸国では、正規の教育制度には接続しない私立の女子学校が多く設立されている。明治期の日本も同様であった。

そのいくつかは、のちに教育制度に組み込まれて正規の学校となったが、二〇世紀前半まで、そうした女子学校における教育内容は男子を対象とする学校とは異なり、「良妻賢母」を育てることを目指すものが多かった（小山［一九九一／二〇二二］）。女性を対象とする職業学校もあったが、大多数は洋裁や医療など女性向けとされていた職業に向けての教育を行うもので、性別役割を明確に反映したものであった。

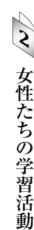

こうした学校教育の前提には、男女は異なる特性をもっており、その特性に適した能力を伸ばすための教育が行われるべきだという「特性教育」の考え方があった。それがジェンダー平等の障害となっていることが認識され、男女間での教育内容の相違や、「男子が先で女子が後」という序列の解消に向けた動きがはじまったのは二〇世紀後半のことである。

ほぼ同じ時期に、学校教育制度の外側でも、ジェンダー不平等の克服に向けた意識改革の試みが活発化した。女性たちは草の根のネットワークをつくり、そこで自らをエンパワーメントし、社会を変えていくための行動を起こしてきたのである。そして、そこでは、フォーマルな学校教育とは異なる、柔軟な学習方法が開発された。

その代表的な例が、一九六〇年代後半のニューヨークにおいて、フェミニズム運動のなかから誕生した「コンシャスネス・レイジング（CR）」と呼ばれる取り組みである。女性たちが互いに経験を語り合うことによって、共通する問題を認識していくというものだ。

当時、ニューヨークでは労働運動が活発だった。そのなかに、労働者の階級意識の向上に取り組む「オールド・レフト」という団体があり、労働力を搾取する資本主義システムの構造を労働者に啓発することによって労働運動への参加を促すことを主張していた。

フェミニズム団体に参加していた女性たちが「オールド・レフト」のこうした主張に触れたことが、CR誕生のきっかけとなった。自らが搾取されていることに気付かない労働者の状況は、女性としての抑圧を意識してこなかった自分たちと同じであり、自分自身の意識をとらえ直すためには、ほかの女性たちの経験を聞くことが肝要だ、と彼女たちは考えた。そして、それをCRと名付けて組織化していったのである（**Brownmiller**［**1999**］）。

そこでの重要な目標は、女性たちが男性中心的な認識枠組みを相対化し、自分の経験を自分自身で意味付け、自分の人生を自ら選び取っていくことを支援することにあった。それを通じて、個々の学習者が女性の権利保障のための運動に参加し、社会を変えていくことを促すのだ。こうした考え方にもとづいて続けられてきたフェミニズム教育は、パウロ・フレイレ（201ページより参照）から大きな影響を受けていると言われている[1]。

女性たちの多くは、家族という私的な場においても、学校や職場という公的な場においても、ジェンダー規範と距離を置いて率直な発言をすることが難しい。それゆえに、自発的に集まった女性たちだけで少人数のグループをつくり、お互いを尊重しながら自分の経験や感情について率直に語り合うことができる場所は大きな意味をもった。女性たちはそれを通じて連帯感を育み、ものの見方を組み替え、行動の仕方を変える勇気を得たという。

こうしたCRの手法はすぐに全米に広まり、他の国々にも紹介されていった。他方で、類似の手法が各地で同時多発的に生じてもいた（**コラム37**参照）。学校教育における男女平等が模索さ

（1）たとえば、著名なブラック・フェミニストであるベル・フックスは、ペダゴジーをめぐる自身の思想がフレイレの作品から大きな影響を受けていることを明言している。彼女によれば、教師のもっとも重要な目的は、生徒が人種的、性的、階級的な境界を踏み越えて（transgress）自由を得るように導くことにあるという（hooks 1994）。

れるようになった時期には、教育制度の外でも、グループで互いに学び合いながらより良い生き方を模索する女性たちの活動がはじまっていたのである。

コラム37 一九七〇年代の学習実践――国立市公民館「私にとっての婦人問題」

東京都心からまっ直ぐ西に向かうJR中央線で一時間弱。人口七万人余りの国立市にある唯一の公民館は一九五三年に開館し、社会教育関係者のなかでは「女性たちの革新的な学習の場」として知られている。

たとえば、一九五七年公開の岩波映画『町の政治――べんきょうするお母さん』(監督・時枝俊江)では、この公民館に集う主婦たちが、国立町(当時)に小学校新設の働きかけを行ったり、教育予算の増額を目指して町の予算執行状況を調べ上げ、問題点を指摘するといった様子が生き生きと描かれている。女性たちが交流しながら学び合う場が、この公民館には当時から根付いていた。

一九七一年から一九七二年にかけて「市民大学セミナー」として開講された講座「私にとっての婦人問題」もよく知られている。この講座は、女性たちが自分について話し、お互いの物語から問題を見つけて共有することによって自らの抑圧を認識し、それに対峙することを目指した。

公民館の呼びかけに応じて集まったメンバーは、二五名の既婚女性である。セミナーは毎週火曜日、一五回にわたって開講された。各自が「私にとっての婦人問題」というテーマでエッセイを書き、その内容について小グループで議論する。議論の結果をレポートにまとめ、さらにそのレポートを講座のメンバー全員で読み合いながらまた議論をし、その記録を書きあげる、といった具合に進行した。

自分について自分の言葉で語ること、ほかならぬ自分にとって何が問題なのか、話し合いを通じて考えることを繰り返すなかで、メンバーは自分を取り巻く差別の状況について認識を深め、それまで突きつめられずにいた感情や問題を言語化していった。そこには、自らの意識の甘さや内なる差別意識など、直視するには耐えがたいものへの気付きも含まれている。他方、学習を通じて生きることへの新たな意味づけを得たことの喜びや、問題解決に向けた行動に踏み出す決意なども共有されることになった。

国立市公民館

このセミナーの記録は、一九七三年に出版されている（国立市公民館市民大学セミナー編［一九七三］）。そこに示された女性たちの意識の変化は、たとえば以下のようなものである。

セミナーに参加しようと思ったときの気持は、何だかわからないけど欲求不満があったり、子どもから離れた時間を持ちたいと思ったり、自分の今の状況がもう少し何とかならないものかと思ったりして、「何とかしたい」とだけ漠然と考えていました。いずれにしても「学習したい」などというようなスッキリしたものではありませんでした。

ところがセミナーがはじまって、いまの自分たち（つまり結婚した女）の生きている環境や行動の範囲がせまくせまく押しすぼめられていることに気付かされるようになりました。（略）セミナーでは、これらさまざまなことがみんなの口から訥々と言われ、自分も言い、ぼんやりながら正体らしきものがつかめてきたような感じがします（一九九～二〇〇ページ）。

ともかく言葉にあらわすことによって自分のことをあらためて深く考えるチャンスが与えられました。発言してみて充分みんなに伝わったかどうか危ぶんでいると、それを別の人がひきとってくれて、その人の体験で補いながら話してくれる。それをまた自分で受け止めてさらに考えるという方法が繰り返されました。このように、「発言することで考えること」を繰り返すうちに、自分のなかでぼんやりあった疑問とか違和感が浮かび出て他の人の「発言に含まれる」矛盾や飛躍も自分の上におきかえて考えられるようになり、自分と問題との関係を考えることができるようになって来ました（一九八ページ）。

私にとってこのゼミでの最大の収穫は、一般的常識の範囲内でしか生きることを考えられなかった私が、そのワクの点検をはじめ、自分の手で、また仲間との連帯によって、少しずつでも実際の生活を変えうるのではないかと考えるようになったこと。それは、困難な状況のなかでも、自分自身をごまかさず、真剣に生きようとする多くの仲間が居るということで勇気づけられ、励まされてきたものだと思います（一八四ページ）。

セミナーの記録を本として出版することも、こうした学習の延長線上にあった。それは参加したメンバーがさらに思考を深めるために提案されたものだったが、同時に社会に対する問題提起でもある。

公民館職員としてセミナーの運営を担った伊藤雅子氏は、「記録を公開するということは、私たちがセミナーでしてきた『発言すること』『自己表現すること』をもっとはっきりした形で行なうことであり、もっと広い範囲の人たちに問題提起することになるだろう」（二〇五〜二〇六ページ）と述べている。その成果は、一九七三年の出版以降、同書が何度も重版され、二〇〇一年には復刻版も出されていることに表れている。

（太田美幸）

3 「多様な性」を支える教育

フォーマルな学校教育においては、二〇世紀後半を通じてジェンダー平等の取り組みが進んできたが、他方で、性の多様性に対する理解はなかなか進んでいない。

人間の性のあり方は男女に二分されるものではないという事実や、性的マイノリティの総称としての「ＬＧＢＴＱ＋」（レズビアン、ゲイ、バイセクシュアル、トランスジェンダー、クィアまたはクエスチョニングの頭文字を組み合わせた表現）、性的指向と性自認を指す「ＳＯＧＩ」（ソジ：Sexual Orientation and Gender Identity）といった用語は、近年広く知られるようになったものの、当事者に対する差別や抑圧は現在もなお続いている。

異性愛（自分とは異なる性に対して恋愛感情や性的欲求をもつこと）は複数ある性的指向のうちの一つにすぎないし、身体的な性と性自認が一致しないケースも古くから存在している。にもかかわらず、社会におけるさまざまな制度は、性別を男女の二つのみに分け、異性愛を唯一の性的指向であると見なす「異性愛規範（ヘテロノーマティビティ）」にもとづいて成立してきた。学校教育制度もその例外ではない。そのなかで、性的マイノリティの子どもたちが経験してきた苦悩は計り知れない。

第1節でも触れたとおり、学校教育の内部では、子どもたちの意識と行動は「隠れたカリキュラム」から強く影響を受ける。そこには、「ノーマル」な男性らしさ／女性らしさの規範が根を張り、それに適合しない子どもたちに無形の圧力をかけているのである。性的マイノリティの子どもたちに自殺念慮の割合が高いことは、いくつもの調査で指摘されてきた。

性的マイノリティの子どもたちは、長らく学校において適切な支援を受けることがなく、むしろ「問題グループ」として扱われてきた。このことは、一九七九年に文部省（当時）が発行した『生徒の問題行動に関する基礎資料――中学校・高等学校編』において、同性愛が「倒錯型性非行」とされ、指導して改善すべき「問題行動」として位置づけられていたことにも表れている。

日本においてこうした状況に変化が訪れたのは、一九七〇年代から男性同性愛者による当事者団体が結成されはじめ、孤立した状況に置かれがちな当事者のネットワーク形成や相談活動、権利保障を求める運動などが行われるようになったことによる。なかでも画期となったのは、一九八六年に発足した「動くゲイとレズビアンの会」が一九九一年に提訴し、一九九七年に結審した「府中青年の家」裁判であった。

「動くゲイとレズビアンの会」（通称「アカー（OCCUR）」）は、同性愛者に対する支援を行うグループとして、一九八六年に五名の若者によって設立された。当時、ＨＩＶ感染が主として男性同性愛者の生命を脅かす深刻な問題となっており、それによる差別も激しくなっていた。アカーの若者たちは手探りで正確な知識と情報を集め、同性愛者への差別と偏見を解消するための活動をはじめたのだ。

このアカーが、一九九〇年にメンバーの学習会の会場として東京都の社会教育施設「府中青年の家」を利用した際、ほかの利用団体から差別的発言や嫌がらせを受けた。アカー側がそれに抗議すると、青年の家および東京都教育委員会は、アカーが再び同施設を利用することを拒否したのである。

これは不当な差別である。アカーは東京都を提訴し、東京高等裁判所は「都教育委員会を含む行政当局としては、その職務を行うについて、少数者である同性愛者をも視野に入れた、肌理《きめ》の細かな配慮が必要であり、同性愛者の権利、利益を十分に擁護することが要請されているものというべきであって、無関心であったり知識がないということは公権力の行使に当たる者として許されないことである」との判決を下した。

この判決は、日本における性的マイノリティの人権保障に向けた大きな一歩となった。また、アカーにおいて当事者のネットワークが築かれ、そこでの不屈の学習活動が社会の意識を変えるきっかけをつくったという点も、大きな意義をもつ。

一九九〇年代後半以降は、学校における人権教育の一環としての「セクシュアルマイノリティ教育」の実践も開始されたが（セクシュアルマイノリティ教職員ネットワーク［二〇〇三］三ページ）、いまだに広く普及するには至っていない。そのなかで、当事者たちは自ら学習や調査を積み重ね、自ら集めた調査データをもとに政治への働きかけを続けてきた。並行して、問題に直面している人々、リスクを抱えている人々に役立つ情報を届けるという取り組みも、地道に続けられてきた（**コラム38**参照）。

家庭や学校では自己発達のための資源を得にくい人々にとって、コミュニティを見つけてそこに参入することはきわめて重要である。現在も日本国内ではさまざまな組織やネットワークが草の根の活動を続けているし、海外に目を向ければ、行政による支援が行われている事例もある（**コラム39**参照）。さまざまなアクターが、世代間をつなぎながら、差別解消と人権保障のための運動を続けているのである。

コラム38　ゲイ雑誌づくりというセクシュアリティ教育／社会運動

まだ有効な薬がなく、HIVが死に至る病いと恐れられていた一九九二年、自身の感染を知った長谷川博史（一九五二〜二〇二二）は雑誌社での仕事を辞め、打ちひしがれていた。しかし、主治医の励ましや、薬害HIV感染被害者で製薬会社五社と厚生省（現・厚生労働省）を相手とした東京HIV訴訟原告団代表・大平勝美らとの出会いを経て、患者会に参加したり、自身でも講演活動を行うなどして過ごすうちに、少しずつ生きる力を取り戻していった。

奇しくも、性的マイノリティらが集う新宿二丁目では、新しいゲイ雑誌をつくる動きが起こっていた。雑誌の編集経験があった長谷川に声がかかり、『Badi』と『G-men』という二つのゲイ雑誌創刊にかかわることとなった。残された時間が少ないと考えていた長谷川は、残りの人生をゲイ雑誌づくりに賭けたのである。

『Badi』では、経営陣と対立してまもなく辞職してしまったが、『G-men』では一九九五年の創刊号から二〇〇二年まで編集長として、アーティスト田亀源五郎など気概に満ちた仲間とともに、これまでにないゲイ雑誌をつくることを目指した。

雑誌の特徴は、新宿二丁目などでゲイバーなどの店を営む地域の働き手と、全国の読者との協働による誌面づくりにある。グラビアモデル、イラスト、小説、漫画、ビデオやＤＶＤ、全国のゲイバー紹介といった一方向的な情報提供だけでなく、読者の出会いのための投稿欄、読者からの投稿小説の批評や、マンガ教室（道場）の開催などにも取り組んだ。

また、読者から寄せられたアンケートや体験記の内容を手がかりに特集記事を組むなど、読者との密度の濃い双方的なコミュニケーションを最大の特徴としていた。つまり、全国に広がる読者の共同体を形成しながら、現実空間での人と人との出会いもそこに折り重ねることで、雑誌を通じた重層的な共同体の創造と新しい社会の構想を目指したのである。

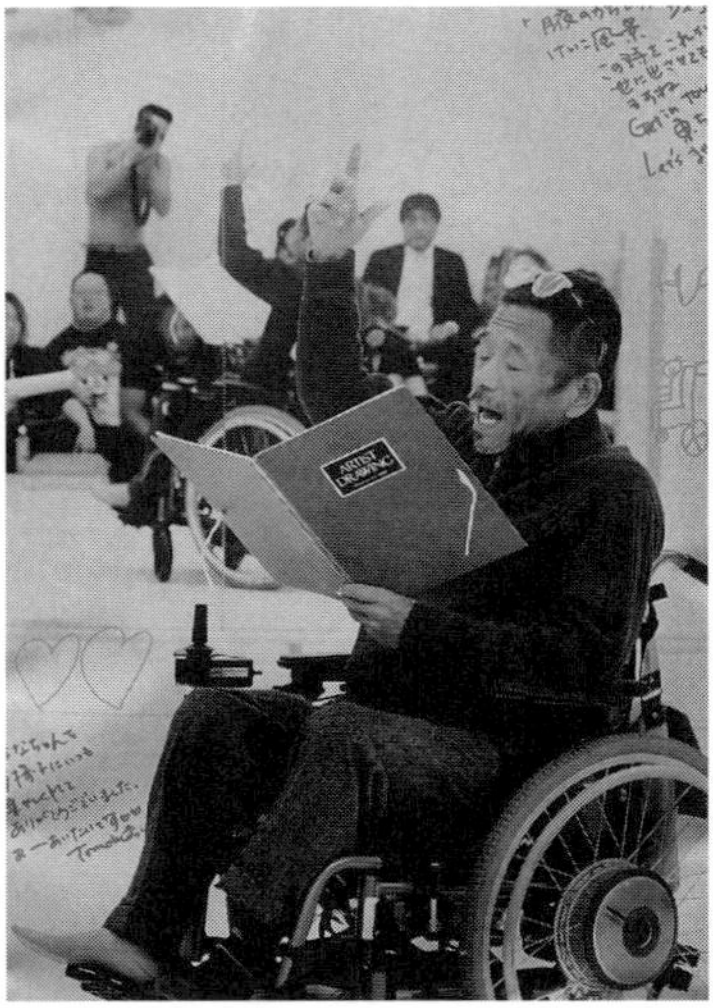
長谷川博史氏

雑誌づくりのなかで長谷川が当初から抱いていた最大のテーマは、性の楽しさを損なわずに、いかにＨＩＶの予防と検査を促進するかにあった。そこで長谷川は、医療専門職と協力して二つの記事連載を行った。

一つは、医療情報としてのコラム「ＨＩＶの基礎知識」である。専門用語をなるべく平易な言葉に置き換え、ふだん雑誌で用いられている口調や表現を使いながら説明を行っている。また、実際に検査に携わる保健師など専門職の顔が見える写真とメッセージを掲載し、ＨＩＶや検査施設への恐怖を取り除き、検査への障壁を下げることを狙っている。ここには、長谷川をはじめ多くの陽性者がなかなか検査を受けるに至らなかったという経験が反映されている。

もう一つは、陽性者の視点から書かれた体験記である。ある例では、一人の陽性者が伝言ダイヤルでの出会いから喫茶店で待ち合わせ会話を楽しんだあとに、ＨＩＶへの罹患を防ぐためのコンドームを用いたセーファーセックスに至るまでの一日の様子が描かれている。ここでは、上記の「基礎知識」をもとに、いかに実践面でエロティシズムや楽しさを損なわずにＨＩＶを防ぐことができるかという説明が重視されている。また、「基礎知識」がＨＩＶというウイルスに着目したことに対し、この体験記では陽性者が同じ人間として当たり前の日常生活を営んでいることが読者に示されている。現在の文脈で言えば、これは多様性と共生に向けた実践的な挑戦と言えよう。

一般的に、『G-men』や『Bodi』のようなゲイ雑誌は、「エロ本」という一過性の読み物として社会の周縁に置かれがちである。だが、ともすれば打ち捨てられてしまうような営みのなかに、生き方を伝える技法（アート）としてのさまざまな表現が散りばめられていることもある。その技法は、切実に求められている情報を効果的に伝えるという意味で、まさしく教育的である。

かつてゲイ雑誌は、人目に付きにくい国道沿いや新宿二丁目の仲通りなど、性的マイノリティが集う書店で売られていた。そのようにして細々と発信されていた情報は、公（教育）から排除された、いわば「路上の教育」と見なしうるものである。ノンフォーマルな教育実践は、この事例のように一過性の消費財として打ち捨てられがちな物事のなかにも見いだされることがある。

（大島岳）

コラム39 パキスタンにおけるトランスジェンダーと教育

一般的に、「トランスジェンダー」とは身体的な性と性自認が一致しない人を指すが、パキスタンではMtF（Male to Female：生まれた時に男性の性を割り当てられたが女性として生きることを望む人たち）を「トランスジェンダー」と呼ぶことが多い。二〇一七年の国勢調査では約一万人が「トランスジェンダー」として登録しており、潜在的な数はさらに多いと見られる。

意外に思われるかもしれないが、パキスタンでは二〇〇九年から第三の性「X」としてトランスジェンダーの人に対する国民IDカードの発給が認められた。二〇一七年からは、パスポートにおいても性別欄で第三の選択肢を選べるようになっており、その点では日本より進んでいると言える。その一方で、「X」のカテゴリーが差別の対象にされ、必ずしも彼女たちの権利の保障につながっていないという事実もある。

インド亜大陸を制したムガール帝国時代（一五二六年～一八五八年）には、トランスジェンダーの人たちは女宮に仕え、詩やダンスなどの芸術や教養をたしなむ尊敬される存在だった。しかし、時代とともに、「男女の二つの性別に属さないのは罪」という無理解・不寛容な理解が広がり、現代では偏見やハラスメント、暴力、さらに殺害されるケースもある。

両親や家族から見放され、幼少期から路上生活をしたり、「グル」と呼ばれるトランスジェンダーの長がつくるコミュニティに預けられ、そのなかで育つことも多い。結果として、公教育での学習機会を得る機会がなく、偏見も相まって正規の仕事に就けず、多くは物乞いやパーティーなどでのダンサー、あるいはセックスワーカーとして生計を立てている。

家族や親族が助け合いながら集団で暮らす「ジョイントファミリー」の文化がまだ顕著なパキスタンでは、経済的に困難なときには、家族という単位で助け合う社会的なセーフティネットがある。しかし、家族から離れ、社会のなかで偏見にさらされて生きるトランスジェンダーの人たちの生活は、経済的にも精神的にも孤立し、過酷となりやすい。近年では、現実から逃避するためにドラッグに手を出し、抜けられなくなるケースも増加している。

パンジャブ州の古都ムルタンでは、二〇二〇年から、南パンジャブ教育局によってトランスジェンダーに特化した「トランスエデュケーション」というノンフォーマル教育が実施されている。

市内にある公立の女子校の空き教室を使って、初等・中等・職業訓練などの教育を短期間で修得することができる。「ここは私たちを受け入れてくれる安心できる場所」と彼女たちに言わしめるこの取り組みは、教育局の担当者や教師が、柔軟かつ積極的に、あるがままの彼女たちを受け入れるという姿勢が顕著だ。教育局が現地の伝統的なブロックプリントのスカーフや制服を提供したり、通学時のハラスメントを防ぐための乗り合いリクシャなどといった交通手段を準備したりと、手厚いケアを重ねている。

また、一部の教師がトランスジェンダーであることも特徴である。彼女たちは、教室で教えるだけでなく、自分たちが苦労して学び続けてきたことの意味を説き、メンターとしてトランスジェンダーの学習者に寄り添っている。彼女たちが身近にいることで、学習者たちは将来なりたい人物モデルを考えることができ、モチベーションを保つことも多い。

仕事に出向く前に教室で学ぶ

これまでにも、トランスジェンダー向けの教育を小規模に提供する政府機関やNGOがないわけではなかった。しかし、その多くは、学習機会を提供する側のボランティア的、あるいは自己満足的な取り組みであることも多く、トランスジェンダーの人たちの生活スタイルやニーズ、困難にあったものでは必ずしもなかった。たとえば、結婚式などの不規則なイベントでの仕事のために長期間学校を休まざるを得ないといった事情や、家族からの孤立や社会の暴力・偏見から来る精神的な不安などについて、丁寧にフォローできる仕組みがなかったのだ。

「パキスタンのトランス女性にとって『教育』は目的ではなく手段である」と、教師の一人であるアリーシャさんは明言する。彼女自身も親に捨てられ物乞いなどをしながら学び続け、現在は博士号の取得を目指している。

彼女によれば、伝統的な「グル」（トランスジェンダーの長）システムはトランスジェンダーにとって唯一のセーフティネットであった。その一方で、グルがもつネットワークが限定的で、ダンサーやセックスワーカーでしか収入が得られず、結果として「トランスジェンダーの人はけがれた存在である」というイメージをさらに広めてしまっている。

恒常的な困難から脱却するには長時間かけて基礎教育を受けることが必要だが、そうする時間も興味も彼女たちにはなく、手っ取り早く手に職を付ける必要がある、と言う人が多い。そのなかでアリーシャさんは、長い目で見れば、多くの職場でトランスジェンダーの人たちが日常的に存在することが、自分たちの尊厳が守られるただ一つの道と強く説いている。そのためにも、教育の機会が不可欠なのだ。

「トランスエデュケーション」のコースがはじまって一年半、それまで通学路で冷笑し、からかいの言葉をかけていた街の人たちが、学校に通い続け自信をつけていく彼女たちの姿を毎日見続けることで、「その態度が変わってきた」とアリーシャさんは言う。

彼女たちを「受け入れている」教育局の職員や学校、生徒にも、その影響は徐々に広がっている。先日実施された地域の中高校生体育大会に、彼女たちは「トランスエデュケーション」チームとして参加した。中傷の言葉を投げかける男子学生に対し、それまでトランス教育にかかわったことのない教師たちが怒り、訂正して謝るように促したという。

学校のなかでの偏見や中傷には、教師が加担することもあり、それが原因で中退してしまうケースも少なくないなか、こうした変化はトランス女性たち自身にとっても、そしてそれに直接かかわっている担当官たちにも思いがけないことだった。教育の場から疎外されてきた彼女たちが学ぶ機会は、阻害してきた側の学びの機会にもつながっている。

さらに、新しい変化も起きている。年長のグルたち自身が教室に通い出したのだ。彼女たちのコミュニティの若者たちも、それに続くようになった。

それでも、「トランスエデュケーションコース」で学ぶ生徒の中退率は高い。セーフティネットのない過酷な労働環境との両立は決して簡単ではない。戻ってこられるときに戻ってくればいい、そう言える学びの環境をつくれるのも、ノンフォーマル教育であるからこそかもしれない。

（大橋知穂）

4　セクシュアリティ教育の現在

現代の国際社会においては、「包括的性教育」が、性にかかわる教育実践の指針として定着しつつある（ユネスコ［二〇二〇］）。従来の「性教育」は、性と生殖の健康に関することが中心であったが、「包括的性教育」では、これに加えて性の多様性やジェンダー平等を重視し、性的自己決定や性的健康への権利を尊重している。日本においても、従来の「性教育」に代えて、包括的性教育を含意する「セクシュアリティ教育」という表現が用いられる場合が増えている（浅井［二〇二〇］）。

性的自己決定や性的健康への権利は、一九九四年にカイロで開催された「国際人口開発会議」を契機として注目されるようになった。この会議において、初めて「リプロダクティブ・ヘルス／ライツ」（性と生殖に関する女性の健康と権利）という用語が国際的な政策用語として定義されたのである。

こののち、一九九五年の「北京世界女性会議」では、女性と男性の平等は人権および社会正義の状況にかかわる問題であること、自らのセクシュアリティにかかわることは、女性自身が自らの責任において自由に管理し決定する権利があること、すなわち性的人権（セクシュアル・ライツ）が確認された。

性的人権とは、自らの身体・性器の自己管理、性に起因する差別や暴力の排除、自らのセクシュアリティの保全や選択、性的自己決定能力の保持、性に関する健康が医療や援助などによって保障されるべきであることなどを含んだ概念である。ここには、性に関する女性の人権を認めることを出発点として、あらゆる人の性に関する人権を尊重していこうという精神が盛り込まれている。

「セクシュアル・ヘルス／ライツとリプロダクティブ・ヘルス／ライツ（ＳＲＨＲ）」を守るためには、性に関する知識や情報が適切に提供されることが不可欠である。とくに、子どもたちにとっては、教育を通じて身体や適切な性行動について学ぶことは、ジェンダー不平等や性差別といった観点からきわめて重要となる。たとえば、性暴力や性被害の背景には、性についての適切な認識の欠如がある。また、一〇代の妊娠は貧困のサイクルを永続させることが指摘されている。

だが、とりわけ日本においては、学校における性の教育は限定的である。その理由の一つは、子どもを無垢《むく》な存在とする見方にある。この立場からは、教育の場で性的なことについて話すことは「寝た子を起こす」ことにつながり、子どもの健全な育成を阻害するもの、性的行動を誘発しトラブルを招きかねないもの、と見なされる。そのため、性についての教育を積極的に行うことへの批判が続いてきたのである。

これを受けて、学習指導要領においては、いわゆる「はどめ規定」によって、性教育で扱う範囲が制限されている。一部の性教育実践に対する激しいバッシングも、幾度となく生じてきた。

その結果として、子どもや若者が切実に求めている知識や情報は、各種のメディアを通じて、偏った形で流通しているのが現状である。

性に関する事柄は、個人の実生活に深くかかわるものである。また、人間関係のなかで話題に上りにくいものでもある。それだけに、性をめぐる価値観も多様で、子どもに、何をどこまで、どのように、いつ教えるのかについて国民的な合意を得るのは容易ではない。

さらに、子どもの性的発達には個人差が大きいことも、性に関する指導を学校で画一的に行うことを難しくしている。性教育に求められる専門性を、すべての教師が保持しているわけではないのだ。それぞれに異なる事情を抱える子ども、若者、大人に対して性的な知識や助言を提供する場として、フォーマルな学校教育は必ずしも適切であるとは言えない。

他方で、学校外での実践が社会に根付いているケースもある（**コラム40**参照）。こうした事例は、性をめぐる権利を制限されてきた人々にとって、ノンフォーマルな教育活動が歴史的に大きな役割を果たしてきたことを物語っている。

コラム40　スウェーデンの性教育とユースクリニック

性教育の先進国と目されるスウェーデンでは、一九五五年に欧州で初めて性教育が義務教育の課程に組み入れられ、時代とともにその内容の充実が図られてきた。加えて、子ども・若者のためのセクシュアリティ相談窓口として、医師や助産師が常駐する無料の「ユースクリニック（ungdomsmottagning）」が全国の自治体の約九割に設置されており、これが地域におけるセクシュアリティ教育の重要な基盤となっている。こうした体制が確立されたのは、二〇世紀前半以降、性的権利の保障を求めて展開されてきた運動の成果であると言ってよい。

スウェーデンでは、一九三八年まで避妊が違法とされており、多くの女性が貧困のなかで望まない妊娠を繰り返し、非合法の中絶によって身体を危険にさらしていた。そうした状況を変えるために立ちあがったのが、ジャーナリストとして活動していたエリーセ・オッテセン＝イェンセン（Elise Ottesen-Jensen, 1886～1973）である。性の権利のための闘いに生涯を捧げた彼女の原動力となったのは、望まぬ妊娠をして未婚で出産した妹が、抑圧に堪えかねて自ら命を絶つまでに追い詰められたことへの怒りであった。

彼女が活動の拠点としたのは、一九三三年に医師らとともに設立した「スウェーデン性教育協会（Riksförbundet för sexuell upplysning：ＲＦＳＵ）」である。この団体は、中絶と避妊の権利、適切な性教育、違法とされていた同性愛の合法化を求めて運動を展開した。

性的権利への関心が高まりつつあったこの時期、医師らによって性の知識の普及に向けたノンフォーマルな教育活動が少しずつはじまっていた一方で、子ども・若者向けの性教育に対しては保守勢力からの反発が根強かった。義務教育における性教育の導入は、一九四〇年代から一九五〇年代半ばにかけて、国会で発議されては却下されることを繰り返したのち、一九五五年にようやく実現したものである。それ以後、ＲＦＳＵは、教育方針の策定、教員研修や教材の作成などを担い、学校における性教育の発展に努めてきた。

　ただし、性をめぐる多様な問題は、必ずしも学校の教師たちの手に負えるものばかりではない。学校教育では対処できない性の問題を扱ってきたのが、各地に設置されているユースクリニックである。

　おおむね一二歳から二五歳以下の子ども・若者を対象とするユースクリニックは、性に関することに特化した医療機関で、医師、看護師、助産師、カウンセラーなどの専門職がスタッフとして配置されている。性病検査や妊娠検査が無料で受けられるほか、身体や性行動についての悩みや疑問、性的指向や性自認にかか

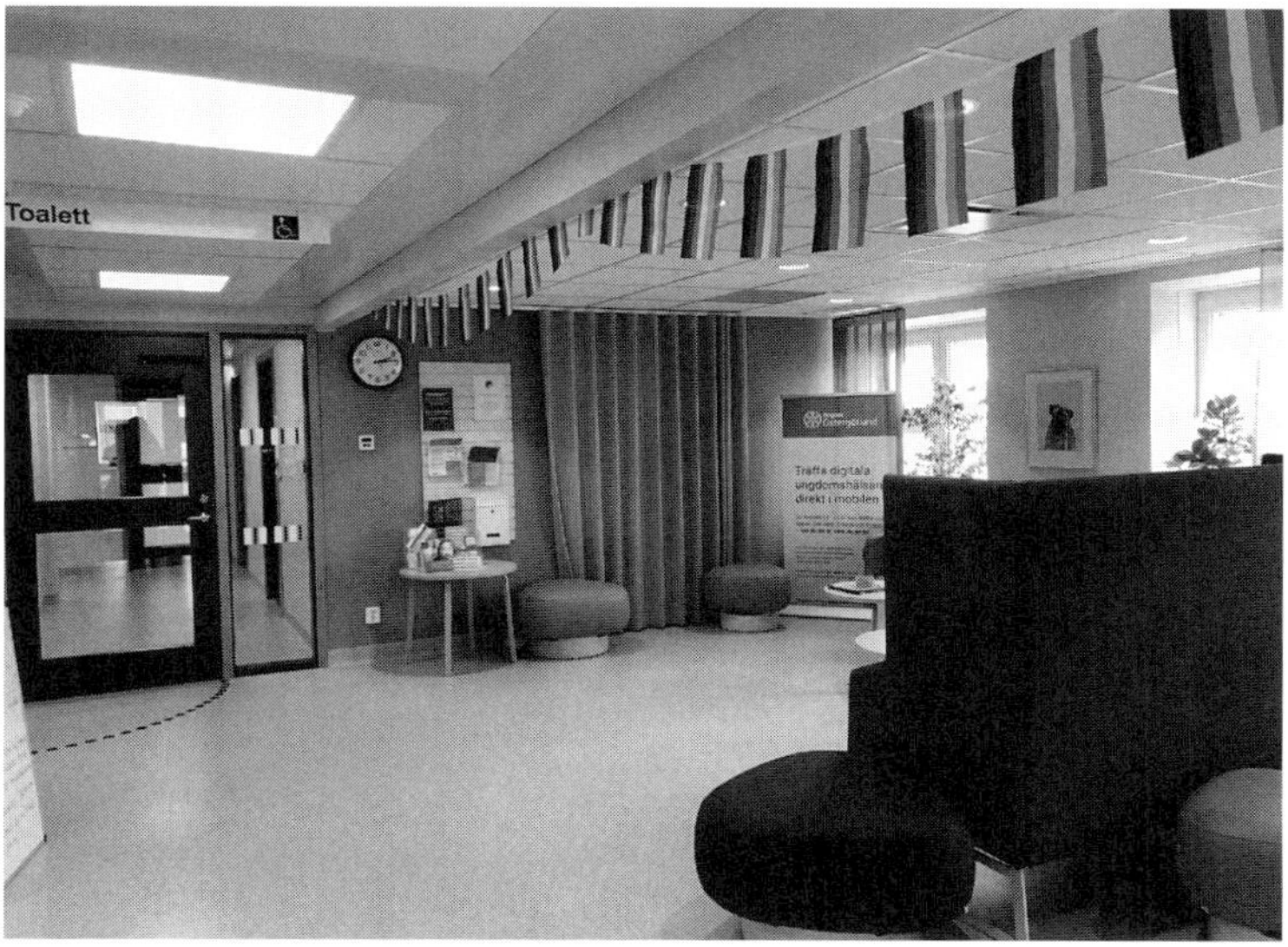

リンシェーピン市が運営するユースクリニックの待合室

わることなどを専門家に相談することができる。

クリニックには守秘義務があり、検査や相談の内容が親や学校に知られることはない。子どもたちは必要が生じたときに自ら電話やネットで予約をしてクリニックを利用するが、最初は学校における性教育の授業の一環としてクリニックを訪問することが多いという。

スウェーデンで初めてこうしたクリニックが設置されたのは、一九七〇年代初めのことである。性に関するトラブルを抱えた若者の増加に危機感を抱いた医師や助産師らが手弁当で開始し、徐々に自治体の支援を得られるようになった。現在では、多くの自治体が公的医療に組み込む形で運営している。

学校での性教育が充実している一方で、子どもたちに実際的な助言や支援を提供しているのは地域のユースクリニックである。性をめぐる教育や相談対応において、学校の教師よりも医師や看護師などの専門家のほうが頼りになるケースは少なくない。また、性に関する情報提供や具体的支援の場として、必ずしも学校が適しているとはかぎらない。子どもたちのセクシュアル・ヘルス（性の健康）とセクシュアル・ライツ（性の健康）を守るために、学校の外で行われる活動はきわめて重要な役割を果たしている。

（太田美幸）

第9章

サスティナビリティに向けたノンフォーマル教育

バルト海プロジェクトの参加者たち

1 サスティナビリティと教育

地球温暖化や気候変動が身近な話題になって久しい。二〇一八年にスウェーデンの少女がはじめた気候変動への対策を求める運動は、毎週金曜日に世界中で見られるまでに拡がった。Z世代（インターネットが普及した一九九〇年代後半から二〇一〇年頃までに生まれた世代）は社会問題への関心が比較的高く、そのなかでも気候変動は自身の未来の生活に直接かかわるため、深刻に受け止める若者が多い。だが、地球規模の課題はあまりにも大きく複雑で、私たちはなす術《すべ》がないと諦めがちである（**コラム41**参照）。

現在生じている地球環境問題の多くが先進国の産業活動に起因しており、それを率いてきた人々は、近代教育制度のなかで育てられたエリートたちである。そのため、環境問題の責任の一端は近代学校教育にある、と指摘する論者もいる（Orr［1994］）。生産と消費の大部分がグローバルサウスの資源に依存しているという事実について、批判的あるいは意識的に振り返らないまま日常生活を送ってきた私たちは、パンデミック下で自分たちがいかに脆弱かを知った。

そもそも、サステイナビリティ（sustainability）とは何なのか。日本では、英語の「持続する（sustain）」と「～できる（able）」を組み合わせた言葉として「持続可能性」という訳が当てられているが、その語源は「下から支える／保つ」を意味するラテン語にあり、私たちが下から支え

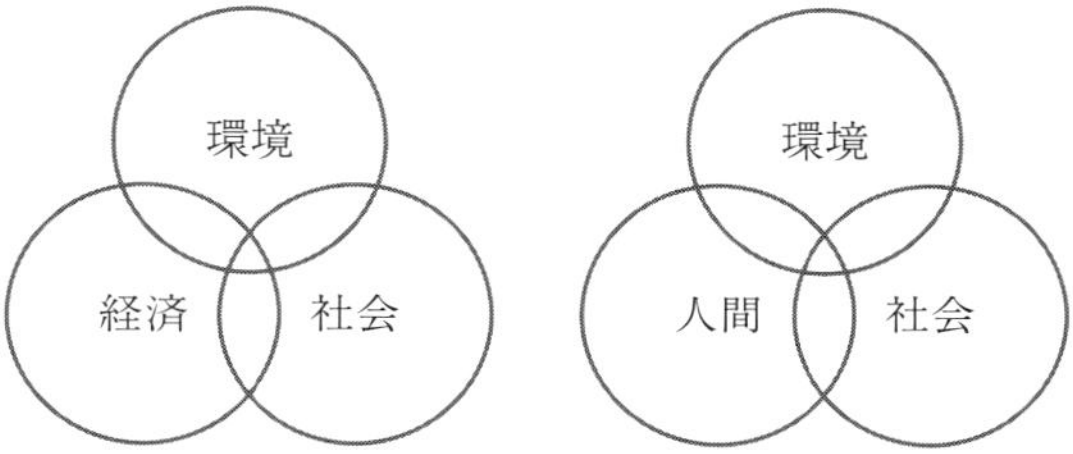

図6　三領域のモデル（左）と社会的エコロジー・モデル（右）
出典：Mulligan［2017］より作成。

て維持する能力（工藤［二〇二二］）と解釈することができる。

一般的に、サステイナビリティの概念は、自然環境の保全・経済成長・社会的包摂という三つの領域の相互関係をもとに構想されている（**図6**左）。SDGsによって持続可能性が企業にとって身近なものになり、経済的利益のみを追求するのではなく、環境や社会への配慮を組み込むことが長期的な成長につながるという考え方を導くようになった。

ここから、企業の社会的責任（CSR）の概念が広く普及していったわけだが、近年は企業における環境や社会への配慮が形式的なものにとどまり（たとえばグリーンウォッシュ）、必ずしも問題の解決につながっていないことが指摘されるようになっている。

経済はもともと社会が有する資源を効率的に利用するためのシステムの一つにすぎないが、産業化の進行に伴って巨大な影響力をもつようになり、社会に危機をもたらすことになってしまった。社会を維持していくためには、経済を再び社会の一要素とし、自然・人間・社会の関係性の新たなあり方を模索しなければならない。こうした認識に立って提唱された「社会的エコロジー・モデル」（**図6右**）では、経済を社会の一要素と見なし、社会の資源を適切に使うこと、地球環境を守ること、私たちと未来世代の人間が豊かに暮らせるようにすることの三つを目指している。

国連もサステイナビリティの三本柱として「三つのP」、つまり地球・人間・繁栄（**planet, people, and prosperity**）を重視している（United Nations［2015］）。人間を三つの柱の一つにすることで、サステイナビリティに対処するのは専門家だけという誤解を払拭し、すべての個人がサステイナビリティに向きあう気持ちを高めることが意図されている（Mulligan［2017］）。とくに、日本のようにサステイナビリティを阻害する問題が危機感を煽る形で表現される場合、その深刻さゆえに私たちはエコ不安症になって無力感をもってしまうが、社会的エコロジー・モデルを基盤に据えるならば、私たち個人にもできることが常にある、と考えられるようになる。

また、その質も問われる。環境経済学には「弱い」サステイナビリティと「強い」サステイナビリティという二つの考え方がある。「弱い」サステイナビリティの考え方では、自然資本の減少は他の資本の増加によって補えると見なされる。つまり、教育の結果として蓄積される人的資本が自然資本に取って代わることが想定され、たとえば、技術革新によって地球規模の苦境を脱することができると考える。

他方、「強い」サステイナビリティでは、自然資本は有限であり、他の資本はその代替とはならないと考える。したがって、自然資本の喪失は、人間の経済活動にとって取り返しのつかない深刻な事態を招くことになる。自然資本は何としても保全しなければならず、そのためには、私たちの生活や経済活動による悪影響を抑制し、現在とはまったく異なる生活様式に移行しなければならない。グローバルノースが圧倒的に環境負荷の高い生活様式を続けることがサステイナビリティを下げるのであり、それは、リサイクルに励んだり、エコバッグを使ったりすることで対応できるようなものではない。

ディープ・エコロジー運動についても同様のことが言える。「浅い」エコロジーは、経済成長と環境保全を科学技術の進歩によって両立させようとする考え方である。生活様式の転換や社会制度の全面的な変容を求めないため、産業界に支持されやすく、政府の環境政策や国際会議でも使われている。電気自動車の推奨がその代表例となる。他方、環境問題を技術的な対応を超えたものと見なすディープ（深い）・エコロジー運動は、問題の根源に目を向け、私たちの価値観とそれにもとづく社会課題を深く問いかける（ドレングソン・井上［二〇〇一］）。

ディープ・エコロジーを提唱したノルウェーの哲学者アルネ・ネス（Arne Næss, 1912～2009）は、教育について次のように述べている。

> 「浅い」エコロジーでは環境の悪化や資源の枯渇に伴い、健全な環境を維持しながら経済成長を続けるための技術や政策について助言できる専門家の育成が求められる。他方で「深い」エコロジーでは、自然界に対する人間の意識と感受性を高め、消費的物質主義の拡大に対抗することに教育は集中すべきである。（Næss［1995］pp.71–74）

サステイナビリティは、日常生活や自然界に見られる相互依存の関係にかかわるものであり、学問の世界では、いわゆる複雑系科学(1)にあたる。つまり、一見すると無関係に思えることに対しても、影響や相互作用を探ろうとするのである。

たとえば、教育や学習の場面では、想定内の事態にあらかじめ備えることで満足したり、学校や社会で安全性のみを優先するなど、分かりやすい範囲のなかでのみ学習を進めるならば、想定を超えた事態に対応する力を育てることは難しい。現在では、正解が見つからない未来を見据えて、そこから学習内容を創発することもサステイナビリティ研究の一部として展開されており、二〇二一年に刊行されたユネスコの報告書でも強い課題意識をともなって共有されている（**コラム42**参照）。

世界人口が八〇億人を超え、日本では少子化が加速するなか、今の私たちにはサステイナブルな社会の実現に向けて教育をどのように再構築していくかという課題を突き付けられている。それをフォーマル・ノンフォーマル・インフォーマルな学びとして深めようとするのが、「持続可能な開発のための教育（Education for Sustainable Development：ＥＳＤ）」である。日本国内では、持続可能な社会のつくり手・担い手を育てる教育とされ、学校では総合学習の時間、公民館では地域での学び、さらに里山再生や地域おこしなどでＥＳＤは見られる。もちろん、ＳＤＧｓにおいてもＥＳＤは言及されているが、サステイナビリティを深く、強くとらえていくと、今の段階で認められている正解だけに固執することなく、未来の可能性を含めて柔軟なとらえ方をしていくことがきわめて重要となる。

コラム41　スウェーデンの若者と環境問題

近年、「エコ不安症」というものが注目を浴びるようになった。生物多様性の損失や気候変動の影響を恐れ、希望を失い、憂うつ感に陥るのである。これからの人生がまだ長い若者たちがこの精神状態に陥りやすいのではないかと危惧されている。私の母国であるスウェーデンでも、多くの若者がこのエコ不安症にかかっているとされる。

スウェーデンの気候活動家グレタ・トゥーンベリ（Greta Ernman Thunberg）も、学校で気候変動の重大さを知り、それでも大人たちが行動を変えないことに混乱し、エコ不安症に堕ちいったという。彼女は、行動を起こすことによって精神状態を安定させたそうだ。スウェーデンの公共ラジオによる二〇一九年のインタビューでは、エコ不安症から脱出する一番よい方法は行動だ、と彼女は言っている。

（1）「複雑系」とは、英語の「complex systems」の和訳で、多数の異質な要素が絡み合い、相互作用しながら一つにまとまっているようなネットワーク・システムを指す。「複雑系科学」とは、各要素が全体に、また全体が各要素に影響しあって複雑に振る舞うことを前提とし、要素還元による分析ではとらえにくいことを扱う科学を指す。生態系、脳、生命、気象、経済、人間社会などを対象とする。

では、若者はどれくらいの人数で、どのように環境を守る活動に参加しているだろうか。私の住んでいる地域でいえば、残念ながら一〇代、二〇代の環境保護活動への参加はあまり見たことがない。二〇一九年の秋には、気候のための学校ストライキが活発に行われ、そのときに学校から来ていると見られる一〇代の若者が何人か参加していたが、私が見たかぎりでは、気候デモに参加したほとんどの人が四〇代以上だった。

スウェーデンのそのほかの地域でも、学校ストライキへの参加は比較的低く、より積極的に学校ストライキを行った国がほかにあったという情報を、当時、耳にしたと記憶している。グレタさんの国なのでスウェーデンには気候保護のための活動に参加している若者が大勢いるだろうと思うのが自然だが、少なくとも学校ストライキでいえば、実際は若い世代の参加が比較的低かったと言えるだろう。

しかし、活動がまったくないというわけでは決してない。その一例として、気候変動への対策を怠ることによってその影響を被る若い世代の人権を侵害するとして、政府を裁判にかける「Aurora」という若者の団体がある。ほかの国でも同様のケースが見られ、オランダでは訴追側が勝ち、政府が対策を改めることとなった。

また、デンマーク発祥で北欧各国に存在するフォルケホイスコーレ（民衆大学。197ページの**コラム32**参照）では、環境問題やオルタナティブな生き方について、さまざまな観点から学べる教育が提供されており、若者も積極的に参加している。

スウェーデンでは、たとえば、近年話題となっているタイニー・ハウス（小さな家）の造り方を学ぶコースが複数の民衆大学で提供されている。ほかにも、リサイクルされた資源を使った編み物やものづくり、エコ心理学、有機農法など、多岐にわたってオルタナティブな学びが提供されている。自らの教育をデザインする自由度が高いということで、民衆大学はこのような教育を提供するのに適した教育機関だと言える。

筆者も民衆大学で環境保護に関連した教育を受けたことがあるし、筆者の周りにいる環境保護活動家のなかでもそういう人が多い。また、参加するだけにとどまらない。環境保護運動にかかわっている人たちが民衆大学と連絡を取り、環境問題や環境保護などをテーマとしたコースをそこで開くことができないかと尋ね、自ら教師となり、教育活動に取り組むという場合もある。つまり、一般市民が民衆大学を通して自ら教育を行っているのである。

民衆大学と似たような役割を数多くあるスウェーデンの「学習協会（studieförbund）」（213ページの**コラム34**参照）が担っているが、そこではより自主的な学習を促進している。多くの環境保護団体（およびその他の団体）が、学習協会の会議室や機材を使い、そこで学習を行っている。学習協会を通して一般市民がほかの市民に向けたコースやイベントを開催することもできる。

このように、スウェーデンには環境保護活動やオルタナティブな生き方の探究など、環境分野でのノンフォーマルな教育を支える機関が多くあり、若者もそれを利用している。

（ラース・ウリネンペー）

コラム42　ユネスコ『私たちの未来を共に再想像する』報告書

　ユネスコが二〇二一年一一月に刊行した報告書『私たちの未来を共に再想像する（Reimagining Our Futures Together）』（UNESCO［2021b］）は、二〇五〇年における教育と社会をどのようなものにしたいかを問いかける。それまでのユネスコ報告書である一九七二年の『未来の学習』（通称フォール報告書）や一九九六年の『学習：秘められた宝』（通称「ドロール報告書[2]」）とは異なり、専門家が策定した理想を提案するのではなく、問題を提起することによって目指すべき理想を読み手の文脈に委ねるという特徴がある。ここで主張されている未来の教育は、本書で検討してきたノンフォーマル教育そのものである。

　国際教育開発の基礎にもなったドロール報告書は、学習の四本柱（知ること・為すこと・共に生きること・人間として生きることを学ぶ）を示してきたが、こちらの報告書はさらに「学び捨てる・学びほぐし」を示す。ただし、これは、日本で言う「学び直し」や「リスキリング」とは別次元と言えるだろう。なぜなら、私たちがこれまで学習してきたことを根本的に組み替え、それを更新または意図的に放棄することを意味するからである。

　報告書は、人類の課題・教育の刷新・研究協力の三部構成となっている。まず、生涯学習を含めて教育は人権であることが再確認され、これまで各種の要因によって排除されてきた歴史と構造を認識し、包摂的な教育によって不平等を克服する必要性を強調する。次に、深刻な気候危機の拡大、デジタル・科学技術の発展、民主主義の後退、より不確実となる職業などの課題に向けた教育を探る。そして、教育学を再構築し、教育における協力と連携の可能性を主張する。

教育の課題として、カリキュラム再編と共通善としての知識コモンズを前提に、誰もが必要なリテラシーを蓄積・共有できる未来が描かれている。また、教師に関する変革と学校の変革、同時に多種多様な時空間における教育の重要性が記されている。そして、最後に、教育そのものを探究と分析のフィールドとする研究が示され、教職に関する知識については教師が中心的な役割を担うことが記されている。

報告書は、唯一の模範解答を示すのではなく、二〇五〇年に向けた三つの問いかけ（何を止めて・続けて・とらえ直すか）をもとに、価値創造および市民の参加と協働が不可欠であるとする。包摂的に誰もが意思決定に参画し、共有できる知識を蓄積し活用することがサステイナブルな未来には必須だというのである。ＥＦＡ（第５章参照）だけでなく、ＥＳＤおよびＳＤＧｓ、さらにはヒト以外を含めたサステイナビリティを理解するうえで示唆深い。関係者間の対話を通して

（2）　ドロール報告書は、フォール報告（第4章第2節参照）における生涯学習の考え方を踏襲しつつも、世界各地のさまざまな問題の深刻化を憂慮し、世界平和の実現に向けた教育・学習の役割を一層強調する内容となっている。生涯学習の四本柱として、「知ることを学ぶ（Learning to know）」、「為すことを学ぶ（Learning to do）」、「共に生きることを学ぶ（Learning to live together, Learning to live with others）」、「人間として生きることを学ぶ（Learning to be）」が掲げられた。

教育の未来をともにつくることを呼びかけており、高い不確実性のなかに人類が置かれていることから教育の刷新は必須であり、そのための連帯・協力がきわめて重要となるととらえられるからである。

二〇五〇年という設定が空想で終わる遠い未来ではなく、今学校で学ぶ子どもたちが社会の中核を担う時期となることから、現実味を帯びる。いや、二〇五〇年には子どもたちが、大人とともに社会を動かす重要なアクターになっているかもしれない。

（丸山英樹）

2 ＥＳＤ実践と研究の進化・深化

ＥＳＤ（持続可能な開発のための教育）の実践と研究には多様な手法が見られ、どれもが重要な意味をもつ。だが、相対主義を重視しすぎると無条件な現状維持となり、経済成長を前提とした議論の抱える問題点や目の前の問題としての環境悪化について考える機会を見落としかねない。人の営為が地球環境に与える影響が決定的に大きいとされる「人新世」にあって、グローバルな課題とローカルな問題は相互に依存しながら循環的に関係する。そのため、ＥＳＤの実践と研究においても、その目的や手段、意義などを深く、また健全に批判することが必要である。

国連が一九八四年に設置した「環境と開発に関する世界委員会」が一九八七年に発表した『地

球の未来を守るために（Our Common Future）』（通称、ブルントラント報告書）を契機として、持続可能な開発は「将来世代のニーズを満たす能力を損なうことなく、今日世代のニーズを満たすような開発」として重視されるようになった。その後、二〇〇二年のヨハネスブルグ・サミットでは、一九七〇年代に公害問題を経験している日本の主導によってＥＳＤを促進することが提案され、国連総会を経て二〇〇五年から二〇一四年までの一〇年間を「国連持続可能な開発のための教育の一〇年」（以下「ＥＳＤの一〇年」）とすることが決議された。

「ＥＳＤの一〇年」における教育実践は多岐にわたった。従来から実施されていた環境教育だけでなく、社会振興や町おこしなどと連動した活動、学校における国際理解教育や開発教育、ジェンダー教育やシティズンシップ教育など、幅広いテーマがＥＳＤには含まれた。そこでは、学習者を含む関係者が自らの考えや状況を問い直し、課題を提起し、目指すべきサステイナビリティを民主的に定め、各自が強みを発揮できる場で行動に移すという主体性をより育成することが目指された。「一〇年」のあとにもＥＳＤは続き、拡がりを見せている（**コラム43**参照）。また、「一〇年」を通して日本の教育の課題も見えてきた（**コラム44**参照）。

コラム43　「ＥＳＤの一〇年」後における岡山市のＥＳＤ

二〇一四年に日本で開催されたＥＳＤに関するユネスコ世界会議の岡山ステークホルダー会合

の一つである「公民館－CLC会議」は、ユネスコが企画したテーマに加え、地元企画として「学びを通した地域づくり」という岡山の特色を生かしたものであった。

国際機関が主導する国際会議の採択文書は、通常、事前に起草委員会が立ちあげられ、会議の議論とは別に専門家によって作成されることが多い。「公民館－CLC会議」では、主催者が大枠を準備するものの、成果文書の中身は、会議の発表や議論を基にみんなが参加するという考え方でつくられていった。会議の過程と成果を「自分ごと」としたことが、成果文書がゴールではなく、ESD推進の通過点という位置づけとなり、活動が今日まで続けられている理由の一つだと考える。

二〇一五年にSDGsが採択されたことにともない、岡山市ESD世界会議推進局は、「市民協働局SDGs・ESD推進課」に再編された。ESD担当部局の規模は縮小されたが、ESD実践を通して持続可能な地域づくりを進めるという理念から、国内外に輪を拡げる取り組みが続けられた。

岡山市が事務局を務めるESD推進協議会には、二〇二二年五月現在、大学、教育機関、市民団体、企業、メディア、行政など三五四の団体・機関が参加している。ESD推進において大切にされる機関包括型アプローチから、市全体への取り組みに向けたネットワークへと拡がってきた。学校と公民館が協力して、探究学習や地域イベントを実施したり、大学生のNPOや公民館でのインターンシップなど世代のつながる活動や、市民団体、企業、行政関係者などを対象とし

ESDを推進するコーディネーターの育成研修を実施している。

岡山市の経験がほかの地域へ波及した一例として、神奈川県平塚市公民館のESD実践にも触れたい。

ユネスコ・バンコク事務所が二〇一九年から実施したコミュニティにおけるESD推進事業には、アジアから数か国が参加し、日本からは「ユネスコ・アジア文化センター（ACCU）」が窓口となって平塚市公民館が参加した。

当初、平塚市の関係者にはESDへの距離感があり、私はユネスコ退職後、岡山大学を経てACCUに勤務していた関係から、岡山市との連携を模索した。平塚市の公民館職員が岡山市を訪問し、既存の実践をESDの視点からとらえ返すこと、必ずしも正解があるとはかぎらない課題を議論し、実践し、振り返るという過程に触れることで、徐々に平塚市の実践と政策に取り入れられるようになった。たとえば、岡山市公民館がESDの視点として活用している七項目を、平塚市では五項目にして公民館活動の企画や評価に生かしている。

国際的なつながりとしては、ESD岡山アワードが二〇一五年から毎年行われ、グローバル賞として、海外の二団体を表彰している。二〇二二年度は、市全体でESDに取り組むドイツ・ハンブルグ市と中高生を中心とした環境教育を推進するナイジェリアのNGO「Green Growth Africa」がグローバル賞を受賞した。そして、二〇二二年一一月に受賞二団体を招いて行われた「おかやまESDフォーラム2022」では、受賞団体の発表とともに地元中高生による実践発表があった。学校と公民館と共同での地域ボランティア活動や、高校生の発案で果物の皮を消臭剤に再利用し、環境と消費を考える取り組みなどが紹介された。

地元地域の実践からグローバルな視点で国内外とつながることが、「ESDの一〇年」後での岡山市におけるESD実践の特徴である。SDGsが社会的に認知される一方で、国内の課題への取り組みと国際協力が必ずしもつながらない場合が多いと感じるなか、岡山市の取り組みから多くの示唆が得られると考える。

（大安喜一）

コラム44　ESDの古くて新しい課題

かつてアジア諸国で、ESDのフィールドを訪ね歩いたことがあった。ベトナムの村では障害児を対象にした教育が強調されていたり、中国の学校では市場経済の重要性に価値が置かれていたり、モンゴルの学校では菜食を重んじる健康教育が行われていたりするのを見るにつけ、ESDの射程の広さを実感したことがある。ESDは持続可能な社会の創造という共通のビジョンのもとに展開されつつも、その実践は実に多彩である。

では、日本のESDの特徴は何か。国連「ESDの一〇年」が開始された二〇〇五年から一五年ほどの年月を通して連綿と教育活動が展開されてきたわけであるから、日本ならではの「何か」があるはずだ。筆者はその「何か」を、形式・規範重視の傾向に見いだせるのではないかと考えたことがある。この特徴は必ずしも短所ではなく、日本ならではの独自性としてとらえることもできよう。しかし、その独自性が独善性となってはならない。グローバルな標準は、各地域のユニークさを台無しにしてしまう可能性があるために批判もされてきたが、唯我独尊に陥らずに舵取りをしていくうえでありがたい道標でもある。

ここで、現在のＥＳＤの国際的な枠組みである「ESD for 2030」で期待されていることと照らしあわせることによって、浮き彫りになる日本の課題について考えてみたい。

「ESD for 2030」のロードマップなどで強調されている表現に「深い次元での変容」がある（永田［二〇二〇］）。「ＥＳＤの一〇年」開始当初にはなかったこの表現が台頭した背景には、近年の浅薄なＥＳＤ実践の一般化という課題を見いだせるのではないだろうか。

「深い」という言葉が示唆するのは、既存の教育に本質的な変容を迫るようなラディカリティである。海外では、持続可能な未来へと導くはずだったＥＳＤは、むしろ持続不可能な未来のほうに加担しているのではないかという批判がなされてきた。行き過ぎたグローバル化や新自由主義的な潮流にＥＳＤは絡め取られている、と。「ＥＳＤの道具主義 vs 解放主義」、「狭義のＥＳＤ vs 広義のＥＳＤ」、または「ＥＳＤ１ vs ＥＳＤ２」などの区分けで自己反省の回路がとくに欧州を中心に保持されてきた。

さて、日本の場合はどうであろう。もちろん例外はあるにせよ、概して欧州のような批判的かつ建設的な対話は積み重ねられてこなかったのではないだろうか。二〇年近くにわたるＥＳＤ史を振り返ると、共有されるべき問いはほかにもいくつか挙げられる。

「ESD for 2030」には、持続可能な開発そのものをとらえ直すことの重要性も明記されているが、そうした批判的思考や感性を私たちは育んできたのであろうか。ＳＤＧｓを、諸手を挙げて善しとし、食品ロスやプラスチックごみ削減などの目標に向けて直線的に行動していないだろうか。ＳＤＧｓの目的達成のために自らをせわしく消費していないだろうか。日本のＥＳＤにとって、批判的思考は古くて新しいテーマであり、学校全体でサステイナビリティを意識した実践を展開するホールスクールアプローチや社会変容とともに優先課題である。

（永田佳之）

3 越境するＥＳＤ実践と評価

ＥＳＤの実践アプローチでは、学習者中心、システム思考、多様な価値観、協働の能力などが重視されるが、それらに加えて、生命愛、「為すことによって学ぶ（Learning by doing）」、場所に根ざした学習が重要とされる（Robertson[2021]）。これらはいずれも、文脈に応じたノンフォーマル教育のもつ特徴と重なる。

また、ＥＳＤには次の三種類の手法が見られる（Scott & Gough[2003]）。

一つには、環境問題を課題として捉え、適切な科学技術によって解決できると考える。二つ目として、主に社会と政治の側面から課題をとらえ、原因よりも症状に対して、これまでの知識と知恵の蓄積を用いて解決することを目指す。三つ目は、未来に向けて私たちの知識と道具は不十分であるため、いかなる可能性も前向きに機会としてとらえ、生涯にわたって学習を続ける必要がある、とする。三つ目の手法においては、現実世界に見られる不確実性と複雑性を前提にした、社会的学習と協同学習が必要となる。

ＥＳＤの実践では、毎年同じ結果となるよう定められた教育目標や統一規格の学習内容を扱う教科書のみに従うことはない。その代わり、自分たちの生活環境から題材をとり、地元の課題と地球規模の課題とを関連させるように工夫された教材が用いられることが多い。また、子どもから大人まで、生徒と教師といった関係や年齢の上下を超えて、互いに教え合い、学び合う様子がしばしば見られる。学校教育の延長として行われるＥＳＤであっても、そこでの教育や学習は決して定型的なものではない。

さらに、サステイナビリティは、環境・社会・人間のウェルビーイングとして捉えられる。地域社会や地域の歴史を扱う教育、子どもの居場所づくり、異なる文化を背景にもつ人との共生などの課題は、「ＥＳＤ」と呼ばれる前から行われていたノンフォーマル教育の実践でもある。

日本では、公式にＥＳＤと銘打った学校教育実践の多くは、パリのユネスコ本部から認可された「ユネスコスクール・ネットワーク」で行われている。その最大の特徴は、ＥＳＤ実践にあたり、国内外における学校間でのネットワークが構築できる点にある。ユネスコスクール・ネットトワークは世界のさまざまな地域において活動を展開しているが、パリ本部によると、もっとも継続し、成功しているネットワークは「バルト海プロジェクト（the Baltic Sea Project：BSP）」である。BSPは、リージョナルな共通課題に着目し、政治的イデオロギーや歴史的なわだかまりを乗り越えて、サステイナビリティを追求した教育プロジェクトで、現在まで長く継続されている（**コラム45**参照）。

「ESDの一〇年」においては、学習者が獲得する能力をいかに測定するかも議論された。その名残りで、子どもに特定の能力を身につけさせることを重視するESDも見られる。だが、教育における本来の目的は、教科内容の習得ではなく人間としての形成にある（Orr[1994]）。ESDは、過去の経験にのみもとづいて構築される社会へ子どもを適応させる教育でもなければ、眼の前で生じている変化へ対処するだけの教育でもない。上から下へ知識が伝達され、学校内で完結するような教育ではなく、環境・社会・人間の変化を前提とする学習を目指した教育の再設計が求められている。そこでは、価値を創造する評価アプローチが重要となる（**コラム46**参照）。

コラム45　バルト海プロジェクト

冷戦時代が終わろうとしていた一九八九年、それまで水質汚染が顕著だったバルト海域における環境教育の国際的なイニシアティブとして「バルト海プロジェクト（BSP）」がはじまった。

ＢＳＰはその後、ユネスコスクール・ネットワークの一部となって、今日に至るまで三〇年以上にわたって続けられている。

ＢＳＰにとってもっとも重要だったことは、当時の若い理科教員たちが進んでこのプロジェクトに着手したことである。バルト海沿岸地域の国々、つまりエストニア、デンマーク、フィンランド、ドイツ、ラトヴィア、リトアニア、ポーランド、ロシア、そしてスウェーデンは、それぞれに言語や文化、習慣、伝統、技術水準などが異なっているが、冷戦直後であったにもかかわらず取り組みの必要性を強く感じた教師たちが協力しあって、バルト海の環境問題と教育をつなげるという実践を共同で展開したのである。ＢＳＰは、バルト海の環境問題の解決のためには教育が重要な要素の一つであるという問題意識を共有し、沿岸諸国の学校、主に中学校および高校の学校間協力ネットワークとして生まれた。

今日、ＢＳＰは学校やその他の教育機関とのネットワークを設立し、環境教育や国際教育の教育アプローチと協同プログラムを生み出し、発展させている。ウェブサ

バルト海プロジェクトに参加する生徒たち

イト（https://b-s-p.org/）によると、以下がバルト海を中心とするＢＳＰの目的となっている。

・バルト海の環境問題に対する生徒たちの意識を高め、人間と自然の相互依存について科学的・社会的・文化的側面からの理解を深める。
・気候変動と海域への悪影響に対して協力し、取り組む方法を見いだす。
・環境学習と科学の実践を支援する。
・生徒、教師、すべての人が持続可能な未来づくりに参画するよう促す。
・共有する歴史と公民権について学ぶことを促す。
・息づく文化遺産を学ぶ。

生徒たちは、加盟諸国が参加する国際キャンプ、あるいは加盟国内で独自に行われている国内キャンプなどのＢＳＰ行事に参加することができる。コーディネーターや加盟校の教員たちは、ＢＳＰ活動に献身的にかかわりながら、国内での調整などさまざまな困難を乗り越えている。環境教育と多文化教育を融合し、ＢＳＰは世界中の多くの学校プロジェクトに影響を与えている。活動や行事の開催のほか、ニュースレターを発行したり、参加する学校や教員向けにテーマ別教育アプローチを掲載した「学習者ガイド」をつくるなどして、関連する情報提供も行っている。教育的なアプローチとしては、ホリスティックな視点と個別の教科学習のバランスを保つことに成功している。加盟校は、手紙やメールのやり取り、展示物やビデオの交換、またキャンプにおける直接のコミュニケーションを通して対人関係を継続させている。そして、他国の学校を訪問した生徒たちは、訪問先の地域の環境問題を地元の生徒たちと一緒に学んでいる。

こうした各種の活動を通して、生徒の役割が知識や情報の「受動的な受け手」から「能動的なエージェント」へと変化していく。同様に、教師の役割も「指導者」から「学習プロセスの案内人」へと変化する。BSPネットワークを通じて参加者たちは新たなアイデアに触れ、互いの考えを伝えあうという機会を得て、似ているようで異なる文化間における国際協力を、学校の学習や活動に内在する要素として扱うようになるのである。

（丸山英樹）

コラム46　ノンフォーマル教育の「評価」を問い直す――協働で価値を引き出す評価

二〇〇〇年に国連で採択されたMDGs（ミレニアム開発目標）が、八つのゴールと二一のターゲット、そして六〇の評価指標で構成されていたのに対し、二〇一五年からはじまったSDGs（持続可能な開発目標）を構成するのは、一七のゴール、一六九のターゲット、そして二三〇を超える評価指標である。そのなかでもノンフォーマル教育と縁の深い、「教育ゴール4」の「ターゲット7」（以下、SDG4・7）は異彩を放っている。

従来、教育の評価指標といえば、テストスコアや就学率といった定量指標が一般的で、たとえばＭＤＧｓの教育ゴールでは「初等教育の完全普及」が目指され、その指標として「就学率」が取り上げられていた。これに対してＳＤＧｓの教育ゴールは、「すべての人々に包摂的かつ公平で質の高い教育を提供し、生涯学習の機会を促進する」ことを目指しており、とくにＳＤＧ４・７は、「持続可能な開発と持続可能なライフスタイル、人権、ジェンダー平等、平和と非暴力の文化、グローバル市民、および文化的多様性と文化が持続可能な開発にもたらす貢献の理解」についての教育が必要だと主張している。どう考えても、これらを単一の定量指標で測定して評価するなんて、できそうにない。

「教育」という営みを、「学校」という制度の範囲内で捉えるかぎりにおいては、テストスコアや就学率といった指標でその達成状況を測定し、評価することもできるだろう。しかしながら、ＳＤＧ４・７の記述に見られるように、社会が必要とする「教育・学習」は「学校」の制度内にはそもそも収まらない。では、「学校」の制度内には収まらない教育活動を評価するためには何が必要なのだろうか。

まず必要とされることは、私たちがノンフォーマル教育という概念を理解するために「教育（≒学校）」という概念をとらえ直す必要があったのと同じく、「評価」という概念もダイナミックにとらえ直すことである。「評価（evaluation）」という言葉は、もともと「価値（value）を引き出す（extract）」という語源をもっている。その語源に立ち返って、「価値を引き出すための活動」として「評価」を位置づけてみると、ノンフォーマル教育の取り組みのような、一見するとその活動の価値が見えにくい、第三者にその価値を伝えるのが困難な活動ほど評価が必要で、評価に向いていることが分かる。

　さまざまな評価の理論や手法のなかでも、参加型評価やプログラム評価といったアプローチは、成果やインパクトの測定よりも、そのプログラムの計画やプロセスに重点を置く。たとえば、あるプロジェクトの目的を達成するためにはどのような計画を立てるべきなのかを、そのプロジェクトの関係者と一緒に検討するというのも評価活動の一つである（プログラム評価の枠組みにおける、セオリー評価）。また、プロジェクトにかかわるさまざまな立場の人たちと協働して、みんなが納得できる評価の指標を考案し、その指標を用いて評価を行い、そのプロジェクトの改善につないでいくというのも評価活動である（プログラム評価、エンパワメント評価など）。

　次に必要なことは、私たち一人ひとりが「評価的思考」を身につけることである。評価的思考というのは、批判的思考の一種で、「好奇心に駆られ、エビデンスの価値を信じて、物事の想定事項を見える化し、思慮深い問いを投げかけ、内省や視点の選択を通じて物事の深い理解を追求し、状況をよく理解したうえでの決断を下し、行動を用意する認知プロセス」である（Buckley et al.[2015]）。

　「エビデンスの価値を信じる」というのは、個人や社会がつくる「思い込み」や「当たり前」を無批判に受け入れるのではなく、「本当のところはどうなのか？」という疑問をもって、現実を理解しようとする態度を意味する。そして、深く問いかけ、深く理解したうえで決断し、それを行動につないでいくという姿勢が求められる。

最後に必要なことは、評価的思考をもった個人が、ノンフォーマル教育の見えにくい価値を「見える化」することによって明らかになる、新たな必要性に真摯に向きあうことである。評価的思考をもってノンフォーマル教育の評価に取り組むことで、もしかすると既存の制度や仕組みの問題点や限界、ひずみなどが可視化されるかもしれない。

本質的な評価は、システム自体の変容を迫ることがある。たとえば、評価を通して、公立学校のなかにＮＰＯと協働で「校内居場所」を設置することの価値が示されたら、あるいは、村のコミュニティセンターで不就学児童と非識字者である大人たちが一緒に文字を学ぶことの意義が明らかになったら、これらの評価結果に応じて既存の仕組みを更新し、新たな制度を創出したほうがよい場合もあり得る。つまり、「価値を引き出す評価」は、同時に「社会システムの変容を促す評価」ともなり得るということである。

（米原あき）

第10章

ノンフォーマル教育研究へのアプローチ

フィールドに出向き、対話を重ねる

本章では、ノンフォーマル教育を研究することに関心をもつ読者に向けて、ノンフォーマル教育研究の具体的な方法について紹介していきたい。

これまでの章で見てきたとおり、ノンフォーマル教育の内実は多岐にわたる。それを研究していく際には教育学のみならず人類学、社会学、政治学、経済学などの学問領域の知見が有用であり、必然的にノンフォーマル教育研究は学際的なものとなる。どの学問領域のどのような知見を参照するかは、個々の分析対象に即して各研究者が選び取ることになるわけだが、第2章でも見たとおり、そうした学際的研究の中核となるべき教育学において、ノンフォーマル教育研究のための理論がこれまで十分に深められてきたとは言いがたい。また、実践の背景を知るための文書資料も必ずしもまとまってはいないし、フィールド調査の実施にも工夫が必要である。

以下の各節では、ノンフォーマル教育に向きあってきた研究者三名が、ノンフォーマル教育研究の方法について、自らの経験を交えながら述べていく。ノンフォーマル教育の研究において教育学のどのような理論が適用可能であるか（第1節）、非正規の学校を研究する際にどのような公式文書を用いてきたか（第2節）、フィールド調査をどのように続けてきたか（第3節）にそれぞれ焦点が当てられている。そして、末尾のコラムでは、ノンフォーマル教育固有の特徴をとらえる視点を紹介する。

いずれの場合においても重要なのは、既存の教育研究の枠組みにとらわれず、自由な発想でフィールドにのぞむこと、そして日々の生活のなかで感性を磨き、自らの洞察を適切に表現するための概念を学際的に追究することである。多様でとらえづらい対象をつかむには、研究を行う者の視点や問題意識が研ぎ澄まされていなくてはならない。なぜノンフォーマル教育に注目するのか、自分の着眼点を明確にしたうえで、自分なりの研究方法を見つけていく必要がある。

1 ノンフォーマル教育を考えるための教育理論

（奥川浩士）

ノンフォーマル教育の研究をする際には、それ特有の確立された方法論があるわけではないので、少なくとも現時点では、関連する学問の研究手法を借用したり、組み合わせたりしながら取り組むことになるだろう。すでに見たとおり、「ノンフォーマル教育」と分類することのできる教育活動は、不就学児童への学校外での教育機会の提供や成人識字教育、民族学校、農業技術に関する研修会など、まさしく千差万別であるから、それらすべてに通用するような研究方法を見つけるのは難しい。

いや、それどころか、ノンフォーマル教育とは制度なのか、手法なのか、哲学なのかも明確にならぬなか、それが何であるかを見定めるためにさまざまな角度から光を当てているという状況が、その言葉が盛んに使われはじめた一九七〇年代から今日まで続いているのかもしれない。本書において、教育史や文化人類学の知見を用いてノンフォーマル教育とは何かを理解しようと努めていることも、その一例と位置づけることができる。

一般的な英語辞書には「non-formal」という単語すら載っていないのだから仕方ないが、ノンフォーマル教育について論じるときには、必ずと言っていいほど「ノンフォーマル教育とは……」からはじめなければならない。また、「ノンフォーマル教育における教育評価の妥当性」とか「ノンフォーマル教育における教授法の改善」などといった智の蓄積を要する議論は、残念ながらあまり深化されてこなかったと思われる。おそらく、ノンフォーマル教育の間口が広すぎて、「ノンフォーマル教育における……」と打ちあげてしまうと焦点がぼやけてしまうのだろう。

後述するが、筆者がタイのノンフォーマル教育について幅広く研究し、修士論文を書こうとしたときも、指導教員から研究対象とする活動の内容が多岐にわたりすぎると指導を受け、成人向けのイクイバレンシー・プログラムに絞り込むことになった。

このように、研究では必ずスコープ（範囲）を明確にすることが求められるため、ノンフォーマル教育全体に当てはまる普遍的な真理を追い求めるよりも、「私がこの研究の対象とするノンフォーマル教育は○○である」というように、境界線をはっきりさせたほうが賢明な場合が多い。なぜなら、一般化できると思って論じてきた事柄に対して他人がその例外を見つけて批判することは、間口が広いノンフォーマル教育の分野ではいとも簡単であるからだ。

そのような意味から、ノンフォーマル教育に含まれる各種教育活動のなかで、ある定度の割合を占める成人教育に対象を絞って研究するというアプローチは可能であろう。その際、アメリカの成人教育学者マルカム・ノウルズ(1)が普及させた「アンドラゴジー（andragogy）」と呼ばれる成人教育の方法論は、分析のツールとして活用することができる。アンドラゴジーは、子どもの教育を意味する「ペダゴジー（pedagogy）」に対する概念として、一九世紀前半に提唱され、それをノウルズが体系化したことにより成人教育論として広まった。

ノンフォーマル教育は、成人を対象としたものばかりではないが、上述のように研究対象の範囲を限定することにより、アンドラゴジーのように広く認知された関連性の高い理論を借用することが可能となる。すなわち、こうした理論に照らしあわせてみたとき、対象とする教育活動の実態がそれに沿っているかを検証したり、さらには既存の理論では指摘されていない原則を、実際の教育活動を分析することによって帰納的に導き出したりすることができる。

アンドラゴジーのほか、パウロ・フレイレが『被抑圧者の教育学』などのなかで展開した識字教育の方法論（143ページの**コラム22**参照）も、ノンフォーマル研究のなかではしばしば参照されている理論の一つである。これはもちろん、ノンフォーマル教育に分類される代表的な教育活動の一つが成人識字教育であることによるが、ノンフォーマル教育というサブセクターの形成自体に、フレイレなどが説いた批判的教育学が大きな影響を与えたからとも言える。すなわち、フォ

（1）（Malcolm S. Knowles, 1913～1997）アメリカの成人教育者・教育学者。成人の学習特性を生かした学習支援のあり方を体系化し、成人教育理論の発展に大きく貢献した。成人を自律的な学習主体として捉え、「自己主導型学習（self-directed learning）」を提唱した。

ーマル教育に象徴される権力者の論理に対峙するものという性格を、ノンフォーマル教育に付与して論じることが少なくないからである。

このように、ノンフォーマル教育研究の方法論と呼べるものを生み出すほどの体系的な研究の蓄積が乏しく、何かしら近接する学問領域から理論を借用して考察することが求められるなか、筆者が努めて用いたアプローチを紹介して読者の参考に供したいと思う。それは、ノンフォーマル教育といえども「教育」の一端であることにはまちがいないので、できるだけ教育学が蓄積してきた知見を用いてノンフォーマル教育を検証しようというものである。

筆者は発展途上国での教育開発に長く従事してきており、業務のなかでノンフォーマル教育の実利的な側面、すなわち生活改善や収入向上に結び付く知識や技能の伝授などを重視するあまり、学習者一人ひとりの「学び」に対する視点が疎かになりがちではないかという危惧をもっていた。

上述したアンドラゴジーや批判的教育学も学習者の学びを大切にした理論であるが、学校教育を主なフィールドとしたさまざまな教育理論のなかにも、学習者の学びをより豊かなものとするための体系化された知見が数多く含まれている。また、やや逆説的ではあるが、教育学の理論をノンフォーマル教育に用いることにより、いつのまにか学校のなかに閉じ込められてきた「教育」を、人生のさまざまな場面におけるより広範な学びを支援する営みへと解放することにつながるかもしれない。

筆者はノンフォーマル教育が盛んなタイにおいて、その教育活動を研究の対象とした。その際にまず行ったのは、ノンフォーマル教育について教育哲学、教育心理学、教育社会学の立場から分析するとどのような特徴があるのかという考察であった（Okukawa[2006]）。この、哲学と心理学と社会学の視野から教育を分析するアプローチは、教師になることを志した学生らがまず教育学の基礎として学ぶものである。この場合、フォーマルな教育を念頭に置いて議論されることが多いが、ノンフォーマル教育も教育である以上、同じ土俵に乗せて議論をすることに意義があると考えたからである。

また、タイでノンフォーマル教育の一環として行われていた「職能証書カリキュラム（vocational certificate curriculum）」という成人向けの教育プログラムを、教育評価の分野で注目されている「真正の評価（authentic assessment）」(2)の実践としてとらえたケーススタディを行った（Okukawa[2007]）。これは前期中等教育レベルのノンフォーマル教育のプログラムで、学習者ごとに稼業に関連するプロジェクト（たとえば、農業従事者の無農薬果樹栽培プロジェクト）を設定して、そのプロジェクトを完遂するために学習者はさまざまな学びを実践し、修了すれば中学校卒業と同等の証書が得られるというものであった。

この一連のプロセスを真正の評価を取り入れた学習活動ととらえ、真正の評価が学習に与える影響を検証するとともに、従来型の教育手法との間に見られた軋轢についても紹介した。さらに

（2）現実の生活と類似した状況下で、学習者が獲得した知識・技能・態度を活用して一定の作業を実践させ、そのパフォーマンスを評価するという評価手法。

は、成人教育の知見や構成主義(3)の考え方などを用いて、学齢期に学校教育を十分に受けられなかった成人がノンフォーマル教育のプログラムで学ぶことの意義について分析した（Okukawa [2008]）。

これら一連の研究を通じて試みたことは、フォーマル教育にしてもノンフォーマル教育にしても共通な課題であるが、いかにして個々の学習者の学びに対して最大限効果的な支援をするかという問いへの答え探しである。

本書で見てきたように、教育は学校でのみ行われるものではない。また、現在のような学校教育制度の歴史も決して長いものではない。ところが現代社会のなかでは、教育といえば学校教育を連想するほどに学校が教育の世界で絶大な権威を振るっている。そうしたなか、学校教育の限界を超えて学習者一人ひとりの学びを大切にするためにノンフォーマル教育の必要性が叫ばれてきたはずである。であるならば、ノンフォーマル教育研究において、個々の学習者の学びの改善に焦点を当てることは、その存在意義に照らして有意義ではないだろうか。

2 非正規学校に関する公式文書と利害関係者の見解分析（小原優貴）

正規学校とは異なり、公教育制度外に位置づく非正規学校は、一般的な学校調査の対象から外れることがある。そのため、非正規学校の数や形態は、公式の教育資料からは明らかにできないこともある。ただし、非正規学校については、その妥当性をめぐって裁判が行われている場合があり、こうした裁判において作成された文書は貴重な分析の材料となる。以下では、非正規学校の一例として、インド・デリーの無認可学校を調査した筆者が裁判文書を手がかりに、どのような手順でこれらの学校の実態解明を試みたのかを紹介することにしたい（小原［二〇一四］）。

インドでは、公立学校が機能不全状態にあるなか、より質の高い教育を求める貧困層の間で低額私立学校（low-fee private schools）が浸透しつつある。しかし、これらの学校の多くは、政府の規定する認可条件を満たしておらず、無認可学校として機能している。

無認可学校に関心をもった筆者は、ネットで公開されているインドの新聞記事を通じて、無認可学校をめぐる裁判がデリーで行われていることを知った。

記事によると、無認可学校の存在を問題視したデリーのＮＧＯ「Social Jurist」が、「無認可学校は違法であり、子どもの教育権を侵害している」と主張し、無認可学校の閉鎖を要求する訴訟を提起したという。これを受けて、デリー高等裁判所はデリー教育局に対し、無認可学校の実態調査を実施するとともに、認可条件を満たさない学校を閉鎖するように命じたことがネット記事において明らかにされていた。

（3）　教育学における学習理論の一つで、他者から知識を教えられるのではなく、学習者自身が自らの経験にもとづいて考え発見することによって知識が生産（構成）され、学習が進行するという考え方。

これらの情報をふまえ、現地ではまずデリー高等裁判所に赴き、「Social Jurist」が高等裁判所に提出した訴状とそれに関する裁判文書を入手した。これらのなかには、デリー政府が作成した無認可学校の調査報告書も含まれていた。

調査報告書は、デリー全域に展開する無認可学校の数や所在地、教育段階ごとの生徒数をリスト化したシンプルなものであったが、筆者が無認可学校の調査を行ううえで役に立った。また、この報告書をもとに、デリーの全初等学校（正規学校と無認可学校を足し合わせたもの）に占める無認可学校の比率を計算したところ実に二割にも及ぶことが分かり、無認可学校の量的イン

TIMES CITY

RECORD-BREAKING ASTRONAUT SUNITA WILLIAMS HOLDS 150 YOUNG SCHOOLCHILDREN IN THRALL | 6

SCHOOLS FAVOUR EDUCATIONAL, MYTHOLOGICAL GAMES OVER VIOLENT VIDEO GAMES FOR KIDS | 6

Govt in no mood to bring tough laws against child abuse

Excise dept's dry day ad gives Walia hiccups

No curbs on unrecognised schools

Delhi Govt And MCD Pass The Buck Despite HC Rap, Provisions In Law

It wasn't road rage, accused knew victim

Turn to page 10, 12 & 14 for Business Classifieds

TIMES CLASSIFIEDS

The Times of India, Delhi, 2 October, p.4.

パクトを把握することができた。

調査期間中、デリーの認可学校と無認可学校を含む約二五〇の私立学校によって構成されるデリー私立学校協会（以下、協会）が、高等裁判所の判決を不服として無認可学校の閉鎖の見直しを求める訴状を最高裁判所に提出した。そこで、筆者は再び高等裁判所に赴いて関連資料を入手した。

無認可学校に関する裁判文書は、無認可学校に否定的な「Social Jurist」と、これを擁護する協会の見解やスタンスを理解するうえで参考になった。「Social Jurist」は、正規学校こそが子どもの教育権を保障するという認識のもと、無認可学校の存在を否定していた。これに対して協会は、貧困層にとってもっともアクセスしやすい公立学校が機能不全状態にあり、また無認可学校のような零細資本の学校が正規の私立学校の認可条件を満たすためには相当の費用を要するという現状をふまえ、無認可学校の社会的役割の重要性を主張していることが分かった。

裁判文書は無認可学校に対する相反する見解を理解し、これらの学校をめぐる争点を見極めるうえで大いに役立った。しかし、実際に無認可学校を動かしているのは各無認可学校の経営者や教員、保護者であり、裁判文書から得られるデータは、無認可学校の存続・発展の背景や要因を解明するためには不十分なものであった。

そこで筆者は、経営者や教員、保護者がどのような立場の人物で、どのような動機をもって無認可学校に関与しているのかを突き止めるため、デリー政府が作成した無認可学校のリストと筆者がこれまでの調査を通じて築いてきたネットワークを頼りに九校の無認可学校を選定し、経営者・教員・保護者に対して質問紙調査とインタビューを行った。その結果、無認可学校の経営には、主婦や起業家のほか、副業が禁止されている公立学校の教員や無認可学校と認可私立学校を同時に運営している私立学校グループなどが関与していることが分かった。

また、これらの経営者のなかには、慈善活動の一環として学校を運営している者も見られる一方で、無認可学校を雇用のかぎられた低所得地域における新たなビジネス・チャンスと見なし、生徒獲得に力を入れている者もいた。そして、教員が無認可学校で教える動機についても、これと同様の結果が確認された。

その一方、生徒や保護者については、公立学校が機能不全状態にあるなか、無認可学校は熱心な教員による英語での教育を通じて、価値ある教育を提供していると評価していることが分かった（69ページの**コラム9**を参照）。

以上の分析結果から、インドの無認可学校は正規学校関係者を含む多様な利害関係者に利益をもたらし、これらの利害関係者に支えられながら存続・発展してきたことが明らかとなった。無認可学校の事例はインドの非正規学校の一例にすぎないが、非正規学校に関する裁判文書やこれらの学校にかかわる利害関係者の見解の分析は、非正規学校の位置づけや役割、そして存続・発展の背景を理解するうえで有益なアプローチであると考えられる。

3 コミュニティ研究とフィールド調査

（田村梨花）

教育研究は、どうしても「公教育」の研究に注目が置かれてしまう。しかし実際には、公教育以外の場（何らかの共通問題意識をもつ集団やコミュニティとのかかわり）で得られる教育効果は、教育を受ける側である子どもたちの人生選択において重要な影響を与える場合が多い。

ブラジルにおいてストリートチルドレンや貧困層の子どもたちを対象として展開されているNGOの教育活動（204ページの**コラム33**参照）を調査していると、知育教育中心の学校教育では得ることのできない「自己実現によるエンパワーメント＝社会を自分のものにするためのプロセス」がさまざまな工夫を凝らして実践されていることに気付く。そうした営みに注目し、重要な視座を明らかにすることは、ブラジルにおける内発的発展のプロセスの一つを知ることにもつながる。

さらに、こうした考察は、「国民形成」、「人材開発」の場として機能する（日本を含めた）近代教育システムに縛られ、新自由主義的教育改革のなかで生きる場所を奪われつつある子どもたちの社会との紐帯《ちゅうたい》を創造する学校外の教育活動やコミュニティづくりのヒントになるのではと考えて研究を続けてきた。

ブラジルにおけるノンフォーマル教育は、何らかの社会的ニーズが存在することがその組織の存在価値となっている場合が多く、その実践は教育に携わるスタッフや学習者以外の社会内の各アクターの構成員（保護者、コミュニティ・リーダー、社会活動家、行政担当者など）を巻き込むことになるので、調査をしていると自然に外部とのつながりが見えてくる。

地域社会全体のなかでNGOがとる立ち位置の研究は、ブラジルの市民社会の潜在力を知るうえで価値のあるデータを提供するし、それにより研究者自身にも市民としての社会とのつながり方を再考する機会を与えてくれる。調査研究を通してブラジルの事例から学ぶ「（経済活動以外の）社会とのつながり方」は、大学で学生とシェアできる大切な視点となる。

筆者は一九九二年のブラジル留学時代に、サンパウロの都市中心部で「路上の子どもたち」の存在を知り、社会的に排除された子どもたちの現状に関心をもつようになった。一九九三年、リオデジャネイロのカンデラリア教会でのストリートチルドレン虐殺事件以降、世界的に「ブラジルのストリートチルドレン問題」が広く知られることとなった。路上という「家庭・学校といったいわゆる〈教育の場〉から排除された場所」で成長する子どもたちはどのような教育を受けているのかを調べていくと、「路上の社会教育」を展開しているNGOがブラジル都市部に多く点在していることを発見した。

当時（一九九〇年後半）はインターネット環境も整備されていなかったため、フィールド調査にもとづく論文、ブラジルの現地事情をフォローしている文献資料の入手は困難であり、NGOの活動報告書もかぎられたものであった。よって、実際に現場で行われている、あるいは現場で求められている教育内容と活動の理解を深めるためには、自らが現地に入る調査法がもっとも有効であった。

現地でのフィールド調査は、被調査組織の発行するニュースレターや報告書の分析から開始したが、そうした文書は概して教育理念や最終的な目的を理想として掲げるものが多く、その方法論を明らかにするためには質的な分析が重要となる。教育現場での反復・継続的参与観察、各アクターへのインフォーマルなインタビュー（場を設定したインタビューではなく、バス内での会話など）といった手法は、活動にかかわる人々の生き生きとした姿を映し出す。

NGOの教育活動では、社会教育・情操教育を中心に「子どもの権利・人権・市民としての権利」を意識する授業が展開されており、その目的は、これまで子ども時代を奪われていた子どもたちが自己の尊厳を取り戻すために必要な時間や空間の提供を確保することにある。さらに、多くの教育現場においてその活動が「子ども（学習者）との対話」（フレイレの手法との一致）を通して行われることは、エンパワメントのプロセスを重要視するノンフォーマル教育の特徴とも言える。各構成員が何を目的としてこの活動に参加しているのか、どういった結果が生まれているのかという動的なプロセスの分析は、いずれもフィールド調査によってもたらされる視点である。すなわち、現場に行かなければ理解に至らない重要な試みがそこにはあり、それを発見できるかどうかは研究の質に多大な影響を与えるとも言える。

調査対象であるNGOとは、気付けば二五年の関係を保っている。継続して調査を行ってきたことで、教育活動の内容だけではなくスタッフの流れ（辞める人、新しく入る人）、組織の存続、地域社会とのつながり、自治体との関係性の変化など、時代の流れとともにNGOが経験したさまざまなストーリーをフォローすることが可能となっている。

自分自身が活動実践に携わることはないし、調査者自身は支援者としての関係ももっていないので、現地のNGOから資金提供などを期待される存在ではない。にもかかわらず、調査者が反復的に現地入りできるのは、一九九八年からこれまで現地NGOに赴いた日本人研修生やボランティアのネットワークで築かれた信頼関係によるところが大きい。「NGOの教育活動に共感し、地球の反対側から応援している」という存在（一部フェアトレードも行っている）に裏打ちされた関係性があることで、調査者はじめ日本人研究者に対してとても協力的な姿勢を見せてくれている。

ノンフォーマル教育の分析に対して貴重なデータを提供する参与観察には、長期の調査期間が必要となる。大学院生時代は半年間といった長期調査も可能だったが、日本の教育機関に所属している今は、最大でも三週間が限界なので必然的に反復調査となる。その場合、スタッフとは友好なインフォーマント関係を築けているとしても、学習者である子どもたちから実質的なインタビューをとることは難しい。

たとえば、ある子どもの社会的背景についてスタッフとのインタビューによって明らかになった事柄も、子ども自身から直接聞き取る必要があるため、短期調査では調べたいデータが得られないもどかしさに直面することが多々ある。ラポールを確立したうえでインターネット・ツールを有効的に利用し、短い現地滞在でも有用なデータ取得ができるように調査法を検討する必要がある。

ノンフォーマル教育は、学習者あるいは彼らの属するコミュニティの抱える課題、社会状況によってその目的が常に変化するので、その様相の実態をとらえるには調査者が現場に入ることは重要な意味をもつ。ノンフォーマル教育の実践の場で、スタッフや学習者といった人々と時間・空間を共有することによって、教育の目的を理解するだけでは伝わらない個人／社会への影響力が明らかになる。その発見が、フィールド調査の醍醐味でもある。

コラム47　学生がフィールドで学ぶ

ネットで情報収集ができる時代にあって、わざわざフィールドに出向く意義は何だろうか。それは、ひとえに現地のことを五感でとらえ、現地の人と対話することで、自分自身も相手も学習することができるからである。

筆者は、大学四年生でアメリカ留学をした。初めての海外は、語学も含め準備してきたにもかかわらず衝撃的な経験ばかりであった。授業のため「英語の勉強なんかしてる暇がない」と感じたり、男女共同の寮生活に驚いたり、底抜けに明るく親切なアメリカ人に何度も助けられた。

だが、もっとも印象に残ったのは、運転中のルームメイトの父親が助手席に座る私に漏らした「もっとも勉強になるのは、旅の経験だね」のひと言だった。

留学中には、アメリカ国内だけでなくメキシコにも足を延ばし、それまで獲得してきた「常識」が通用しない状況をいくつも経験し、それを整理するため留学先だけでなく大学院でも研究することになった。

子どもの経験学習については、二〇世紀初頭に活躍したアメリカの哲学者・教育学者のジョン・デューイが指摘しているが、大人の経験学習には、「具体的経験→省察→概念化→試行検証のサイクル」(Kolb[1984]) や、学びによる個人の変容モデル (Jarvis[2002]) も参考になる。しかし、日本の大学生が経験から学ぶには、まずは学校で「よい生徒」となるために教わったことから離脱する必要があるかもしれない。学校で教わったさまざまな規範を内在化しているからである。

そのような規範を相対化する近道が海外留学であり、または近年多くの大学やNGOが実施する海外研修やスタディツアーである。

すべての留学やツアーが現地での経験を学習として振り返る機会を担保しているわけではないが、次のように生じる学習をとらえることは、本人にとって重要となろう。

訪問先であることに遭遇してジレンマを感じ、学習者自身が検討して意味を生成する。それに対して必要な知識と技能を習得し、新たな試行錯誤を経て更新された認識にもとづき、自分の生活を再統合していく。これは「変容的学習」と呼ばれ、それまで学習者が学んできた枠組みや認識を再構成する行為である（メジロー［一九九一＝二〇一二］）。このような学習は、想定外の出来事にも左右されるインフォーマル学習である。

教育プログラムとしての海外スタディツアーは、そうした学習機会を、意図的に教育目的をともなってデザインするノンフォーマル教育となる（丸山［二〇二三］）。筆者の企画するスタディツアー[4]では、参加者が自分の関心をもとに訪問先を選定し、そのプロセスで必要な知識を蓄えながら準備する。そして、現地に到着すると、想定外の展開に柔軟に対応しながら、目的を達成する。夕食の前後には参加者同士でリフレクションを行い、ツアー終盤では現地の専門家とともに対話する。さらに、自分たちの経験を現地協力者と日本側関係者、さらには今後ツアーに参加するかもしれない学生に向けて魅力的な報告書を作成し、情報共有を行う。

注意点として、学生が予定調和的に日本の文脈で教訓を共有しがちとなる点（例：水不足を見て、水の大切さが分かった）が挙げられる。これは、その場で引率者が批判的ファシリテータになったり、現地のインフォーマントがフィードバックすることで一方的な誤解は避けられる。

もう一つは、現地訪問によって情報搾取とならないよう「対称性」にも留意すべきである。貧困地域を訪れて、そこに住む人たちを学習材として消費するのではなく、ともに学ぶことが理想

（4）サステイナビリティをテーマにした海外スタディツアー二〇二二年度報告書は、ウェブサイト（https://bit.ly/EeST2022）を参照。

となる。たとえば、国民総所得の高低をもとにすると異なる点ばかりが強調されるが、共通課題としてサステイナビリティを対話のきっかけとする（Ratner［2004］、丸山［二〇二二］）ことで相互学習が可能となる。

本書でも示しているように、フォーマル・ノンフォーマル・インフォーマルな教育には連続性があり、また動的に変化もする。フォーマル教育からのスタートであっても、フィールドで遭遇する現実から学ぶもの、その意味は人によって異なる。フィールドでの出逢いは偶然であるが、生涯にわたって大きな学びとなりうるのだ。

（丸山英樹）

コラム48　空間のペダゴジー

ノンフォーマル教育の現場を歩くと、その固有の空間構成が教育実践の内容に大きくかかわっていることに気付くことがある。開校を間近に控えたあるフリースクー

スタディーツアーの参加学生

ルを訪ねたときもそうだった。

そのフリースクールは、東京都心から電車で一時間余りのところにある。大きな川に沿って田園が広がる地域で、敷地内には農家を転用した学舎と複数の作業小屋のほか、畑や竹林もある。学舎での一日のはじまりに周囲をゆっくり散歩するのは、さぞかし気持ちがいいだろう。

学舎を取り巻く畑では、有機農法で野菜を育てている。収穫した野菜を販売することも大切な学習だ。駐車場を確保するために伐採した竹は、「ものづくり」学習の材料となる。昼食前には、大きな台所で用意される手料理の匂いが学舎の中に漂うはずだ。昼食のための時間は、午前と午後の活動の間にたっぷりと一時間半ほど確保されている。設置にかかわった方々の熱意と温かな気遣いが学舎全体に満ちていた。(5)

ところで、第1章でも触れたように、近代学校の空間はかなり定型的だ。校舎と校庭の構成はどの地域でもかなり似通っており、黒板、机・椅子など教室内のモノの配置も同様である。校舎内にオープンスペースを設けたり、教室と廊下の壁を取り払ったりして独自の空間構成を試みている学校もあるが、そのような場合であっても、教育空間としての近代学校はほかから独立した空間で、一定の時間割に沿って運営されている。

多くの人々が経験し、記憶のなかに定着しているこうした時空間は、近代学校の目的をよりよ

---

(5)「スコーレ・ムーンライト」（埼玉県鴻巣市）は二〇二三年四月に開校した。開校の数日前に訪問し、学舎の見学とスタッフの皆様へのインタビューをさせていただいた。

く達成するために考え抜かれたものだ。そして、実際に多くの人々の人間形成に多大な影響を及ぼしてきたと考えられる。

二〇世紀初頭に活躍したアメリカの哲学者・教育学者のジョン・デューイは「環境からの無意識的な影響」はきわめて精妙で浸透力が強いことを指摘し、そうした影響を意識的に統制する唯一の方法は、「未成熟者がその中で行動し、それゆえ、そこで考えたり、感じたりするところの、環境を統御すること」であるとして、「われわれは決して直接に教育するのではないのであって、環境によって間接的に教育するのである」と述べている(デューイ［一九一六＝一九七五］三七〜三九ページ)。

彼の考え方に従えば、空間の設計を通じて行われる「間接的な教育」は、無意識のレベルで私たちにきわめて大きな影響力を発揮していることになる。デューイ自身が関与した実験学校においても、空間は教育的な意図のもとで念入りに設計されていた。

2023年４月に開校した「スコーレ・ムーンライト」

本書で見てきたような多様なノンフォーマル教育の事例は、それぞれに固有の物理的空間において、その空間の特性を生かした実践を展開している。あえてフォーマル教育に類似した空間を造っているものもあるが、ノンフォーマル教育の多くは、その実践が生まれた背景や地域の事情、あるいはさまざまな制約状況を反映した空間のもとで運営されている。そこに集まる学習者は、一人ひとりがその空間に身を置き、空間を構成する諸要素との相互作用を通じて自己形成の営みを進めていくことになる。(6) だからこそ、そこではフォーマル教育とは異なる成果が生まれるのだろう。その成果とは、「学校化された社会」（イリイチ）における「制度化された価値」とは異なる、別様の価値を追求しながら生きるための力であると言ってよい。

「学習の場のデザイン」は、教育制度の内外で昨今ますます注目を集めるようになっている。そこでどのような価値が追求され、どのような相互作用が生まれているのかを観察することで、個々の教育実践が内包する新たな魅力を発見できるかもしれない。

（**太田美幸**）

（6）　哲学者・桑子敏雄が提唱する「空間の履歴」および「身体の履歴」の概念を参照（桑子［二〇〇一］など）。さらに言えば、日常生活の舞台となる住居や地域社会の空間、そこでのモノの配置や利用も、人間形成に大きな影響を与えているはずである（モノが人間形成に与える影響については、パーモンティエ［二〇一二］を参照）。たとえば、住まいのなかに子ども部屋を設けたり、知育に役立つとされるモノを意図的に配置したりといった行為は、子どもの発達過程に対する意図的で持続的な助成的介入であり、物理的環境を通じた間接的な教育（日常生活のなかに埋め込まれた非定型的／インフォーマルな教育）であると言いうる。

あとがき

本書の執筆者たちは、実際にノンフォーマル教育活動に携わり、または研究対象としてそれを追いかけるなか、コロナ禍を経て、改めて多様な教育の重要性を感じている。多くの子どもを対象にする学校では「学び」が強調され、社会人一般を対象に「学び直し」が必要とされている今、それらを前提とする教育は、ともすると個人の能力開発を最優先としがちである。私たちの興味関心がさまざまであるように、得意なことも異なっていて当然であるとするならば、ともに創る社会のためには、画一的に同じ能力を伸ばす必要はないのかもしれない。むしろ、それぞれが得意な強みを発揮し、弱いところを支えあうといったことが求められるだろう。

状況に柔軟に対応する別様の教育としてのノンフォーマル教育がもつ可能性は、この一〇年でより広く認知されるようになっている。

二〇一三年に旧版を出版できたのは、ノンフォーマル教育研究会を続けた結果であった。本書のなかでも触れたロジャーズの著書を約一年かけて翻訳し、『ノンフォーマル教育――柔軟な学校教育または参加型教育』(国立教育政策研究所)として二〇〇九年一二月に刊行したあと、二〇一〇年五月から二〇一三年一〇月までの間、ほぼ隔月で研究会を開催してきた。

この研究会は、ロジャーズの著書の講読からはじまり、やがて人間形成と学習・教育、社会と個人の文化変容、そして国際開発という三つの観点からの議論へと発展した。参加者がそれぞれ研究してきたノンフォーマル教育の事例を比較しながら検討するなかで、驚くほど多くの発見があった。興味深い事例に接するうちに、自分とは異なる専門領域について詳しく学ぶことになり、それぞれが研究の視野を広げることができたと、メンバー一同自負している。ちなみに、当時から国内外をつなげてオンライン会議やＳＮＳを用いたり、研究会や合宿などを柔軟に開催してきた。

著者たちが所属する大学などで教材として使い続けてきた旧版だが、研究発表や交流を国内外で深めるにつけ、ノンフォーマル教育の概念の広さ、深さ、曖昧さをさらに整理する必要に直面した。それを具体化するために編集責任者の太田と丸山は、コロナ禍ですっかりおなじみとなったオンライン会議で二〇二二年から一年以上をかけて、毎月打ち合わせを重ねた。その間、コラム執筆者にも新たに協力を仰いだところ、快く引き受けていただいた。

国内外における時差も空間も超えて、ノンフォーマル教育に関する議論を続けられたことは、本書のもつ可能性を再認識することにつながった。これまで応援してくださったみなさまに、改めて心よりお礼を申し上げたい。また、私たちの継続的な挑戦を寛容に受け入れ、出版の労をとってくださった株式会社新評論の武市一幸氏にも深く感謝を申し上げたい。

さらに、本書の内容だけでなく、掲載できなかったノンフォーマル教育の事例も含めて、いずれ読者のみなさまとの意見交換や交流を深めていきたいとも考えている。いつか本書を片手にオンライン勉強会などを開催し、互いに経験や課題意識を共有して、より「リアルな生活に根付く教育」をともに追いかけてみたいと思う。

丸山英樹

二〇二四年一二月

参照文献一覧

・浅井春夫［二〇二〇］『包括的性教育――人権、性の多様性、ジェンダー平等を柱に』大月書店。
・荒井容子［二〇〇七］「国際成人教育協議会［ＩＣＡＥ］の課題意識発展の過程――成人教育運動の国際的展開に関する研究（1）」法政大学社会学部学会『社会志林』第五四号（3）。
・安藤聡彦・林美帆・丹野春香編［二〇二一］『公害スタディーズ――悶え、哀しみ、闘い、語りつぐ』ころから。
・池田紗与花・浅野平八［二〇〇一］「法制化以前の公民館的施設の系譜（千葉県におけるケーススタディ）」『日本建築学会大会学術講演梗概集（関東）』。
・石川准［一九九二］『アイデンティティ・ゲーム――存在証明の社会学』新評論。
・イリッチ、イヴァン［一九七一＝一九七七］『脱学校の社会』東京創元社。
・ウィッタケル、シコ［二〇一〇］「世界社会フォーラム――新自由主義に抗し、『夢物語ではないもうひとつの世界』の向けて闘う者たちの連携構築の過程」上智大学グローバルコンサーン研究所・国際基督教大学社会科学研究所共編『グローバル化に対抗する運動ともうひとつの世界の可能性――いかに繋がり、いかに変えるか』現代企画室。
・ウルストンクラフト、メアリ［一七九二＝一九八〇］『女性の権利の擁護――政治および道徳問題の批判をこめて』白井尭子訳、未来社。
・江淵一公［一九九四］『異文化間教育学序説』九州大学出版会。
・呉永鎬［二〇一九］『朝鮮学校の教育史――脱植民地化への闘争と創造』明石書店。
・大沢敏郎［二〇〇三］『生きなおす、ことば　書くことのちから――横浜寿町から』太郎次郎社エディタス。

・大沢敏郎［二〇〇九］『識字・生きる力を求めて――学校教育のきびしい検証を』石川千幸・竹村早織・吉田浩司編『横浜・寿識字学校を語る集い　記念文集』自費出版。
・太田美幸［二〇〇七］「『新しい社会運動』のなかの成人学習――スウェーデン女性運動によるラディカル成人教育の実践」『〈教育と社会〉研究』第17号。
・大多和雅絵［二〇一七］『戦後夜間中学校の歴史――学齢超過者の教育を受ける権利をめぐって』六花出版。
・大橋知穂［二〇二一］『未来を拓く学び――「いつでも どこでも 誰でも」』佐伯印刷。
・大畑裕嗣・成元哲・道場親信・樋口直人編［二〇〇四］『社会運動の社会学』有斐閣選書。
・小原優貴［二〇一四］『インドの無認可学校研究――公教育を支える「影の制度」』東信堂。
・木村涼子［一九九九］『学校文化とジェンダー』勁草書房。
・工藤尚悟［二〇二二］『私たちのサステイナビリティ』岩波ジュニア新書。
・国立市公民館市民大学セミナー編［一九七三］『主婦とおんな――国立市公民館市民大学セミナーの記録』未来社。
・クームス、フィリップ［一九六八＝一九六九］『現代教育への挑戦――世界教育危機のシステム・アナリシス』日本生産性本部。
・グリーン、アンディ［一九九七＝二〇〇〇］『教育・グローバリゼーション・国民国家』大田直子訳、東京都立大学出版会。
・桑子敏雄［二〇〇一］『感性の哲学』ＮＨＫブックス。
・月刊イオ編集部［二〇二二］『新版　日本の中の外国人学校』明石書店。
・小山静子［一九九一／二〇二二］『良妻賢母という規範　新装改定版』勁草書房。

・佐々木英和［二〇一九］「リカレント教育についての歴史的考察」『社会教育』第74号（6）。
・佐藤一子他［一九九四］「社会教育の基本用語に関する検討――比較成人教育研究の視点から」東京大学教育学部紀要第34号。
・里美実［二〇一〇］『パウロ・フレイレ「被抑圧者の教育学」を読む』太郎次郎社エディタス。
・島田修一［一九八二］「社会教育の概念と本質」島田修一他編『社会教育概論』青木書店。
・清水満［二〇〇七］「訳者まえがき」クリステン・コル『コルの「子どもの学校論」――デンマークのオルタナティブ教育の創始者』新評論。
・ジルー、A・ヘンリー［一九八八＝二〇一四］『変革的知識人としての教師――批判的教授法の学びに向けて』渡部竜也訳、春風社。
・新海英行［一九九九］『現代社会教育の軌跡と展望』大学教育出版。
・鈴木敏正［一九九五］「北アイルランド成人教育の構造とNon-Formal Educationの意義――ベルファスト貧困地域を中心に」『北海道大学教育学部紀要』第68号。
・関啓子［一九九八］「比較発達社会史の冒険」中内敏夫・関啓子・太田素子編『人間形成の全体史――比較発達社会史への道』大月書店。
・関啓子［一九九九］「『違い』を理解しあう共存とは」内藤正典編『地球人の地理講座6　うちとそと』大月書店。
・関啓子［二〇〇二］『多民族社会を生きる――転換期ロシアの人間形成』新読書社。
・セン、アマルティア［一九九二＝二〇一八］『不平等の再検討――潜在能力と自由』池本幸生・野上裕生・佐藤仁訳、岩波書店。
・セクシュアルマイノリティ教職員ネットワーク［二〇〇三］『セクシュアルマイノリティ――同性愛、性同一性障害、インターセックスの当事者が語る人間の多様な性』明石書店。
・園山大祐［二〇二三］「早期離学と進路保障」宮本みち子編『若者の権利と若者政策』明石書店。
・高山龍太郎［二〇一九ａ］「学校外で義務教育を可能にする法律とは何か」永田佳之編『変容する世界と日本のオルタナティブ教育』世織書房。
・高山龍太郎［二〇一九ｂ］「教育機会確保法の成立過程とその論点」永田佳之編『変容する世界と日本のオルタナティブ教育――生を優先する多様性の方へ』世織書房。
・田中治彦［二〇〇八］『国際協力と開発教育――「援助」の近未来を探る』明石書店。
・田村梨花［二〇二二］「開かれた空間による連帯が政治を動かす――シコ・ウィッタケル」『ブラジルの社会思想――人間性と共生の知を求めて』現代企画室。
・デューイ、ジョン［一九一六＝一九七五］『民主主義と教育（上）』松野安男訳、岩波文庫。
・ドレングソン、Ａ・井上有一編［一九九五＝二〇〇一］『ディープ・エコロジー』昭和堂。
・中内敏夫［二〇〇三］「インタビュー〈教育〉の理論とは何か――フォーク・ペダゴジーとメタ・ペダゴジー」『〈教育と社会〉研究』第一三号。
・中内敏夫［一九九八］「教育的なものの概念について」中内敏夫・関啓子・太田素子編『人間形成の全体史――比較発達社会史への道』大月書店。
・永田佳之［二〇二〇］「'ESD for 2030'を読み解く――『持続可能な開発のための教育』の神髄とは」日本ＥＳＤ学会編『ＥＳＤ研究』ｖｏｌ.３。
・西岡昭夫［一九七〇］「科学はだれのものか――沼津・三島・清水石油コンビナート反対闘争における調査活動の対決点」国民教育研究所編『全書・国民教育６　公害と教育』明治図書。

・西岡昭夫［一九七一］「住民運動と教育活動」、『都市問題』第62号（7）。
・ノディングズ、ネル［一九九二＝二〇〇七］『学校におけるケアの挑戦――もう一つの教育を求めて』ゆみる出版。
・野宮大志郎編［二〇〇二］『社会運動と文化』ミネルヴァ書房。
・朴正恵［二〇〇八］『この子らに民族の心を――大阪の学校文化と民族学級』新幹社。
・パーモンティエ、ミヒャエル［二〇一二］『ミュージアム・エデュケーション――感性と知性を拓く想起空間』真壁宏幹訳、慶應義塾大学出版会。
・ビースタ、G・J・J［二〇一〇＝二〇一六］『よい教育とはなにか』藤井啓之・玉木博章訳、白澤社。
・平塚眞樹［二〇一二］「EUにおける早期離学者削減政策」横井敏郎編『教育機会保障の国際比較――早期離学防止政策とセカンドチャンス教育』勁草書房。
・フレイレ、パウロ［一九六八＝一九七九］『被抑圧者の教育学』亜紀書房。
・フレイレ、パウロ［一九七〇＝一九八四］『自由のための文化行動』柿沼秀雄訳、亜紀書房。
・フィールド、ジョン［二〇〇〇＝二〇〇四］『生涯学習と新しい教育体制』学文社。
・藤村好美［二〇〇七］「ハイランダー・フォークスクールとアメリカの労働運動――産業別組織会議（CIO）との関係を中心に」『広島大学大学院教育学研究科紀要、第3部・教育人間科学関連領域』第56号。
・ボック、フィリップ［一九六八／一九七四＝一九七七］『現代文化人類学入門（一）』講談社学術文庫。
・松下佳弘［二〇二〇］『朝鮮人学校の子どもたち――戦後在日朝鮮人教育行政の展開』六花出版。
・松下冽［二〇二二］『ポスト資本主義序説――政治空間の再構築に向けて』あけび書房。
・松園万亀雄［一九九一］『グシイ――ケニア農民のくらしと倫理』弘文堂。

・松田武雄［二〇〇四］『近代日本社会教育の成立』九州大学出版会。
・松戸市に夜間中学校をつくる市民の会編［二〇〇三］『松戸自主夜間中学校の20年』勁草書房。
・丸山英樹［二〇二二］「SDGsの先を展望する共生社会へ向けた生涯学習」佐藤一子・大安喜一・丸山英樹編『共生への学びを拓く』エイデル研究所。
・丸山英樹［二〇二三］「エストニアへのスタディツアーからみる深いESDの実践と理論」杉浦未希子・水谷裕佳編『グローバル教育を実践する――多様な領域からのアプローチ』上智大学出版。
・宮本憲一［二〇一四］『戦後日本公害史論』岩波書店。
・宗景正［二〇〇五］『夜間中学の在日外国人』高文研。
・メジロー、ジャック［一九九一＝二〇一二］『おとなの学びと変容――変容的学習とは何か』金澤睦・三輪健二訳、鳳書房。
・矢口悦子［一九九八］『イギリス成人教育の思想と制度――背景としてのリベラリズムと責任団体制度』新曜社。
・山室信一［二〇〇三］「『国民帝国』論の射程」山本有造編『帝国の研究――原理・類型・関係』名古屋大学出版。
・ユネスコ［二〇二〇］『国際セクシュアリティ教育ガイダンス　改訂版――科学的根拠に基づいたアプローチ』浅井春夫・艮香織・田代美江子・福田和子・渡辺大輔訳、明石書店。
・吉見俊哉編［二〇〇一］『知の教科書　カルチュラル・スタディーズ』講談社選書メチエ。
・ラングラン、ポール他［一九七〇＝一九七二］『世界の生涯教育』福村出版。
・ルソー、ジャン＝ジャック［一七六二＝一九一二］『エミール（下）』岩波文庫。
・ロジャーズ、アラン［二〇〇四＝二〇〇九］『ノンフォーマル教育――柔軟な学校教育または参加型教育』国立教育政策研究所。

・ＪＩＣＡ［二〇〇五］『ノンフォーマル教育支援の拡充に向けて』国際協力機構。

・ＯＥＣＤ［二〇〇六＝二〇〇七］『移民の子どもと学力――社会的背景が学習にどんな影響を与えるのか』斎藤里美監訳、木下江美・布川あゆみ訳、明石書店。

・Adams, F. [1980]. Highlander folk school: social movements and social change in the American South, in Paulston, Rolland G. (ed.) *Other Dreams, other schools: folk colleges in social and ethnic movements,* University Center for International Studies, University of Pittsburgh.

・Brownmiller, Susan [1999]. *In our time: memoir of a revolution*, New York: Dial Press.

・Buckley, J., Archibald, T., Hargraves, M., & Trochim, W. M. [2015]. Defining and teaching evaluative thinking: Insights from research on critical thinking, *American Journal of Evaluation*, 36 (3).

・CERI (Centre for Educational Research and Innovation) [1973]. *Recurrent education: A strategy for lifelong learning,* OECD.

・Coombs, Philip H., Prosser, Roy C. & Ahmed, Manzoor [1973]. *New paths to learning for rural children and youth*, New York: International Council for Educational Development.

・Coombs, Philip H. & Ahmed, Manzoor [1974]. *Attacking rural poverty: how nonformal education can help*, The Johns Hopkins University Press.

・Gadotti, Moacir [2005]. *A Questão da Educação Formal/Não-Formal*, Institut International des Droits de L'enfant - Droit à l'éducation: solution à tous les problèmes ou problème sans solution? (www.virtual.ufc.br/solar/aula_link/llpt/A_a_H/estrutura_politica_gestao_organizacional/aula_01/imagens/01/Educacao_Formal_Nao_Formal_2005.pdf) accessed

2013–07–02.

· Gadotti, Moacir [2009]. *Fórum Mundial de Educação: pro-posições para um outro mundo possível,* Série Cidadania Planetária, vol.1, São Paulo: Editora e Livraria Instituto Paulo Freire.

· Gohn, Maria da Glória [2010]. *Educação não formal e o educador social: atuação no desenvolvimento de projetos sociais*, Coleção questões da nossa época; v.1, São Paulo: Cortez.

· hooks, bell [1994]. *Teaching to transgress: education as the practice of freedom*, New York: Routledge.

· Jarvis, Peter (ed.) [2002]. *The theory and practice of teaching*, London: Routledge.

· Jickling, Bob. & Wals, Arjen E. J. [2008]. Globalization and environmental education: Looking beyond Sustainable Development, *Journal of Curriculum Studies*, 40 (1).

· Kolb, David A. [1984]. *Experiential Learning: experience as the source of learning and development*, Englewood Cliffs, NJ: Prentice Hall.

· Lynch, James, Modgil, Celia & Modgil, Sohan [1997]. *Education and development: tradition and innovation. Vol.4: non-formal and non-governmental approaches*, London: Cassell.

· Maruyama, Hideki (ed.) [2019]. *Cross-bordering dynamics in education and lifelong learning: A perspective from non-formal education*, Routledge.

· Mulligan, Martin [2017]. *An introduction to sustainability: environmental, social and personal perspectives,* Routledge.

· Næss, Arne [1995]. The deep ecology movement: some philosophical aspects, In Sessions, G. ed. *Deep ecology for the twenty-first century: readings on the philosophy and practice of the new environmentalism*, London: Shambhala.

· Okukawa, Hiroshi [2006]. A conceptual study on non-formal education, *International Forum of Teaching and Studies*, 2

(4).

・Okukawa, Hiroshi [2007]. Vocational certificate curriculum in Thailand: the ultimate authentic assessment is gone, *International Forum of Teaching and Studies*, 3 (1).

・Okukawa, Hiroshi [2008]. *Exploration of factors and process concerning construction meaning of learning experience among learners in non-formal education in Bangkok,* Master's thesis. Assumption University, Bangkok, Thailand.

・Orr, David W. [1994]. *Earth in mind: on education, environment, and the human prospect,* Washington: Island Press.

・Pratham [2012]. *Annual Status of Education Report (Rural) 2011,* Provisional. (https://img.asercentre.org/docs/Publications/ASER%20Reports/ASER_2011/aser_2011_report_8.2.12.pdf) accessed 2023-10-10.

・Ratner, Blake D. [2004]. "Sustainability" as a dialogue of values: Challenges to the sociology of development, *Sociological Inquiry*, 74 (1).

・Robertson, Margaret [2021]. *Sustainability: principles and practice, 3rd edition*, New York: Routledge.

・Sins, Patrick H. M., van der Zee, Symen & Schuitema, Jaap A. [2022]. The effectiveness of alternative education: a comparison between primary Dalton schools and traditional schools on outcomes of schooling, *School Effectiveness and School Improvement*, 33 (2).

・Scott, William & Gough, Stephen [2003]. *Sustainable development and learning: framing the issues*, London: Routledge.

・Stevens, Mitchell [2001]. *Kingdom of children: culture and controversy in the home schooling movement,* NJ: Princeton University Press.

・Stichting Leerplan Ontwikkeling [2020]. *Kerndoelen primair onderwijs 2006: Overdruk uit het kerndoelenboekje dat verscheen bij de introductie, inclusief latere wettelijke aanvullingen op deze kerndoelen,* SLO.

- UNESCO [2021a]. *Global education monitoring report 2021/2: non-state actors in education: who chooses? who loses?* Paris: UNESCO.
- UNESCO [2021b]. Reimagining our futures together: A new social contract for education, Paris: UNESCO.
- United Nations [2015]. Transforming our world: The 2030 agenda for sustainable development, New York: United Nations.
- Willbert, Johannes (ed.) [1976]. *Enculturation in Latin America: an anthropology,* UCLA Latin American Center Publications.

見原礼子（みはら・れいこ）
同志社大学グローバル地域文化学部准教授。博士（社会学）。「ヨーロッパの公教育制度におけるイスラーム教育導入のプロセスと論点」（伊達聖伸編『ヨーロッパの世俗と宗教』勁草書房、2020年）、「『健全な社会統合』のためのイスラーム教育？」（日下部達哉編『イスラーム教育改革の国際比較』東信堂、2022年）など。

米原あき（よねはら・あき）
東洋大学社会学部教授。博士（教育学）。『SDGs時代の評価：価値を引き出し、変容を促す営み』（共編著、筑波書房、2022年）、「教育分野における参加型形成的評価の位置付けと意義」（『日本評価研究』第22巻第２号、2022年）、「協働型プログラム評価によるESDスクール・マネジメント」（『評価クォータリー』第68巻第１号、2024年）など。

園山大祐（そのやま・だいすけ）
大阪大学大学院人間科学研究科教授。博士（教育学）。『教師の社会学』（監修、勁草書房、2022年）、『フランスの高等教育改革と進路選択』（編著、明石書店、2021年）、『フランスの社会階層と進路選択』（編著、勁草書房、2018年）、『教育の大衆化は何をもたらしたか』（編著、勁草書房、2016年）など。

田村梨花（たむら・りか）
上智大学外国語学部ポルトガル語学科教授。修士（地域研究）。「草の根から世界を変える：ブラジルの社会運動と世界社会フォーラムにみる国際的連帯」（畑惠子・浦部浩之編『ラテンアメリカ 地球規模課題の実践』新評論、2021年）、『抵抗と創造の森アマゾン：持続的な開発と民衆の運動』（共編著、現代企画室、2017年）、『ブラジルの社会思想』（共編著、現代企画室、2022年）など。

永田佳之（ながた・よしゆき）
聖心女子大学現代教養学部教授。博士（教育学）。『新たな時代のESD　サスティナブルな学校を創ろう』（共編著・監訳、明石書店、2017年）、「'ESD for 2030' を読み解く：『持続可能な開発のための教育』の真髄とは」（『ESD研究』第３号、2020年）、「ESDの来し方行く末：ホリスティック・アプローチへのさらなる期待」（『ホリスティック教育／ケア研究』第25号、2022年）など。

二井紀美子（にい・きみこ）
愛知教育大学教育学部教授。博士（教育学）。"Adult Education Focusing on Literacy: A Comparative Analysis of Three Models in Brasilia" (H. Maruyama ed. Cross-Bordering Dynamics in Education and Lifelong Learning, Routledge, 2020)、「ブラジルの識字教育：連邦直轄区の取り組みを中心に」（新海英行・松田武雄編『現代世界の生涯学習：現状と課題』大学教育出版、2016年）など。

長谷川紀子（はせがわ・のりこ）
愛知工業大学基礎教育センター非常勤講師、愛知教育大学非常勤講師。博士（教育）。専門は、北欧の先住民族サーメの教育に関する研究。著書に『ノルウェーのサーメ学校における先住民族の文化伝承：ハット・フェルダルサーメ学校のユニークな教育』（新評論、2019年）など。

藤田明香（ふじた・あすか）
博士（社会学）。論文に「牧畜民サンブル社会における学校教育と『サンブルの教育』間の葛藤を越える模索」（一橋大学博士論文、2004年）、「生活世界の中でのノンフォーマル教育の考察」（『日本学習社会学会年報』第１号、2005年）など。

○**丸山英樹**（まるやま・ひでき）奥付参照

三浦綾希子（みうら・あきこ）
中京大学教養教育研究院准教授。博士（社会学）。著書に『ニューカマーの子どもと移民コミュニティ：第二世代のエスニック・アイデンティティ』（勁草書房、2015年）、『日本社会の移民第二世代：エスニシティ間比較でとらえる「ニューカマー」の子どもたちの今』（共編著、明石書店、2021年）など。

荻巣崇世（おぎす・たかよ）
東京大学大学院教育学研究科准教授。Ph.D. (Teacher Education)。『国際教育開発への挑戦――これからの教育・社会・理論』（共編著、東信堂、2021年）、*Reforming Pedagogy in Cambodia: Local construction of global pedagogies* (Springer, 2022)、「『境界』としての学校：カンボジアの学校教育を通したベトナム系住民の排除と包摂」（『境界研究』第13号、2023年）。

奥川浩士（おくかわ・ひろし）
株式会社コーエイリサーチ＆コンサルティング取締役執行役員。修士（教育学）。"Community Learning Centers in Vietnam: A delivery system for non–formal education or a platform for local wisdom?" (G. Strohschen ed. *Handbook of Blended Shore Education,* Springer Science+Business Media, 2009) など。

小原優貴（おはら・ゆうき）
東京大学グローバル教育センター准教授。博士（教育学）。著書に『インドの無認可学校研究』（東信堂、2014年）、論文に "Examining the legitimacy of unrecognised low–fee private schools in India: comparing different perspectives" (*Compare*, Vo.42, No.1, 2012) など。

川尻剛士（かわじり・つよし）
山口大学教育・学生支援機構助教。一橋大学大学院社会学研究科博士後期課程。著書に『核開発地域に生きる：下北半島からの問いかけ』（共編著、同時代社、2024年）、『公害スタディーズ：悶え、哀しみ、闘い、語りつぐ』（共著、ころから、2021年）、論文に「水俣病患者の「水俣病を伝える」実践に関する史的研究・試論」（『環境教育』第30巻第２号、2020年）など。

佐藤裕紀（さとう・ひろき）
新潟医療福祉大学健康科学部講師。修士（教育学）。著書に『北欧の教育再発見：ウェルビーイングのための子育てと学び』（共編著、明石書店、2023年）、『デンマーク式生涯学習社会の仕組み』（共著、ミツイパブリッシング、2022年）など。

新庄あいみ（しんじょう・あいみ）
大阪大学・神戸大学非常勤講師。博士（言語文化学）。著書に『新にほんご＜生活の漢字＞漢字み～つけた』（共著、アルク、2011年）、"Challenges and Possibilities of Literacy Education for Immigrants: Focusing on 'Kanji for Everyday Life' Program."（共著）（K. Hattori, M. Shinya and K. Otachi ed. Language Support for Immigrants in Japan, Lexington books, 2003）

シャオランカ（しゃお・らんか）
一橋大学大学院社会学研究科博士後期課程。論文に、「青海省化隆県におけるチベット語教育の支援活動に関する一考察：ボランティアの語りを中心に」（『日本チベット学会会報』第66号、2021年）、「青海省チベット族地域における民族教育：教育の担い手がもつ可能性」（『＜教育と社会＞研究』第32号、2022年）など。

執筆者一覧（五十音順、○は編集責任者）

ウリネンペー・ラース（Ylinenpää, Lars）
2013年に南山大学人文学部日本文化学科を卒業。2017年に同大学人間文化研究科で言語科学専攻の修士号を取得。スウェーデンの環境保護団体「Naturskyddsföreningen」に所属し、気候変動対策の領域で活動中。

呉永鎬（お・よんほ）
鳥取大学地域学部准教授。博士（社会学）。『朝鮮学校の教育史：脱植民地化への闘争と創造』（明石書店、2019年）、共著『公立学校の外国籍教員：教員の生（ライヴズ）、「法理」という壁』（明石書店、2021年）、共編著『マイノリティ支援の葛藤：分断と抑圧の社会的構造を問う』（明石書店、2022年）。

○**太田美幸**（おおた・みゆき）奥付参照

大島岳（おおしま・がく）
明治大学情報コミュニケーション学部助教。博士（社会学）。『HIVとともに生きる：傷つきとレジリエンスのライフヒストリー研究』（青弓社、2024年）、"Societal Envisioning of Biographical AIDS Activism among Gay People Living with HIV in Japan"(*Historical Social Research*, vol. 48, No.4, 2023)、「ゲイ雑誌『G–men』にみるグラスルーツ・アクティヴィズム」（『年報社会学論集』第32号、2019年）。

大橋知穂（おおはし・ちほ）
国際協力機構（JICA）パキスタン国オルタナティブ教育推進プロジェクト総括、上智大学非常勤講師。修士（開発社会人類学）。『未来を拓く学び「いつでもどこでも誰でも」』（佐伯印刷、2021年）、『地域学習の創造』（共著、東京大学出版会、2015年）、*Cross–Bordering Dynamics in Education and Lifelong Learning*（共著、Routledge、2020年）。

大安喜一（おおやす・きいち）
ユネスコ・アジア文化センター教育協力部長、東京医療保健大学特任教授。博士（人間科学）。「コロナ禍におけるCLC・公民館のコミュニティ学習活動の展開」（『公民館学会年報』17号、2020年）、"Public Financing of Popular Adult Learning and Education: Kominkan as community–based learning centres in Japan"(DVV International, 2021)。

岡村美由規（おかむら・みゆき）
広島大学大学院人間社会科学研究科教職開発専攻（教職大学院）准教授。博士（教育学）。「職権と現実との間で苦悩する学校委員会」（『国際教育協力論集』第14巻、2011年）、「2020年春の学校休業からの２年間の教育と社会の足跡」（共著、草原和博・吉田成章編『教育の未来デザイン』渓水社、2022年）。

編集責任者紹介

太田美幸（おおた・みゆき）

一橋大学大学院社会学研究科教授。博士（社会学）。専門は教育社会学、成人教育、比較発達社会史。著書に『生涯学習社会のポリティクス：スウェーデン成人教育の歴史と構造』（新評論、2011年）、『ヨーロッパ近代教育の葛藤：地球社会の求める教育システムへ』（共編著、東信堂、2009年）、『スウェーデン・デザインと福祉国家：住まいと人づくりの文化史』（新評論、2018年）、『スヴェンスカ・ヘムの女性たち』（新評論、2023年）、論文に「スウェーデンモデルにおけるノンフォーマル成人教育の機能」（『立教社会福祉研究』31号、2011年）など。

丸山英樹（まるやま・ひでき）

上智大学総合グローバル学部教授。博士（教育学）。専門は比較教育学、生涯学習、国際教育協力論。著書に*Cross-Bordering Dynamics in Education and Lifelong Learning: A Perspective from Non- Formal Education*（編著、Routledge、2020年）、『トランスナショナル移民のノンフォーマル教育：女性トルコ移民による内発的な社会参画』（明石書店、2016年）、論文に「持続可能な開発とノンフォーマル教育のグローバル・ガバナンス」（『国際開発研究』25号、2016年）、「ESD3.0で2050年の教育と社会を想像する」（『比較教育学研究』68号、2024年）など。

増補改訂版　ノンフォーマル教育の可能性

―リアルな生活に根ざす教育へ―

2013年12月25日　初版第1刷発行
2025年1月25日　増補改訂版第1刷発行

編著者　太田美幸
　　　　丸山英樹

発行者　武市一幸

発行所　株式会社　新評論

〒169-0051
東京都新宿区西早稲田3-16-28
http://www.shinhyoron.co.jp

電話　03(3202)7391
FAX　03(3202)5832
振替・00160-1-113487

落丁・乱丁はお取り替えします。
定価はカバーに表示してあります。

印刷　フォレスト
製本　中永製本所
装丁　山田英春

ISBN978-4-7948-1279-7